基督教文化研究丛书

主编 何光沪 高师宁

六编 第 **7** 册

四川基督教社会服务研究（1877～1949）

唐代虎 著

花木兰文化事业有限公司

国家图书馆出版品预行编目资料

四川基督教社会服务研究（1877～1949）／唐代虎 著 —— 初版
—— 新北市：花木兰文化事业有限公司，2020〔民109〕
序 2+ 目 4+204 面；19×26 公分
（基督教文化研究丛书 六编 第7册）
ISBN 978-986-518-083-6（精装）
1.基督教史
240.8   109000620

ISBN-978-986-518-083-6

9 789865 180836

基督教文化研究丛书
六编 第七册   ISBN：978-986-518-083-6

四川基督教社会服务研究（1877～1949）

作　　者 唐代虎
主　　编 何光沪 高师宁
执行主编 张　欣
企　　划 北京师范大学基督教文艺研究中心
总 编 辑 杜洁祥
副总编辑 杨嘉乐
编　　辑 许郁翎、张雅淋　美术编辑 陈逸婷
出　　版 花木兰文化事业有限公司
发 行 人 高小娟
联络地址 台湾235 新北市中和区中安街七二号十三楼
　　　　 电话：02-2923-1455 ／传真：02-2923-1452
网　　址 http://www.huamulan.tw 信箱 hml810518@gmail.com
印　　刷 普罗文化出版广告事业
初　　版 2020 年 3 月
全书字数 181994 字
定　　价 六编 8 册（精装）台币 20,000 元

四川基督教社会服务研究（1877～1949）

唐代虎 著

作者简介

唐代虎，男，1972 年生。哲学博士，毕业于四川大学道教与宗教文化研究所。现为重庆交通大学马克思主义学院教师，副教授，硕士生导师，主研宗教学。发表的主要论文有：《中西方宗教社会服务理念的相似性和差异性》（2011 年）、《宗教界社会服务与社会关怀概念之辨析》（2013 年）、《关于重庆市基督教社会服务的思考》（2013 年）、《爱国基督徒刘子如社会服务思想评析》（2017 年）。

提　　要

　　本书对清末民国时期（1877-1949）基督教新教教会在四川开展的社会服务工作作了系统全面的论述。作者采用宗教学和历史学研究方法，围绕基督教社会服务的思想和社会服务事工（医疗、教育慈善与赈灾等），考察了西方差会和本土教会在川开展的社会服务工作，分析了四川基督教社会服务事业中存在的问题、特点，以及对当前基督教社会服务的启迪。本书可作为了解如何发挥宗教积极作用的一个案例，也可作为了解基督教在四川的发展历程的参考书。

"基督教文化研究丛书"总序

何光沪 高师宁

基督教产生两千年来，对西方文化以至世界文化产生了广泛深远的影响——包括政治、社会、家庭在内的人生所有方面，包括文学、史学、哲学在内的所有人文学科，包括人类学、社会学、经济学在内的所有社会科学，包括音乐、美术、建筑在内的所有艺术门类……最宽广意义上的"文化"的一切领域，概莫能外。

一般公认，从基督教成为国教或从加洛林文艺复兴开始，直到启蒙运动或工业革命为止，欧洲的文化是彻头彻尾、彻里彻外地基督教化的，所以它被称为"基督教文化"，正如中东、南亚和东亚的文化被分别称为"伊斯兰文化"、"印度教文化"和"儒教文化"一样——当然，这些说法细究之下也有问题，例如这些文化的兴衰期限、外来因素和内部多元性等等，或许需要重估。但是，现代学者更应注意到的是，欧洲之外所有人类的生活方式，即文化，都与基督教的传入和影响，发生了或多或少、或深或浅、或直接或间接，或片面或全面的关系或联系，甚至因它而或急或缓、或大或小、或表面或深刻地发生了转变或转型。

考虑到这些，现代学术的所谓"基督教文化"研究，就不会限于对"基督教化的"或"基督教性质的"文化的研究，而还要研究全世界各时期各种文化或文化形式与基督教的关系了。这当然是一个多姿多彩的、引人入胜的、万花筒似的研究领域。而且，它也必然需要多种多样的角度和多学科的方法。

在中国，远自唐初景教传入，便有了文辞古奥的"大秦景教流行中国碑颂并序"，以及值得研究的"敦煌景教文献"；元朝的"也里可温"问题，催生了民国初期陈垣等人的史学杰作；明末清初的耶稣会士与儒生的交往对话，带来了中西文化交流的丰硕成果；十九世纪初开始的新教传教和文化活动，更造成了中国社会、政治、文化、教育诸方面、全方位、至今不息的千古巨变……所有这些，为中国（和外国）学者进行上述意义的"基督教文化研究"提供了极其丰富、取之不竭的主题和材料。而这种研究，又必定会对中国在各方面的发展，提供重大的参考价值。

就中国大陆而言，这种研究自 1949 年基本中断，至 1980 年代开始复苏。也许因为积压愈久，爆发愈烈，封闭越久，兴致越高，所以到 1990 年代，以其学者在学术界所占比重之小，资源之匮乏、条件之艰难而言，这一研究的成长之快、成果之多、影响之大、领域之广，堪称奇迹。

然而，作为所谓条件艰难之一例，但却是关键的一例，即发表和出版不易的结果，大量的研究成果，经作者辛苦劳作完成之后，却被束之高阁，与读者不得相见。这是令作者抱恨终天、令读者扼腕叹息的事情，当然也是汉语学界以及中国和华语世界的巨大损失！再举一个意义不小的例子来说，由于出版限制而成果难见天日，一些博士研究生由于在答辩前无法满足学校要求出版的规定而毕业受阻，一些年轻教师由于同样原因而晋升无路，最后的结果是有关学术界因为这些新生力量的改行转业，后继乏人而蒙受损失！

因此，借着花木兰出版社甘为学术奉献的牺牲精神，我们现在推出这套采用多学科方法研究此一主题的"基督教文化研究丛书"，不但是要尽力把这个世界最大宗教对人类文化的巨大影响以及二者关联的方方面面呈现给读者，把中国学者在这些方面研究成果的参考价值贡献给读者，更是要尽力把世纪之交几十年中淹没无闻的学者著作，尤其是年轻世代的学者著作对汉语学术此一领域的贡献展现出来，让世人从这些被发掘出来的矿石之中，得以欣赏它们放射的多彩光辉！

2015 年 2 月 25 日
于香港道风山

序

　　2010 年 9 月-2013 年 6 月，由我指导代虎撰写博士论文。三年期间，他除了修习学位课程外，将全部精力用于研究清末民国时期（1877-1949）基督教新教教会在四川开展的社会服务工作。在校期间，发表了多篇科研论文，获得了博士研究生国家奖学金、香港汉语基督教文化研究所"道风"奖学金。他通过努力学习探索，取得长足进步，终于顺利通过毕业论文答辩，并获得博士学位。

　　毕业六年后，代虎从重庆（因在重庆交通大学任教）寄来一部书稿，让我写序。该书稿系在其博士学位论文的基础上，进行诸多修改，补充文字而成，无论是内容的广度与深度，还是谋篇布局，都有了显著的改进。"天道酬勤"，此言不虚。代虎长期钻研宗教社会服务课题，已经取得了不小的成绩。该书稿将由花木兰出版社出版，就是一个证明。我由衷地为他感到高兴。

　　该书采用宗教学和历史学的研究方法，围绕基督教社会服务的思想和社会服务事工（医疗、教育慈善与赈灾等）展开研究。该书主要建树有以下几个方面：

一、首次全面梳理研究了基督教在四川的社会服务事工

　　该书内容涉及西方差会和四川本地教会开展的医疗卫生服务，如开办医院、诊所，卫生保健宣传；学校教育服务，如兴办的中小学和大学，职业学校和特殊教育学校；慈善与赈灾活动，如孤儿院、孤老院，自然灾害赈济和战时救济；其他社会服务如贩鸦片、反裹足、反赌博等。分析了四川基督教社会服务事业中存在的问题、特点，以及对当前基督教社会服务的启迪。由此弥补了过去四川基督教史研究的一个薄弱之处。

二、阐明宗教社会服务行为应该有偿还是无偿的观点

长期以来，学界和教会内部对宗教团体的社会服务应该有偿还是无偿存在争论。本书认为，宗教社会服务就是宗教团体和信徒个人提供活劳动形式的劳务来帮助其服务对象，满足服务对象的某种需求。劳务的性质是义务性的或者半义务性的，该种劳务既可以"无偿"的形式呈现，也可以"有偿"的形式出现。根据具体情况，采取"有偿"还是"无偿"，有助于提升宗教界团体和个人参与服务社会的积极性，有助于宗教界更好地融入社会，促进社会的和谐。

三、本土化是基督教在华发展的必由之路

西方传教士从踏上四川领土的第一天开始，就遭遇了众多的困难，仅以社会服务为例，如社会服务理念的差异、语言障碍、异域文化困境和教会服务资金的不足，以及教会服务人才的匮乏，再加上四川贫困落后的状况，等等。西方传教士和四川教会领袖在面临这些困难之时，采取社会服务本土化方式，增加中国人在社会服务机构中的数量，大力培养本土服务人才，利用本土资金，积极与中国民间和官方合作，共同开展社会服务工作。由此拓展了能够满足四川民众，尤其是四川边缘人士和弱势群体的各种社会服务。这种本土化使社会服务在清末民国时期的取得了一定成效。这对当前中国宗教界有极大的启示，即外来宗教要融入中国社会，必须走"本土化"的道路。宗教组织只有爱国爱教、融入社会，才能发挥博爱济世、服务社会、造福人群的优良传统。

当然，由于该书论述的范围较广，涉及问题较多，还有值得进一步思考与完善的地方。如由于资料搜集不全面（如缺乏对四川各市县档案的搜集），未能深入细致地梳理基层教会的社会服务工作情况。由于作者在史学和神学方面知识的不足，在个别观点上论证还不深入，对个别史实缺乏考证。目前仅关注四川基督教社会服务本身，缺乏与其他宗教社会服务的比较或与其他地区基督教社会服务的比较。然而瑕不掩瑜，代虎有志于继续在宗教社会服务研究方面做深入的研究，我相信他今后能够弥补上述不足，取得更好的成绩。

陈建明

2019 年 7 月于成都华阳

目

次

绪　论

一、选题的缘起

　　基督教自 1877 年传入四川以来，到 1949 年有 70 多年的历史；总计有接受差会津贴的教派 31 个，自立教派 5 个，自立地方教会 12 个；有教堂（包括分堂）504 个，教徒 26000 多人，外籍传教士 411 人，中国教牧人员 514 人（其中会督 3 人，牧师 201 人）。基督教牧人员同信徒进行了社会服务工作，这些社会服务工作可简括为三个时期，即缓慢发展时期（19 世纪-20 世纪初）、鼎盛时期（20 世纪初-20 世纪 20 年代）和趋于缓慢时期（20 世纪 20 年代以后）。大致对应于《四川基督教》一书所定义的基督教在川发展的五个时期中的创办时期（1877-1898），发展时期（1899-1935）和巩固时期（1936-1949）。四川基督教会组织参与社会服务受益于基督教神学思想中的"服务"传统和社会关怀理念，"宗教是慈善之母"可作为其社会服务的明证。在短短的 70 多年时间中，四川基督教的社会服务工作一直有所表现，或隐或现，或大或小，但对近代的四川影响是非常深刻的。四川基督教服务社会的领域主要是基督教（新教）的五大事工中的医疗、教育和慈善救济三大事工。在川的具体社会服务形式为：兴办医院、各类学校和孤儿（老）院，赈灾以及其他一些社会服务和社会关怀活动。

　　根据笔者初步研究和长期搜集整理的材料来看，四川基督教会的社会服务事工同教会的兴盛是一致的，即教会兴旺社会事工就开展得非常好。从已有的笔者能够搜集到的研究材料来看，笔者认为，既有对于四川基督教社会服务的研究从总体上看存在着一些缺陷，如，第一，对早期四川基督教社会服务的研究不足，尤其是对开展社会服务的社会背景的介绍不多，以及对教会开展社会服务的原因研究不多；第二，现有研究成果主要集中在医疗、教育和孤儿孤老慈善方面，但是这些研究可能因为史料保存和搜集的原因，还有部分瑕疵，比如有些数据存在争议；再加上对于基督教会赈灾和其他服务行为研究的不多，就造成了整体上研究的不足；第三，缺乏对基督教会团体的社会服务工作的研究，比如男女青年会社会服务的研究；第四，纵观已有研究成果，对教会社会服务效果的论述缺乏当时社会的反应。

所以，笔者认为，四川基督教开展社会服务事工的契机、范围、具体内容和效果值得挖掘和探究。这不仅可以作为基督教社会服务工作的历史考察，也可以作为当前有关机构开展社会服务及公益慈善活动的参考，特别是对于当前四川和重庆以及中国其他地区教会加强自身建设，参与社会服务，构建和谐社会具有借鉴价值。本文即为此目的而写作。

二、概念界定

在本文中有两个方面的概念需要进行界定和说明，一是基督教社会服务和社会关怀的定义，一是四川所指的范围。

到目前为止，基督教社会服务和社会关怀还没有被给予一个明确的定义，由此，我们可以先看看其他宗教的有关论述。参与社会，服务社会，以及关怀社会，这不仅是各个宗教自身生存和发展的需要，也是各个宗教强大的信仰背景的支撑和引导。

佛教的最终目的是要成佛，而成佛的目的又是要利益众生。《华严经》说："一切众生为树根，诸佛菩萨而为华果，以大悲水饶益众生，则能成就诸佛菩萨智慧花果，何以故，若诸菩萨以大悲水饶益众生，则能成就阿耨多罗三藐三菩提故。"所以，佛教的"慈悲济世，利乐众生"、"庄严国土，利乐有情"等，就是其服务社会的根本理念。道教经典《道德经》、《度人经》和《太上感应篇》等有这样的记载："济世利人，欣乐太平"、"齐同慈爱，和光同尘"、"清静为正，俭让不先"、"积功累行，无量度人"、"抱朴自然，为而不争"等，把对人自身、他人和社会的做法和态度等表达得非常的明确。换一个角度说，这些也就是道教服务社会的理念，即"慈悲济世"，"悯人之凶、乐人之善、济人之急、救人之危"，"齐同慈爱、济世利人"。伊斯兰教《古兰经》说："你们把自己的脸转向东方和西方都不是正义，正义是信真主，信末日，信天经，信先知，并将所爱的财产施济亲戚、孤儿、贫民、旅客、乞丐和赎取奴隶，并谨守拜功，完纳天课。"（2：111）并进一步说："他怎么不超越山径呢？你怎能知道越越山径是什么事？是释放奴隶，或在饥荒日赈济亲戚、孤儿或困穷的贫民。"（90：11-16）所以，伊斯兰信众把服务社会，救济穷人看作自己的责任；并且，"两世并重，两世吉庆"的做法也要求信众们积极参与社会服务社会。基督教（包括天主教和新教等）道德的核心精神是"博爱"、"爱人"，其经典《圣经》更有大量事例的记载。耶稣明确宣称："我来是为服侍人，而不是受人服侍"（玛 20：17-28）。他临终前告诫门徒们："你们要相亲相爱，如同我爱了你们一样"（若 13：34）。基督教服务社会，关怀社会，就是要"作光作盐、荣主（神）益人"！

在上述理念的支撑和引导下，各个宗教开展了多种形式的活动，无论在历史上，还是在现实生活中，都真正地起到了适合社会的需要，也满足了社会某些方面的需求。但是，对于这些活动，历来都没有给予一个"名分"，似乎把这件重要的事情给"忘却"了。所以，我们可以先看看社会服务和社会关怀的概念。

社会服务，作为一个学术词汇被首次提出是在 1951 年，由英国伦敦政治经济学院社会管理系的教授理查德·蒂特姆斯提出的。他认为，社会服务和以现金支付的保险是截然不同的。[1] 二战以后，随着社会的发展，各个国家或地区的社会服务呈现出了各自的特色，如英国、美国、北欧、欧盟其他国家，以及香港等的社会服务。中国则是自十一届三中全会以后，社会服务重新建设，获得了较大的发展。从整体来看，尽管社会服务较以往有了很大的进步，也越来越受到政府组织和非政府组织的重视，但是由于各自的特殊情况，不同国家和地区提供的社会服务的具体类别和数量存在了很大的差异，从而就导致了社会服务定义上的差异。结合各国和不同地区的社会服务，笔者查询了《辞海》、《中国大百科全书》、《大不列颠百科全书》等，社会服务的定义如下：

《中国大百科全书》认为，以提供劳务的形式来满足社会需求的社会活动。狭义指直接为改善和发展社会成员生活福利而提供的服务，如衣、食、

1　潘屹：《西欧社会服务的概念及老人社区照顾服务的发展趋势与特点》，中华人民共和国民政部全国民政门户，理论研究，2008-03-26，http://www.mca.gov.cn/article/mxht/llyj/200803/20080300012831.shtml。

住、行、用等方面的生活福利服务。广义的社会服务包括生活福利性服务、生产性服务和社会性服务。……[2]所以，社会服务就是以"劳务"形式来满足社会的需求。据《辞海》对服务定义的第二条，即服务亦称"劳务"，不以实物形式而以提供活劳动的形式满足他人某种需要的活动。[3]因此，社会服务的定义中的重点是"服务"，即是以提供活劳动形式的劳务来满足社会的需求，劳务就是服务。此外，《中国大百科全书》的定义中还有更细致的分类，如社会服务按服务性质可分为物质性服务和精神性服务。……物质性服务又分为加工性服务和"活动性"服务。……"活动性"服务也是一种生产性劳动，但它创造的价值不具有物质外壳，而是体现在"活动"中，产品同生产行为不能分离。精神性服务主要指为人们提供某种精神享受的服务。它依经营性质可分为义务性服务和经营性服务两种……。[4]所以，这说明了活劳动形式劳务的特点和价值，强调了社会服务的性质，即义务性服务和经营性服务。

从以上两种定义可以得出，社会服务是服务的主体（施予服务者）对服务的受体（接受服务者）的一种主动或被动的行为。在这种行为中，主体提供活劳动形式——劳务，满足受体的需求，并且这种行为的性质既可以是义务性的，也可以是经营性的，换句话说，既可以是无偿的也可以是有偿的。另据《不列颠百科全书》，社会服务没有明确的界定，但它解释说，社会服务又称福利事业（welfare service）或社会福利工作（social work）。这些名称至今还没有普遍一致的定义。……[5]即，它是把社会服务同社会福利等同的。根据《中国大百科全书》对社会福利的界定，国家和社会为增进与完善成员尤其是困难者的社会生活的一种社会制度。旨在通过提供资金和服务，保证社会成员一定的生活水平并尽可能提高他们的生活质量。社会福利狭义指当社会成员因年老、疾病、生理或心理缺陷而丧失劳动能力而出现生活困难时向其提供的服务措施；广义指为了改善和提高全体社会成员的物质生活和精神

2　中国大百科全书总编辑委员会：《社会服务》，《中国大百科全书·社会学》，中国大百科全书出版社，2004 年 8 月版，第 285-286 页。

3　辞海编辑委员会：《辞海》，上海：上海辞书出版社，2000 年 1 月版，第 4277 页。

4　中国大百科全书总编辑委员会：《社会服务》，《中国大百科全书·社会学》，中国大百科全书出版社，2004 年 8 月版，第 285-286 页。

5　《社会服务》，美国不列颠百科全书公司编著，中国大百科全书出版社不列颠百科全书编辑部编译：《不列颠百科全书》（国际中文版），北京：中国大百科全书出版社，1994 年 4 月版，第 452-453 页。

生活的各种社会服务措施。[6]这里，社会福利是指提供资金和服务来满足社会需求，并对福利接受者作了说明；但是，此处所提的资金不是赠送，不是无偿给予，而是要转换成劳务形式来满足社会需求，所以，它强调的形式仍然是"服务"，也就是说，社会福利是以活劳动形式——劳务来实现的。

笔者对上述各家阐述加以梳理后，认为如果不考虑服务主体和受体是谁及其状况，只考虑服务的行为及结果，那么社会服务的定义就是：服务的主体（施予服务者）对服务的受体（接受服务者）的一种主动或被动的行为。在这种行为中，主体提供活劳动形式——劳务，满足受体的需求。这种行为既可以是义务性的也可以是经营性的，换句话说，既可以是无偿的也可以是有偿的。根据这种定义，我们可以找到实例来论证，比如，"为人民服务"、"雷锋精神"等，这些都是以劳务——活劳动来帮助他人或社会的。

对于社会关怀定义，鲜有规定或介绍，在查询中仅有《百度百科》中有介绍：社会关怀实质上就是关爱、关心社会。[7]另外，《百度百科》提及了社会关怀存在的原因，即要和谐社会，或者说社会要和谐就需要社会关怀。由此，要弄清社会关怀，重点就是关怀一词了。《伦理百科辞典》：关心的同义词。标志人们之间的一种道德关系，指人们基于对社会道德关系的理解而表现出对他人、对集体的关切、爱护、同情之心。关怀是出于善的动机和目的，对他人特别是对困难者、不幸者的同情和关心，是一种美好的情感和道德的表现。[8]《在线辞海》的定义是：1. 在意，操心。2. 关心爱护。[9]《应用写作大百科》的定义是："关心、关切、关注、眷顾、操心、体贴入微、解衣推食等。"[10]百度百科词典的定义为："以真心相见，关心得无微不至。[11]可见，关怀在本质上就是关爱、关心，这种关爱关心是不求回报的，也不需要回报的。

6　中国大百科全书总编辑委员会：《社会福利》，《中国大百科全书·社会学》，中国大百科全书出版社，2004 年 8 月版，第 286-287 页。

7　《社会关怀》：http://baike.baidu.com/view/3689999.htm，《百度百科》。

8　徐少锦，温克勤主编：《伦理百科辞典》，北京：中国广播电视出版社，1999 年版，第 494 页。

9　《关怀》，《在线辞海》，http://www.521yy.com/cihaizaixianchaci/xiaotou1.asp?wd=%B9%D8%BB%B3&f=3。

10　刘建明，张明根主编：《应用写作大百科》，北京：中央民族大学出版社，1994 年版，第 890 页。

11　《关怀》：http://baike.baidu.com/view/3689999.htm，《百度百科》。

由上述可见，社会关怀也是一种行为，一种活动或者说动作，其重点就在关怀一词上。所以，社会关怀的定义就是关怀的主体（施予关怀者）对关怀的受体（接受关怀者）的一种主动或被动的行为。在这种行为中，主体可以任何方式，比如赠送物质、精神性慰问、劳务帮助等等来"关怀"受体，满足其需求。这种行为是义务性质的，没有回报的。根据这种定义，社会关怀这一行为，在历史上、在现实生活中，我们可以找到具体的事例来论证，比如，捐赠、慈善行为，以及善堂的行为等。

由上述社会服务和社会关怀的定义来看，宗教界的社会服务的定义也有狭义和广义之分。狭义是指宗教社团和信徒个人为穷人，孤老残幼和受灾人群提供的传统服务和帮助。广义是指宗教社团和信徒个人为服务对象提供的旨在改变观念、提升素质、改善生活状况的服务与帮助。其表现形式有义务性和半义务性的通过帮助他人找寻尊严和影响别人实现自身价值。由此可见，宗教界的社会服务的主体和受体是非常明确的，并且服务行为的性质也是明确的，即义务性和半义务性，关键之处就在于社会服务中所提供的形式。由上述对社会服务的一般定义来看，即以社会服务所提供的劳务形式来说，宗教界社会服务也是以"劳务"形式来服务和帮助受体的。

宗教界的社会关怀就是宗教社团和信徒个人作为行为主体，可以采取任何形式无偿地来"关怀"受体，以满足受体的某种需求。关怀的对象范围既可以是"边缘人士和弱势群体"，也可以是社会全体人士。由宗教界的定义，推及基督教的社会服务和社会关怀的定义就是很容易的事情了。不过，我们还是先看看有关基督教社会服务和社会关怀的论述，尤其是有关二者异同的论述。就查询到的资料来看，基督教社会服务和社会关怀概念的关系，有三类：1. 社会关怀 > 社会服务；2. 社会关怀 ≠ 社会服务；3. 社会关怀 ≤ 社会服务。

1. 社会关怀 > 社会服务。这一类是指社会关怀包括社会服务的。有很多研究的专家学者持此观点，比如，张训谋在《关于基督教社会服务的思考》一文中提到相同意思。[12]王美秀也持这种观点，她在其《当代基督教社会关怀——理论与实践》一书中提到：

---

12 李志刚主编：《基督教与社会服务》，香港：基督教文艺出版社，2010 年 6 月版，第 24 页。

　　一般说来，教会和基督徒从事的社会关怀活动基本上分为两大类。一类是社会服务，包括兴办学校、医院和各种慈善事业；一类是对人类关心的社会问题、社会事务进行分析，表达自己的看法，提出劝告和建议。前者不仅有悠久的历史传统而且一直延续至今。后者的历史相对要短，约始于 19 世纪，至第二次世界大战前后日渐增多，到 20 世纪 60 年代逐渐全面展开，所涉及的主要是教会和基督徒如何应对工业革命后人类社会出现的各类问题这一重要领域。

　　2. 社会关怀 ≠ 社会服务。这一类是指二者是不相同的。如关锐煊在《论香港基督教与社会服务的关系》一文中写到：

　　　　社会关怀、社会服务、社会行动都是基督徒在回应上帝的恩典中应有的职事。三者互为内在，互相关联，缺一不可。社会关怀是对社会所发生的一切事用心了解，并且关心、关注、着紧；社会服务是透过具体事工，去开发、调动及分配资源以满足个人、家庭及社会的需要；社会行动是透过发起、领导或参与符合信仰原则的集体行动，去改良或改革社会制度，使上帝的旨意彰显于世间。[13]

　　3. 社会关怀 ≤ 社会服务。这一类的观点是，社会服务是涵括社会关怀在内的或者是把二者直接等同的。在社会实践中这种观点获得了很多人的认同，笔者在查询到的资料中也看到持此相同的观点。如台湾徐敏雄在其硕士论文中就是如此做法。[14]

　　由上述来看，基督教社会服务和社会关怀还没有获得一个明确的一致的定义。究其难点，应该是在于对服务和关怀二词的理解上。所以，就上文对社会服务和社会关怀的一般定义来论，基督教社会服务和社会关怀的概念为：基督教的社会服务就是基督教团体和信徒个人提供活劳动形式的劳务来帮助其服务对象，满足服务对象的某种需求。劳务的性质是义务性的或者半义务性的，即既可以是有偿的服务，也可以是无偿的服务。基督教的社会关怀就是基督教团体和信徒个人以任何形式来"关怀"、"帮助"其关怀对象，这种行为完全是义务性的。对界定的这两个概念中，受体（接受服务者或接受关怀者）同宗教界的社会服务和社会关怀概念中的受体是一样的。

---

13 李志刚主编：《基督教与社会服务》，香港：基督教文艺出版社，2010 年 6 月版，第 110 页。

14 徐敏雄：《台湾基督长老教会社会服务事工的发展》，http://www.fhl.net/sms/studyindex.htm。

综上所述，基督教社会服务和社会关怀二者既有相同的地方，也有不同的地方，当然，无论哪一种看法，可能都存在着一些争议。由此，笔者不对此进行辩论，在本文中所论及的行动、活动都概括到"服务"之名下，而具体的行为，比如慈善，则仍然使用其本来的"关怀"之名。

此外，重庆直辖市是由原四川省重庆市、万县市、涪陵市、黔江地区合并，并于1997年3月14日中华人民共和国第八届全国人民代表大会第五次会议审议通过，并于1997年6月18日正式挂牌而成立的。在此之前，重庆直辖市所辖范围都归于原四川省管辖。因此，本文所述的四川基督教社会服务研究，在地域上不仅包括目前四川所辖地区，也涵括当前重庆直辖市的所有地区。

三、研究现状

到目前为止，对四川基督教的研究除了传教和文字事工两大类外，对四川基督教的社会服务研究不算多，特别是采用当时期刊报导作为资料来源的更少。有关四川基督教社会服务研究的资料，有的是单独的医疗卫生事工介绍，有的是教育事工研究，有的是综合性的论述，笔者对其大致分类如下：

1. 部分内容涉及综合性基督教会社会服务的论著主要有：刘吉西等人编撰的《四川基督教》一书，该书对各宗派、各教会、各机构的社会事工的基本情况进行了梳理，是研究四川基督教社会服务的重要参考书目。秦和平、申小虎编著的《四川基督教资料辑要》整理了部分档案和四川的方志资料，对基督教社会服务的史料也归纳其中。秦和平著作《基督宗教在四川传播史稿》和《基督宗教在西南民族地区的传播史》对教会社会服务的史料也有所提及。

2. 综合性研究的论文有：蒲娟硕士学位论文《近代四川地区天主教与基督教研究（1840-1919）》简述了基督教主要的教育事业和医疗事业。宋秀娟硕士学位论文《试述论基督教女传教士在近代四川的事业》介绍了女传教士在四川参与社会服务的事迹。杨健吾论文《基督教在四川藏族地区的传播》论述了基督教在藏族地区兴办学校、医院、育婴堂、救济院等慈善事业。耿静论文《在羌族地区的外国传教士》一文中提及了基督教会在羌族地区发展现代教育、开设诊所、为民服务等事工。

3. 研究四川基督教社会服务起源或影响的有：刘稚旖《简论近代西方基督教在四川地区的传播》对新教在四川的发展变化原因进行了探讨，论及了新教教会社会事工开展的缘由。宏观整体上介绍的是邓卫中论文《基督教对近代四川的影响》简要介绍了基督教会的一些社会服务工作，着重阐述了基督教对近代四川的影响。

4. 涉及医疗卫生的主要有：成先聪、陈廷湘论文《基督教在西南少数民族地区的传播》介绍了抗战期间中华基督教会边疆服务部领导的"边疆服务"运动，对基督教会的医疗方面作了初步的考察和评价。王友平《近代四川教会医院述论》对基督宗教在川建立的教会医院和护士学校作了全面总体系统论述。江莉硕士学位论文《从<华西教会新闻>看近代四川基督教医疗事业》以英文教会杂志《华西教会新闻》为主并辅以其他历史文献，从近代四川基督教医疗事业背景、医疗传教政策、教会医院工作、华西协和大学医学教育、医学知识传播几个方面来研究了近代四川基督新教的医疗事业。

5. 涉及教育领域的主要有：黄思礼著，秦和平、何启浩译《华西协合大学》（珠海出版社，1999）、秦和平《清季民国时期四川基督教教育事业之述评》（载顾学稼、林蔚、伍宗华编《中国教会大学史论丛》，成都科技大学出版社，1994 年）、凌兴珍：《民国时期的基督教师范教育——基于以四川为中心的考察》、陈效亮硕士学位论文《"五四"前后巴蜀文化的现代化》、李娟硕士学位论文《华西坝教会五大学联合办学研究》等介绍了教会以教育方式参与的一些社会服务工作。

陈建华、潘玉红论文《民国时期四川特殊教育的实践与探索》、陈建华硕士学位论文《民国时期四川特殊教育研究》和谢新农论文《民国时期的成都盲哑学校》和硕士学位论文《民国时期成都盲聋哑特殊教育》等介绍了基督教会在特殊教育方面的一些作用。

李桂芳《辛亥革命前夕四川女学的兴办及影响》则提及了一些教会兴办的女校，倡导女性教育，为女性服务。

6. 涉及慈善的主要有：谭绿英硕士学位论文《民国时期的民间慈善团体——以 20、30 年代的成都为例》提及了教会的慈善活动。其论文《民国时期基督教在华慈善事业——以成都中西组合慈善会为例（1921-1940）》则详细介绍了民国中期成都唯一一家与基督教新教有关的慈善机构，以及该会办理孤儿、养老两院的情况。

7. 涉及赈灾和其他的有：王京强《张雪岩与抗战时期的节约献金救国运动》提及了基督教团体开展募捐和献金的救国运动。程新硕士学位论文《抗日战争时期的中华全国基督教协进会》中述及了成都基督教协进会对本会发动的分文救济运动。刘家锋博士论文《中国基督教乡村建设运动研究（1907-1950）》中述及了基督教会在四川地区的农业服务工作。另外，邓杰《基督教与川康民族地区的禁毒努力（1939-1949）》论述了基督教会在禁烟方面的一些作用。

8. 研究差会而涉及社会服务的有：陈建明论文《基督教华西浸礼会在四川地区的传教活动》介绍了华西浸礼会兴办教育、医疗事业等社会服务活动。顾卫民的《基督教与近代中国社会》、杨天宏的著作和一些论文，如《救赎与自救：中华基督教会边疆服务研究》、《基督教边疆服务研究的构想》、《政治转型与中国教会的调适》和《新教在华路向变化与边疆服务的兴起》等专门研究了中华基督教会的边疆服务工作。涉及此问题的还有：《史料与历史事实重建——基督教边疆服务运动档案文献调查》、《中华基督教全国总会边疆服务纪实——以医疗卫生服务为中心的考察》、《中华基督教会全国总会边疆服务运动研究》和《变动时局中的中国基督教会——基于中华基督教会边疆服务运动的历史考察》。

赵艾东《从西方文献看19世纪下半叶中国内地会在康区的活动及与康藏社会发互动》和《1846-1919年传教士在康区的活动考述》述及了内地会传教士到康区的一些服务工作，即早期开展简单的医疗，给藏民医治风湿病的药和后来大量开展医疗、办学、慈善等活动。

在国外研究的资料中，对于四川基督教社会服务研究所涉及的一般是以某个方面或领域为主，特别是医疗卫生介绍的较多，有如下：

凯伦·明登（Karen Minden，中文名：文佳兰）:《传教士，医学和现代化：加拿大医疗传教士在四川，1925-1952》，约克大学博士论文，多伦多，1981年；文佳兰著，魏葆霖译：《壮大我们的队伍：加拿大医疗传教士在四川》，载周谷城主编，许美德、巴斯蒂等著：《中外比较教育史》，上海人民出版社，1990年，第216-249页；Yuet-Wah Cheung, Missionary Medicine in China: A Study of two Canadian Protestant Mission in China Before 1937, University Press of American, 1988；奥斯汀（Aiyvn J. Austin）《拯救中国》。Alvyn J. Austin: Saving China: Canadian Missionaries in The Middle Kingdom 1888-1959, University of

Toronto Press, 1986; J. W. 福斯特（J. W. Forster）:《正当的帝国主义：加拿大新教传教团与中国革命，1925-1928》，多伦多大学博士论文；George E. Hartwell, Granary of Heaven, Toronto: United Church of Canada, 1939; G. H. Choa, "Heal the sick" Was Their Motto - The Protestant Medical Missionaries in China, Hong Kong: The Chinese University Press, 1990; Karen Minden, Bamboo stone, The Evolution of a Chinese Medical Elite, Toronto: University of Toronto Press, 1994.

　　纵观上述文献，对于1949年前的四川基督教社会服务的研究，国内研究的不多，已有研究成果仅对乡村建设和中华基督教全国总会边疆服务部所涉及的边地基督教社会服务有详细的论述，还没有专门对四川社会服务的整体状况进行研究；国外则还谈不上有所研究，仅仅是对基督教在川活动的一些记述而已。因此对于基督教在川的社会服务还需要作进一步的全方位研究。

四、研究方法、研究思路与篇章结构

　　在充分阅读已有的国内外相关文献的基础上，笔者主要采用的研究方法有两个：宗教学方法和历史学方法。

　　首先，基督教会社会服务的神学基础、社会福音思想、圣经教训等等，都是基督教所特有的东西，因此必须要运用宗教学的研究方法。其次，历史的基本观点认为历史是连续的发展过程，每一历史事件的发生，都与以往的历史有着某种内在联系，历史现象与思想意识的形成往往离不开特定的时间、处所及具体的历史背景，因此，必须将事物放在一定的历史范围内予以考察。四川基督教社会服务本身就是一部历史，一部社会服务的历史；而有关社会服务工作的记载都出现在历史资料中，梳理资料，分析其发展脉络，考察教会社会服务工作，需要运用历史的方法。

　　本文的研究思路和篇章结构如下：

　　基督教在全球化的背景和思路下，在18世纪末19世纪初，凭借帝国主义的武力，进入了偏远的中国西南边陲。尽管基督教入川，有着这样或那样的争论，但是，如果从社会服务的角度来看，基督教对四川，特别是1949年前的四川来说，无论是医疗教育还是其他领域的的确给当时的四川带来了很多的变化。由此，基督教在川的社会服务工作有着众多的社会历史背景因素，比如基督教的社会服务理念，传教士自身的素质状况和对社会的关注与关心，以及基督教在川的传播状况和当时四川的特殊时代背景等等。

　　由此，本文先分析基督教社会服务的理念，基督教就"社会"福音与"个人"福音的争论，以及当时四川社会与社会服务机构的状况和基督教在川的发展状况，就基督教在川的医疗卫生服务、学校教育服务、慈善关怀、赈灾和其他社会服务等，梳理当时的历史材料，充分借鉴现有的研究成果，对四川教会社会服务展开论述并进行评析，尽力说明四川教会社会服务的历史意义和价值。

　　本文分绪论、正文和余论三部分。在绪论部分，介绍基督教社会服务的背景知识部分，主要涉及的是选题的缘由、社会服务和社会关怀概念的界定、研究的现状，以及本文研究的方法和研究思路。在论文的主体部分，第一章阐述基督教会的社会服务思想。首先，指出基督教社会服务的理念是从基督教经典《圣经》而来的；其次，从基督教社会福音与个人福音之间的争论，述及基督教会为什么要展开社会服务。第二章介绍当时四川社会状况和当时四川社会服务机构的状况，以及基督教在四川的发展状况。第三至第六章分别探讨了基督教在四川的医疗卫生服务、学校教育服务、慈善赈灾和其他一些社会服务。第七章是对基督教社会服务的评价。最后是余论，结合当前四川和重庆基督教的社会服务工作，分析基督教在四川社会服务的历史对现实的启迪。

第一章　基督教社会服务思想概论

第一节　基督教社会服务思想简史

任何一个理论和实践都具有相辅相成的关系。基督教社会服务作为一个行为，同其思想理念的起源，二者之间一样的具有这种关系。基督教社会服务行为具有悠久的历史，可以说基督教从其诞生之时开始，社会服务就从未离开过基督教。这一点，我们可以《圣经》作为明证。但是，基督教社会服务的思想理念，也是一个动态的发展变化的过程，它也有一个从简单到复杂的历史过程。为了更好地论证基督教在四川的社会服务，有必要简单地回顾基督教社会服务思想的发展历史。基督教社会服务思想的发展可以分作以下几个时期来论述：早期基督教时期、中世纪、宗教改革时期、18世纪-20世纪初期。

一、早期基督教的社会服务思想

《圣经》作为基督教最重要的经典，很多思想或理论都是起源于它，基督教社会服务思想也不例外。在《圣经》中，我们不仅可以看到耶稣以身作则，还可以找到很多有关社会服务的表述。这些思想不仅仅是对信众的要求，也是对基督教会的训导，从而社会服务得以肇始。例如：

> 圣灵所结的果子，就是仁爱、喜乐、和平、忍耐、恩慈、良善、信实……（加5：22）。在这一切之外，要存着爱心，爱心就是联络全德的。（西1：4）正因这缘故，你们要分外地殷勤。有了信心，

又要加上德行；有了德行，又要加上知识；……（彼后 1：5）有了虔敬，又要加上爱弟兄的心；有了爱弟兄的心，又要加上爱众人的心。（彼后 1：7）

可见基督要求人们要具备博爱之心，要有爱人之心，而如何爱人呢？则只能是"助人"，服务他人。所以，这可以看作是基督教社会服务思想的最高起源。另外，要讨论早期基督教的社会服务，其关键之处就是在于谁对谁服务的问题。根据史料情况来看，也就是教会如何帮助穷人这一弱势群体的问题。但是，教会为什么要那样做，则只能追问《圣经》。因为教会对社会发关注，或者要服务社会，其教导的来源只能落在《圣经》身上，亦即教会的社会服务思想起源于其神学经典《圣经》。基督教经典《圣经》中有一个非常重要而又独特的看法，"施比受更为有福"（徒 20：35 下）。这个看法对基督教会的社会服务工作有着重要的指导作用，也就是在这个看法的指导下社会服务工作才得以开展。当然，这要求首先得明白"施"是谁在施，而"受"是谁在受，也就是行为的发出者和接受者的确认了。

旧约圣经利未记指出，"在你们的地收割庄稼，不可割尽田角，也不可拾取所遗落的。不可摘尽葡萄园的果子，也不可拾取葡萄园所掉的果子，要留给穷人和寄居的。"（利 23：22）申命记提到，"你在田间收割庄稼，若忘下一捆，不可回去再取，要留给寄居的和孤儿寡妇；这样，耶和华你神必在你手里所办的一切事上赐福与你。你打橄榄树，枝上剩下的不再打，要留给寄居的和孤儿寡妇；你摘葡萄园的葡萄，所剩下的不可再摘，要留给寄居的和孤儿寡妇。"（申 24：19）

由此可见，"施"是"富人"在施，而"受"则是穷人在受。对于基督教来说，就是教会要关心帮助穷人，服务穷人，从而才能"施比受更为有福"（徒 20：35 下），社会服务也得以可能。

服务对象明确了，但还需要资金的支持。对于早期基督教来说，教会经济来源主要是信众的奉献，比如什一税、安息年收成等等。有了经济上的保证，帮助穷人才得以成行。但在实际的发展过程中，教会对这些奉献的理解也有所变化，也可以说是处理这些奉献的方式也有所差异。

"住在你城里的利未人，你不可丢弃他，因为他在你们中间无分无业。每逢三年的末一年，你要将本年的土产十分之一取出来，积存在你的城中。在你城里无分无业的利未人和你城里寄居的，并孤儿寡妇，都可以来，吃得饱足。"（申 14：27）"第七年地要守圣安息，就是向耶和华守的安息，不可耕种田地，也不可修理葡萄园。遗落自长的庄稼，不可收割；没有修理的葡萄树，也不可摘取葡萄。这年，地要守圣安息，地在安息年所出的，要给你和你的仆人、俾女、雇工人，并寄居的外人当食物。"（利 25：4（1））

所以，在旧约圣经中，在"施比受更为有福"这种精神的指导下，帮助的对象是非常明确的，即穷人；另外，经济的支持和来源也是稳定可靠的。这样，有了思想的指引和支撑，帮谁的问题得到处理，如何帮的难题也迎刃而解。

到了新约时代，圣经对如何帮助穷人做了进一步介绍。耶稣基督在橄榄山上曾教训门徒说，"人接待你们，就是接待我；接待我，就是接待那差我来的。人因为先知的名接待先知，必得先知所得的赏赐；人因为义人的名接待义人，必得义人所得的赏赐。无论何人，因为门徒的名，只把一杯凉水给这小子里的一个喝，我实在告诉你们，这人不能不得赏赐。"（太 10：40-42）"因为我饿了，你们给我吃；渴了，你们给我喝；我作旅客，你们留我住；我赤身露体，你们给我穿；我病了，你们看顾我；我在监里，你们来看我。义人就回答说："主啊，我们什么时候见你饿了，给你吃，渴了，给你喝？什么时候见你作旅客，留你住，或是赤身露体，给你穿？又什么时候见你病了，或是在监里，来看你呢？"王要回答说："我实在告诉你们：这些事你们既作在我这弟兄中一个最小的身上，就是作在我身上了。"王又要向那左边的说："你们这被诅咒的人，离开我，进入那为魔鬼和他的使者所预备的永火里去！因为我饿了，你们不给我吃；渴了，你们不给我喝；我作旅客，你们不留我住；我赤身露体，你们不给我穿；我病了，我在监里，你们不来看顾我。"他们也要回答说："主啊，我们什么时候见你饿了，或渴了，或作旅客，或赤身露体，或病了，或在监里，不伺候你呢？"王要回答说："我实在告诉你们：这些事你们既不作在我这弟兄中一个最小的身上，就是不作在我身上了。"（太 25：35-45）

耶稣把不幸的人看作是其弟兄，说明了耶稣对帮助穷人的重视，同时说明了帮助穷人对基督徒的意义。从信仰角度看，其意义非凡。另外，新约圣经没有停留在旧约相对简单的阶段，对帮助的行为进行了深化，即不仅明确帮助的对象，更是宣扬帮助的意义或价值。

福音书中记载的少年财主的故事。曾经有一个少年财主向耶稣询问怎样可以进天堂，耶稣说要遵守十诫，少年人说他都做到了，耶稣对他说，"你还缺少一件；去变卖你所有的，分给穷人，就必有财宝在天上；你还要来跟从我。"（可 10：21）提摩太前书也特别针对富人教训道："你要吩咐那些今世富足的人，不要自高，也不要倚靠无定的钱财；只要倚靠那厚赐百物给我们享受的神。又要吩咐他们行善，在好事上富足，甘心施舍，乐意供给人，为自己积成美好的根基，预备将来，叫他们持定那真正的生命。"（提前 6：17）

可见，财富的基本目的就是去帮助在困难中的人，新约圣经是在强调富人的责任和义务，就是要帮助穷人，从而才能预备将来，才能进入天国。

在对帮助意义和价值宣扬的同时，新约圣经还以财产公有的新形式，解决了帮助行为所需资金的问题。新约圣经使徒行传中记载，在耶路撒冷，许多人在使徒彼得的劝勉下，受了洗成为基督徒。他们"都恒心遵守使徒的教训，彼此交接、掰饼、祈祷。"（徒 2：42）"信的人都在一处，凡物公用，并且卖了田产、家业，照各人所需的分给各人。他们天天同心合意恒切地在殿里，且在家中掰饼，存着欢喜、诚实的心用饭"。（徒 2：44-45）"那许多信的人都是一心一意的，没有一人说他的东西有一样是自己的，都是大家公用。使徒大有能力，见证主耶稣复活；众人也都蒙大恩。内中没有一个缺乏的，因为人人将田产房屋都卖了，把所卖的价银拿来，放在使徒脚前；照各人所需的，分给各人。"（徒 4：25-33）

有了上述旧约、新约圣经的指引和倡导，有了耶稣基督的示范，早期基督教会及信众开展了许多帮助穷人的工作。四世纪塞沙里亚（Caesara）的大主教巴兹尔（Basil）用他自己的资源创建了一个庞大的慈善福利机构，包括招待所，救济院，传染病医院等，连同教堂和修道院组成一个城中之城。老、弱、病、残、贫等都在这里找到了避离所。巴兹尔本人也住在其中。在饥荒年间，巴兹尔亲自为这些饥饿的人组织免费饭食，这些难民包括外国移民、异教徒、以及以色列不信教的儿童。巴兹尔创办的这所慈善机构是历史上最早的济贫院和难民营之一。在同一时期，在东罗马帝国的君士坦丁堡的孤儿院。这个孤儿院作为一个主要的孤儿避难所存在了 900 多年。君士坦丁堡孤儿院不仅为孤儿们提供避难，还为他们提供良好的教育，特别是在音乐、文法和文学方面。[1]

---

1 王忠欣主编：《中国的社会问题与基督教的社会关怀传统》，《多元化的中国与基督教》，加拿大恩福协会出版，2001 年版，普世社会科学研究网：http：//www.pacilution.com/ShowArticle.asp?ArticleID=1821。

二、中世纪基督教的社会服务思想

进入中世纪以后，受到救赎思想的影响，要进入天国，必须益人或利他，从而施舍也就被视为获得救赎的手段。这样，社会服务工作得以延续。当然，尽管这种工作出发点是在于利己，但在行动中还是有益于他人的。

12 和 13 世纪的罗马教皇以诺森三世就认为，一个信仰耶稣基督的人不可能忽视施舍，然而，如果没有一颗真正的慈爱之心，这样的施舍则是毫无价值的。人们应该象准备救赎那样，准备好施舍。禁食虽然好，但施舍更好。禁食饥饿、衰弱身体，是一件个人的事情；施舍则是积极的恩惠，因为它恢复别人的身体。祷告虽然好，但施舍更有意义，因为它在追求神之前先感动了自己的邻居。施舍者的贫穷并不能成为不要施舍的借口。

可见施舍和救赎的关系，在以诺森三世的这段话中就可以明白了。而以诺森三世解决帮助穷人所需资金的方法是：不仅用传统的四分之一收入来救济穷人，而且还从他自己的收入中拿出许多钱来济贫。据记载，他经常向饥饿的人提供食物，向赤身露体的人提供衣服，为待嫁的贫困少女找到一份嫁妆，抚养被抛弃的儿童。他还指示施赈人员在四处努力寻找穷人和懦弱的人。为了纪念耶稣基督，每个礼拜日，以诺森三世还学习耶稣的榜样为 12 个穷人洗脚、擦干，并确保他们有饭吃，得到良好的照顾。

另外，以诺森三世还开设了一些服务机构，比如慈善收养院。以诺森三世于 1201 年，在罗马建立了圣灵教堂慈善收养院。他说服英国国王每年为他的收养院捐款，他还从意大利和匈牙利等收集捐款，此外，他从自己的收入中拿出大笔的钱支持收养院。这个收养院的节目之一就是收养照顾被抛弃的婴儿和失去父母的孤儿。曾经有一段时期，罗马城中的河流中经常发现一些婴儿的死尸，这些婴儿是被他们的母亲抛弃而死亡的。得知这一情况后，收养院的门口不管是白天黑夜一直放着一个箱子，专门用来接收被抛弃的婴儿，收养院并不打听弃婴者的性名等情况，以使弃婴者可将婴儿安全地放在接收箱中，从而保全婴儿的性命。收养院也照顾来罗马朝圣而即将分娩的孕妇，为她们提供食宿，甚至为婴儿也准备了单独的小床。在收养院中，贫困的儿童由修女们抚养，男孩在一些适当的行业中做学徒，女孩则由收养院为她们提供结婚的嫁妆。每周一次，收养院还派修士们到街头去寻找虚弱的乞丐，把他们接到收养院中进行治疗和照顾。

由上述可见，中世纪基督教的社会服务思想在现实层面上是同早期教会的目的是一样的，但其目的，尤其是宗教意义上的目的则呈现出了一种功利性的色彩。但是，总的来说，基督教的社会服务工作开展得更积极了，更有目的了。

三、宗教改革时期基督教的社会服务思想

16 世纪宗教改革爆发后，马丁·路德和加尔文的思想深刻地影响了欧洲乃至全球的信众。马丁·路德提出"因信称义"，强调人人在上帝与《圣经》面前都是平等的等思想，这使得基督教世俗化，即人人都有权力阅读圣经，世俗的人都可以成王成圣，成为上帝。宗教的世俗化促使人们不得不关注现实工作的意义和价值，以及其内在的信仰意涵。马丁·路德的改革思想对社会服务的影响可以这样来总结：社会服务行为是宗教伦理道德范围内的正常行为。后来的加尔文在一定程度上延续了马丁·路德的这一精神，他倡导救赎先定论，宣扬选民或弃民，主张发财致富，以及自由、平等、个人主义等，这使得人们不得不在现实中寻求救赎的依据，从而获得预选的明证和资格。在这种思想的影响下，当时的人们非常重视个人的成就，比如个人的经济成就、帮助他人的能力等，无论是物质方面的还是精神方面的，总之，现实的努力是获得"预选"的最佳途径。这样，社会服务也成为了"预选"的途径之一，获得了宗教意义上的发展。

宗教改革中的这些思想影响了基督教的社会服务行为，使得教会的社会服务工作面貌焕然一新。无论是从神学上，还是从现实上看，社会服务工作走向了新的台阶，有了新的价值和意义。以马丁·路德和加尔文的慈善活动来看。

马丁·路德认为，真正的基督教团契是要为穷人服务的。他的这一思想充分体现在他所倡导的共同资金和社会福利机构的发展上。1520 年前后，路德帮助德国温登伯格市议会制定通过了使社会福利制度化的法令；1523 年他又帮 Leisng 市议会制定相关的法令。这些法令中的许多条文都与减轻穷人的苦境有关。根据这些法令，这些城市建立了旨在济贫的共同资金，工人和工匠可以得到低息贷款做生意，新迁入者可得到贷款安顿下来，孤儿和老弱病残可得到救济来支持日常的生活，贫困家庭子女的教育和训练也可以得到资助。穷人家的女儿还可被供给适当的嫁妆以备结婚之用。工匠们如果无力偿还贷款，因着上帝的缘故，他们贷款可被免除。

共同资金的经费主要来自已经停办的宗教机构的捐赠基金和教会的资产。路德建议，在为想要留在修道院和想要离开修道院的修士、修女留足资金、为有需要的捐款家庭退还部分资金后，教会的财产应全部放在共同资金中；为预防未来资金的不足，在必要的时候，教区中的每个人按其能力和财产可获得减税。路德的社会福利改革实验成为当时各地类似努力的榜样。

在瑞士的日内瓦，另一位宗教改革家加尔文也进行了救助穷人的社会福利改革。加尔文认为，如果没有充满济助他人的工作，信仰就只是一个空洞的器皿，单单只有信仰并不足以使基督徒有资格站在上帝的面前。在这种神学思想的指导下，加尔文参与了日内瓦的许多社会福利工作。

加尔文曾在日内瓦生活了数十年，特别是在 1541 至 1564 年间。日内瓦是加尔文实现他"完美的基督教社区"理想的基地，在宗教改革期间，基督教会在日内瓦有着举足轻重的作用，而加尔文又在教会中有着很大影响力，因此，日内瓦的许多社会福利改革活动与基督教有关。

宗教改革期间，日内瓦成立了基督教法庭，法庭由平信徒长老和教会讲道人（Preacher）组成，主要处理基督教内部的纠纷，如有必要，该法庭也可将案子移交民事法庭处理，因此该法庭有很大的权力，人们也称它为另一个"日内瓦市政府的常务委员会"。1547 年，该法庭通过的有关日内瓦农村财产法令规定：经过警告后，继续违法的人将被课以罚款，罚款额的三分之二将被用于帮助教区中的穷人，这些金额将被放在教会的施舍箱中，根据需要分配给穷人。

1535 年，加尔文的密友 William Farel 在日内瓦建立了日内瓦救济收养院。Farel 本人也是一位宗教改革者，正是他邀请加尔文来到日内瓦并大力支持他的宗教改革运动。这所救济收养院在为日内瓦提供社会福利救济方面产生了非常重要的作用。该院拥有一座大型建筑物，位于日内瓦的中心，它向所有有需要但自己又无能为力的人提供帮助。该院收养了数十名儿童，大多为孤儿和弃儿；该院也收养一些因太老、太弱，无法照顾自己的老年人。每个星期，该院还在全国范围内向贫困的家庭分发面包；每天晚上，收养院则为那些刚刚抵达日内瓦、无法支付食宿的访客提供免费的食物和住处。[2]

2　王忠欣主编：《中国的社会问题与基督教的社会关怀传统》，《多元化的中国与基督教》加拿大恩福协会出版，2001 年版，普世社会科学研究网：http: //www.pacilution.com/ShowArticle.asp?ArticleID=1821。

所以，宗教改革时期的基督教社会服务对象的面更广，服务资金的来源也更多，从而社会服务工作也更加完善化，更加多样化。

四、18-20 世纪初基督教的社会服务思想

到 18 世纪，约翰·卫斯理提出了动态的"恩典"观念来探讨"人的救赎与信仰实践"的问题，其目的就是在追求一种"大公精神"，而这对当时的社会服务来说是非常重要的。大公精神意指超越了宗派和神学的藩篱，源自教会传统，因他希望寻找出能合乎传统的神学融合观点，因而发展出大公及教会合一的精神，提出普世之爱。卫斯理："卫理会友教友们是人类的光荣，他们从不反对各方意见，与任何不同的崇拜方式，他们只坚持信心与爱心。我不介意被称为天主教徒，或基督教徒，但我为你作为一个异教徒而忧心，说实在的，基督徒与天主教徒倒不一定比一位行为高尚的异教徒好。"[3]卫斯理始终尽力将新旧的元素加以整合，希望两全其美，他将每一事工作到极限广及各个角落。他认为成圣是信仰过程非常重要的部分，一个蒙恩的人，就是恢复了原本神造人时所赋予的原本形象，当初神以自己的形象造人，也托付人要管理这个世界。因此，成圣的生活也包含了重视环保与人权等问题。[4]

这样，社会中的"不公"可以在这里获得解决和处理，从而在神学思想范围内，社会服务工作获得了新的解释。

到了 19 世纪，特别是 19 世纪末期，社会服务获得了新的动力和生命力，社会工作的开展也达到了史无前例的境界。究其原因，从宗教角度来看，这同西方基督教神学思想的发展有很大的关系，而这一时期中，社会福音神学思想的发展极为兴盛。在社会福音神学思想中，"社会"福音与"个人"福音的争论更是重中之重。对"社会"福音与"个人"福音的解读，对社会服务来说，有着非常重大的意义。随着西方基督教思想的传播，对于地处中国西南边缘的四川来说，在 20 世纪初期也开始受到这种思想的影响，其效果也正是本文所想探究的。

---

3 杜小安：《基督教与中国文化的融合：咯珈中国哲学》，北京：中华书局，2010 年 11 月版，第 84-85 页。

4 《卫斯理》：http://zh.wikipedia.org/zh-cn/%E7%B4%84%E7%BF%B0%C2%B7%E8%A1%9B%E6%96%AF%E7%90%86，《维基百科》。

第二节　社会福音思想

一、社会福音思想的起源

　　"福音"是从新约希腊文的 evangelion 及英文 gospel 意译而来的。"福音"的意思就是"good tidings ＝ 好消息 ＝ 有福之音"。基督教产生后，"福音"成为了基督教会专用的名词，它既表示基督教所传告的好消息，也表示他的降生本身以及他全部的"救世工程"[5]。基督教用语的福音意指：1.Gospel：基督教指耶稣的话及其门徒传布的教义。2.glad tidings；good news：指有益于众人的好消息。"福音"概念在新旧约中大量的出现过，如旧约　赛 61：1 中；还有专门的福音书，如新约圣经前四卷：《马太福音》、《马可福音》、《路加福音》和《约翰福音》。

　　在早期，"福音"主要针对个人，即个人得救的福音，亦即一般所说的"个人福音"。个人福音坚持基督教作为一种宗教信仰，应当侧重的是个人的精神生活及个人的灵魂得救，而没必要关注社会问题的解决。据《圣经》看，"救恩"一词表示神有益于人的一种工作，在现实中，"救恩"则只限于对个人的工作，而且是在明定的条件下赐给的。换句话说，"救恩"是神为个人的工作，而不是个人为神的工作，或个人为自己的工作。人被神的能力拯救，在神的工作完成后，终能为神而行善事，因为"救恩"是"为要叫我们行善的"。（弗二：10）已信的人要"留心作正经事业。"（多三：8）"救恩"明显使善工成为可能的，但这些随"救恩"而来的善工，丝毫不能增加神拯救工作的全备与完整。[6]

　　随着基督教的发展，尤其是基督教救赎思想的发展，出现了社会福音思想。一般来说，社会福音就是指近代西方基督教中部分倾向于自由主义神学的人提出的神学主张。他们认为，"只讲个人得救的福音是不够的，还需传扬改造社会的福音；需将《圣经》所教导的'爱'和'公义'的道理贯彻于社会生活中；赞成改良主义，提倡教育、社会服务和社会政治的改革。"[7]其目标是使社会秩序"基督教化"和把耶稣的教导运用到社会经济中来，改善人们生活和工作的社会环境。

5　任继愈主编：《宗教词典》，上海：上海辞书出版社，1981 年 12 月版，第 1092 页。

6　《救恩》：http://baike.baidu.com/view/602032.html,《百度百科》。

7　任继愈主编：《宗教词典》，上海：上海辞书出版社，1981 年 12 月版，第 563 页。

社会福音的起源从时间上看，可以追溯至文艺复兴时期；从思想起源上看，则可追溯至文艺复兴时期的人文主义思想。当然，同其他思想或思潮一样，社会福音思想也有一个时代的社会背景，哲学内在的运思，以及作为宗教神学思想发展的内在逻辑走向。从时代处境上看，19 世纪工业发达，资本主义的发展一方面经济获得了大发展，一方面也产生了一些不良的影响，出现了诸多的社会问题，比如，劳资纠纷就是最为典型的。从而，要求变更社会，要求平等等成为了社会发展的动力。这一时期中，美国出现了工会运动，英国有社会主义运动，如"基督教社会主义运动"，要求社会改革，并提出了一些建议：宗教更新、组织合作社、建立贸易工会、发动平民教育等等。

社会福音思想可从法国卢梭（Jean Rousseau）那里看到。卢梭宣传极天真、极巧妙的乐观教义，传授属血气的人能达到完全的教义。按卢梭看来，人的天性本来就是善良的，让他自己随便就能达于至善。另外，社会福音思想也受到达尔文（Charles Darwin）进化学说的影响，认为人类不仅在物质生命上有长进，在社会、国家、道德上也是一样的。

社会福音思想在其宗教背景方面，即宗教神学思想发展的必然走向上看，从基督教福音——救恩思想，走向社会福音，这是一种必然的内在逻辑过程。社会福音思想受"宽大派"思想的影响，就其先知葛莱敦（Washington Gladden）与卜施奈尔（Horace Bushnell）看，他们坚信他们生来就是基督徒。卜氏最著名的一句话就是，"孩子生来就是一个基督徒，此外他不知道什么"。他以为如果一个孩子没有人告诉他是罪人，那么他永不能成为一个罪人。人类的天性既属善良，那么我们所需要的就是在世上建立一个乐园，调整我们的环境，天国即可实现。葛莱敦也是这样传授。[8]

由上述情况可知，随着社会的发展，福音思想不仅有"个人福音"的存在，还出现了"社会福音"。社会福音作为"新事物"，到 19 世纪末至 20 世纪初，获得了普遍的发展，甚至出现了社会福音运动[9]。

---

8 赵中辉牧师编译，包义森著：《基督教与现代神学思潮》，http://book.edzx.com/Book/B879N2484.aspx。

9 社会福音运动，又叫做福音奋兴运动，是十九世纪末二十世纪初基督教中的一个思潮，它特别强调信徒个人的宗教经验，主张教育改变人心，从而改造社会，倡导基督徒不仅要传播理想，还要有实践行动，要积极参与社会改造活动。社会福音运动在英国和美国的影响很大，英国以卫斯理宗和圣公会内部的福音派为主，美国主要体现在大觉醒运动上。中国基督教教士吴耀宗、赵紫宸、吴雷川等人深受社会福音运动的影响。（《维基百科》）

二、关于社会福音的教义

就上述个人福音与社会福音的定义来看，不管是救恩思想，还是社会福音思想，都倡导了一种为他人，为社会服务的精神，无论是为神，还是为个人、他人或社会。但是，社会福音强调的是服务人类社会整体，不能靠在教堂的说教，而要走入社会，用爱去帮助需要帮助的人，关怀社会弱势群体，净化社会。而救恩思想，即个人福音强调的是服务个人，并且，这种服务是"为神而行善事"的。这同基督教"福音"强调的是一致的，即，以个人为出发点，以社会（天国）为目标。如果没有达到爱邻舍的目标，爱神（即使尽心尽意尽力）仍是不算完全的。而现在呢？社会福音思想的出现，似乎违背了基督教"福音"的原意，把出发点与终极目标给倒置了。所以，就有必要看看社会福音的教义。社会福音对神、人、罪和社会秩序的解释如下：

1. 论神的教义：神不再是至上崇高的审判者，斤斤较量地定人的罪。他是温柔而肯迁就的慈父。他已创造了世界，我们只有逐渐地趋向至善。所以有人想在末日有最终的审判或地狱等候着恶人，这简直是污辱上帝为父的情操。

2. 论人的教义：如果人是上帝的儿女，有神同等的性情，那么就不需要旧式的保罗神学——基督的救赎。我们唯一需要的是道德教训和我们内在神性的发展。基督的生活和它的死不过成为我们的道德感力，是我们人类奔向完全最高峰的精神鼓励而已。悔改是属于宗教教育之一种。芝加哥神学院院长马吉佛说，"人所需要的不是重生，或性情的改变，不过是人觉悟他自己到底真是什么人而已"。那意思是说，要认清人也有神性的事实。

3. 论罪的教义：罪不再如圣经上所说的那样咒诅可怕。在社会福音中，罪是"失去方向"，是"在向上进化的过程中跌了一跤"，"违犯社会福利的错行"。

4. 论社会秩序的教义：社会福音有一个未来黄金日汛的远景。他们的理想是不可避免地人类有一日定要达成这个目标。生命的进化保证了此种理想。长久的进步能使圣经中的禧年国实现，甚至超过圣经中所描写的。这要靠着宣传登山宝训的原理，藉着教育、教会联合运动、改革方能实现。新社会主义将要解决一切纠纷，创造完全的政府，消弥战争，满足人类要求。因此社会福音的大目的就是：藉着宣传、会议、调停领导人类进入伊甸园。[10]

---

10 赵中辉牧师编译，包义森著：《基督教与现代神学思潮》，http://book.edzx.com/Book/B879N2484.aspx。

可见，社会福音是坚持人性本善的观点，坚信天国是人类社会的目标。"上帝为父，人为弟兄"，上帝不再高高在上，人神之间出现了一种亲密的关系；并且，因为人性本善，人类社会必将是走向天国的，走向新天新地的。

三、社会福音的宣传

社会福音自产生后，一直坚信"天国中皆弟兄"，坚持耶稣所教导的道德与属灵的原则，这在社会中产生了极大的反响；并且，随着社会福音思想的传播，倡导社会福音的人也越来越多，并在 20 世纪初，发展成了一场旗帜鲜明的社会福音运动。在这场运动中，华盛顿·格拉顿（Washington Gladden）、沃尔特·饶申布士（Walter Rauschenbusch）、赛勒尔·马休斯（Shailer Mathews）三位著名神学家享有盛名，其中又以沃尔特·饶申布士（Walter Rauschenbusch）的影响最大。

三位神学家都对社会福音的核心观念——"上帝之国"（Kingdom of God）作了解释。

格拉顿（Washington Gladden）认为上帝之国不只限于基督教会，而应包含整个社会，"基督教并不取消人与人之间的自然差别，并不取消条件环境或财产能力的不平等，然而，它确实要把他们带入一个和谐的协调的社会，在其中，每一个人都帮助其他的人。"[11]而教会应在社会基督化过程中做上帝之国的先锋。饶申布士（Walter Rauschenbusch）指出："宗教的目的在于促进整个社会生活的基督化、整个社会的道德重建"，[12]换言之，基督教原初的、本质的目的是要通过重新创造和重新构筑人与人的关系，把人类社会改造为上帝之国，上帝之国不仅包括宗教生活，也包括经济、社会和政治生活，上帝之国的实现是一切人类问题在基督精神统治下的合理解决，是整个社会秩序的基督化。[13]而在马休斯（Shailer Mathews）看来，单个人从自身来讲是不完善的，需要与社会的结合，不仅人与人彼此的结合是可能的，而且同上帝的结合也可能，人类社会自身的正义秩序所依赖的，正是它同上帝宇宙实在的

11 [美]约翰·麦奎利著，高师宁、何光沪译：《二十世纪宗教思想》，上海：上海人民出版社，第 1989 年 7 月版，第 196 页。

12 [美]饶申布士著，赵真颂译：《饶申布士社会福音集》，香港：基督教文艺出版社，1996 年版，第 165 页。

13 许牧世：《饶氏社会福音集导论》，[美]饶申布士著，赵真颂译：《饶申布士社会福音集》，香港：基督教文艺出版社，1996 年版，第 12 页。

关系，"说到上帝之国，耶稣所指的是这么一种理想的社会秩序，在其中，人与上帝的关系是父子间的关系，人与人的关系是弟兄间的关系。"[14]这些思想所共有的主张即是将上帝之国建立在地上，对社会秩序加以完善，使社会秩序基督化。所以，美国后自由主义神学家理查德·尼布尔（Richard Niebur）对社会福音中的上帝之国观念评价到："上帝之国的观念，在美国基督教中一直具有核心地位，但在现代，它已被等同于地上之国，等同于一种社会秩序。"[15]

在社会福音思想倡导者中，影响最大的饶申布士从各个角度，对社会福音思想作了详细的说明。比如，社会福音与个人福音在目的和功用方面的不同。"个人福音教会我们看清每人心中的罪，启示我们用信仰和上帝的大能来拯救每个来到上帝身边的灵魂。但是，个人福音没有教会我们对社会秩序和其中每个人的罪的充分理解……社会福音追求的是人类为集体的罪而忏悔，创造更善良更现代的道德心。社会福音召唤我们回到相信拯救民族的那些老先知的信仰。"[16]再如，如何建立"上帝之国"。"社会福音乃古老的救恩福音，但是被扩大了范围。个人福音使人看到个人的罪孽，并使我们因信来到神的面前。个人福音并没有指示我们社会的罪恶，在邪恶的社会中，人人都有份，因之也需要相信神的权能与旨意来拯救并洁净社会。"[17]所以，社会的改革可以这些方面着手：第一，建立属地的天国；第二，重新组织经济系统；第三，用科学方法来研究社会问题；第四，基督教神学当配合目前社会问题。

另外，社会福音在产生后，在其基本教义和原则的指导下，西方国家中也有一些基督教会及信众展开了尝试，比如，1843 年成立的纽约改善贫困状况协会，以及由英国人维廉布斯（William booth）于 1865 年创建于英国伦敦，1880 年传到美国的救世军。它们在服务社会方面，尤其是帮助穷人方面取得了较大的成绩。

---

14 [美]约翰·麦奎利著，高师宁、何光沪译：《二十世纪宗教思想》，上海：上海人民出版社，1989 年 7 月版，第 198 页。

15 [美]约翰·麦奎利著，高师宁、何光沪译：《二十世纪宗教思想》，上海：上海人民出版社，1989 年 7 月版，第 194 页。

16 刘家峰：《中国基督教乡村建设运动研究（1907-1950）》，天津：天津人民出版社，2008 年 6 月版，第 15 页。

17 [美]饶申布士著，赵真颂译：《饶申布士社会福音集》，香港：金陵神学院托事部及基督教辅侨出版社，1956 年版，第 297 页。

综上所述，社会福音的出现，也就是基督教救赎思想中的一种新的理解，或者是一种新的观念的出现。本来，从基督教"爱邻舍"的原则出发，社会福音是没有有什么错误的，因为社会的秩序与组织的改革，是与基督教爱的原则没有冲突的。同理，个人福音也是有道理的，这是圣经所教导的。但在事实上，相对于个人福音来说，"因为它拒绝个人拯救作为救世主启示的开始和结束"。[18]社会福音的确能够弥补个人福音的缺失，不仅确保个人道德的完美，更注重促进社会的拯救，使救赎的范围从个人扩大至整个社会，在个人得救的基础上，通过社会服务改造社会，进一步消除整个社会的罪恶。

另外，社会福音相对于个人福音来讲，它还有一个积极的作用，即社会福音思想强烈地影响了传教运动。近代的基督教会，基督教新教教会大都热衷于海外布道，或者说热衷于海外的传播。美国著名福音传教士穆迪可为一实证，在其影响下，1886 年，马萨诸塞州的一批大学本科生表示，他们愿意成为国外宣教士，由此开始了学生志愿运动。1888 年 12 月学生志愿国外传教运动正式成立，它在福音传教事业中产生了意义重大的影响。1898 年学生志愿者人数为 2221 人，1906 年达到 4235 人，1914 年为 5031 人，1919 年更达到 8140 人，超过同一时期北美洲基督教差会派往国外传教士总数的一半。中国成为许多传教士的首选。据统计，1906 年学生志愿运动共派出 2953 名传教士，其中 826 名到了中国，占总数的 29%；在整个 1886 年至 1919 年间，学生志愿运动派出的 8140 名传教士中有 2524 人到中国。[19]以近代四川来看，来川的基督教新教传教士们积极开展布道工作，他们的传教激情同社会福音思想的影响也是分不开的。所以，从总体上看，基督教在亚洲的传播事迹，在非洲的传播事迹等，可以说是都印证了纽约协和神学会神学家贝内特（John C. Bennett）的话："社会福音强烈地影响了传教运动，特别是通过它影响了在亚洲的许多教会。"[20]

当然，对于基督教会来说，在社会福音和个人福音之间，是只传社会福音呢？还是只传个人福音呢？如果只传社会福音，而不传个人得救的福音，

---

18 [美]邢军著，赵晓阳译：《革命之火的洗礼：美国社会福音和中国基督教青年会，1919-1937》，上海：上海古籍出版社，2006 年 9 月版，第 20 页。

19 王忠欣：《基督教与中国近现代教育》，武汉：湖北教育出版社，2000 年版，第 86 页。

20 [美]邢军著，赵晓阳译：《革命之火的洗礼：美国社会福音和中国基督教青年会，1919-1937》，上海：上海古籍出版社，2006 年 9 月版，第 35 页。

就违背了圣经的启示。这就当然成为了一个比较大的神学问题了，但是，这不是本文所关注的。我们只需要看到：从基督教社会服务的角度来讲，个人救恩思想也好，社会福音思想也好，只要有"爱邻人"目标的存在，社会服务就得以可能，就得以成行。社会福音作为新生事物，它从宏观整体上关怀和服务社会，这是个人救恩思想所不具备的，也是福音思想中前所未有的。

　　总之，在西方近代社会中，对于各种各样的社会矛盾的问题，各界人士不得不作出深刻的思考。对于宗教界人士来说，基督教新教人士也参与了其中，他们要求变革社会，拯救宗教，从而就导致了众多的新教教士走下神坛，踏上了一条宗教服务社会之路。因而，社会福音便应运而生，并且，不仅获得了普遍的发展，还成为了一场轰轰烈烈的运动。正如科提斯所说："社会福音出现于美国历史上的一个危急时刻……当曾在 19 世纪为生活赋予了重要性的信仰与价值观念的母质开始变得越来越没有意义的时候，社会福音派便和众人一道体验到了焦虑。为了寻找宗教和个人的意义，他们自己努力拼搏。他们逐渐形成了对宗教的一种社会性的诠释。"[21]

21　Curtis S., A Consuming Faith, Baltimore：Johns Hopkins University Press, 1991.7.

第二章 四川社会状况及基督教在四川的发展

第一节 四川社会与社会服务机构状况

一、四川的社会状况

社会服务事业的发展同社会的发展有着紧密的联系，尤其是同政治、经济、文化这三者之间的关系最密切。从 1877 年到 1949 年，四川的社会状况是比较恶劣的，政局动荡，经济崩溃，文化落后。基督教在四川的社会服务同四川社会的状况有很大的关系，既有有利的一面，也有不利的一面。根据本文研究所处时间的特殊性，拟分为两个时期，即清末和民国时期，来分析四川的社会状况对基督教社会服务工作的影响。

1. 清代末期的四川社会状况

基督教新教自 1877 年到 1911 年在川的这段时间，是处于清代最后的 34 年。在鸦片战争前，四川社会经济的状况已经是"人口增长迅速，经济发展缓慢；土地日益集中，阶级矛盾激化"。[1]鸦片战争后，地处中国西南边陲的四川同国家的命运一样，进入了半殖民地半封建社会的状态，四川社会经济的状况更是每况愈下。基督教正是在鸦片战争后进入四川的，以带给四川民众

---

1 吴康零主编：《四川通史》（第六册），成都：四川大学出版社，1994 年 2 月版，目录第 1 页。

"福音"为目的，并以强势文化的面貌出现在四川民众面前，但是，入川的传教士们从未想到的是，福音工作却举步维艰，一直到进入 20 世纪后，才有所发展。此外，传播福音的辅助手段——社会服务工作，对于基督教在四川的发展，起到了积极的作用。要分析基督教的这种境遇，探讨清代末期四川的政治、经济和文化的状况就成为必要的了。

首先是社会矛盾方面。

鸦片战争开始后，四川爆发了各种形式的战争，社会矛盾激化。造成这种状况的原因，是"内忧外患"，"内外"的压迫。比如："内外"压迫促使了太平天国运动的爆发，在四川就有 1859 年 10 月开始的，历时 6 年的李蓝起义，即李永和、蓝朝鼎在昭通发起的反清农民大起义，及石达开领导的太平军在四川的战斗。再如，为应对列强的侵略，在四川爆发了早期教案：1863 年的第一次重庆教案，1865 年和 1868 年的两次酉阳教案，1873 年的黔江教案，1886 年的第二次重庆教案，1886 年至 1890 年大足县龙水镇民众三打教堂并引发第一次余栋臣武装起义，等等。这些教案，遍及八九十个州县，次数甲于各省。而随着列强侵略的加剧，即标志着四川半殖民地半封建社会的最终形成的《马关条约》的签订——重庆开埠、开关，列强设领、租地，成都教案于 1895 年农历端午节爆发，余栋臣等于 1898 年，在大足县龙水镇再次起义。

这种"内外交困"的状态也促使了国人的觉醒，四川人民也纷纷响应。在维新变法运动中，四川举人张联芳等 71 人列名上书。宋育仁等于 1897 年，在重庆创办《渝报》，宣传变法思想。宋育仁等于 1898 年，在成都组织"蜀学会"，创办《蜀学报》，大力传播西学，主张"托古改制"。9 月，在被杀害的"戊戌六君子"中有四川的杨锐、刘光第二人。

维新运动的失败，加上列强侵略的加剧，在四川又有 1901 年端午前夕爆发的川东义和拳运动，要"扶清灭洋"，并于次年进入高潮，遍及了四川数十州县。为响应清朝的"变法自强"，四川也推行"新政"。"新政"，一方面加速了四川近代化的进程；另一方面又成为官吏敛钱害民的手段——打着筹饷练兵的旗号，加捐加税，竭泽而渔。另外，还有出名的四川巴塘事件。1905 年，藏民杀死驻藏帮办大臣凤全，清政府以此为契机，决定用兵西藏，并对川边藏区实行改土归流，促进了川边藏区的发展。

应对这种"内外"的压迫，四川兴起了资产阶级民族民主运动。四川资产阶级主要是留学日本的学生。1905 年 8 月，孙中山领导的资产阶级革命政党——中国同盟会成立后，派遣党人回川，在重庆、成都等地建立同盟会支部。1906 年发动江油起义，1907 年密谋江安、泸州、成都、叙府起义，1908 年发动广安起义，1910 年发动嘉定起义，1911 年 1 月发动黔江起义。这些起义虽失败，但为辛亥革命在四川的发动作了思想上和组织上的准备。

另外，代表资产阶级上层和要求发展资本主义的士绅的立宪派，对清王朝的专制独裁和投降卖国极为不满，主张君主立宪，反对暴力革命，与资产阶级革命派既有分歧，又有合作。四川立宪派曾组织国会请愿同志会，吁请速开国会。四川立宪派还发动和领导了四川保路风潮。在保路风潮中，因清政府一意孤行，制造了"成都血案"，从而导致了同志军的武装起义。最终，清王朝在四川的统治覆灭，辛亥革命在四川取得了胜利。

可见，在清政府腐败的统治下，在列强贪婪的掠夺下，这段时间的四川是战事不断，社会混乱不堪，政局动荡不已。而基督教新教初入四川，传教工作举步维艰，社会服务工作要获得发展是比较困难的。当然，不能否认的是，战争给基督教社会服务提供了机遇；并且，基督教有强大的军事势力支持，有政治上的保证，再加上传教士大量的涌入，为社会服务活动提供了保障。此外，基督教会的存在，社会服务工作的开展，以及教案频繁的发生，也使四川民众对基督教及其社会服务逐渐有了认识。

其次是经济方面。

经济是社会的基础，也是开展工作的前提。清代末期四川的经济是可想而知的，上述已说，四川战事不断，政局混乱，社会不稳，何来经济之谈呢！而基督教进入四川是带着强大的经济支持下成行的，所以，从经济角度看，基督教社会服务工作，在面对贫穷的四川，是完全可行的。分析四川的经济状况，可从内外两个角度来谈，即列强经济的侵略和清政府的掠夺。

帝国主义列强对中国的侵略不断深化，方式也在改变，到 19 世纪末叶，列强对四川的经济侵略展开了资本输出：侵夺川江航运权益，开设公司、洋行、工厂，掠夺四川的矿权路权。据统计，1892 年输入四川的洋货总价为 580 多万海关两，1911 年增至 1900 万海关两。不仅洋纱、洋布大量输入，煤油、西药、纸张、香烟、染料乃至洋伞、洋钉、鸦片烟灯也充斥四川城乡市场。列强对四川的掠夺与压榨，使四川的社会经济遭到严重破坏，愈来愈深地陷入了半殖民地的泥坑，四川农村自给自足的自然经济也开始逐渐解体，当然，这也为四川资本主的产生和发展准备了廉价的雇佣劳动力。

在面临侵略者的威胁之下，清政府妥协投降，而对人民群众则残酷压榨。为支付战争赔款和偿还外债，清政府在四川开办"捐输"，巧取豪夺。鸦片战争的 2100 万两赔款，按田赋数额分摊到各省，限期完纳。至光绪中叶，中日之战、庚子之役，赔款日增，摊派各省，名为"新捐输"。四川每年摊派庚子赔款达 220 万两，还摊派偿还俄、法、英、德贷款每年百余万两。据统计，1902 年至 1903 年，四川除田赋正粮外，承担津贴捐输重达 4470 万两。1851 年，清政府定四川为"协济省"。所谓协济，就是要四川协助接济镇压太平天国起义的军饷军粮。清政府的经济掠夺，突出表现为加重旧税捐，增添新税捐。1856 年，四川开征百货厘金。1895 年，盐课每斤加收 2 文，1899 年又加收 2 文，1901 年再加收 3 文。契税、茶厘也成倍增加。1908 年，"赵尔巽督川，一意刮民财，取悦西后，于是设酒税、糖税、油捐，加肉厘，征牛羊皮，设经征局。向无者新设，有者加重，加自四倍至十倍不止。"加上贪官污吏、土豪劣绅乘机敲榨勒索，不断加码，营私舞弊，致使人民担负的苛派比正税高达几倍几十倍。实行通货膨胀，是清政府掠夺四川经济的重要手段。清政府为了度过财政难关，一面滥发纸币，如"官票"、"宝钞"等；一面则鼓铸当五、当十、当百、当千大钱，甚至还鼓铸铁钱、铅钱，转瞬间就获利数十倍。清政府的残酷掠夺，使四川经济受到严重摧残，加深了人民群众的苦难。

四川民众在双重的压迫之下，社会边缘人士和弱势群体只可能越来越多，基督教社会服务可供选择的对象也越来越多。当然，尽管四川经济也有些许的发展，比如四川近代工业的出现，以及四川民族工商业的产生与发展，但是总的来说，已沦为半殖民地半封建社会的四川，其经济实力是可想而而知的。这对于宗教慈善来看，赈济的对象是会越来越多；对于基督教的社会服务来说，服务的对象就再也不会缺乏了。在客观事实上，四川的贫苦大众对基督教会的认可，如"吃教"现象的存在，就是一种明证。

第三是文化方面。

基督教文化是以"强势"、"优越"之面貌出现在四川民众的面前，但是，基督教文化在四川的处境并不如它所显示的那样强大，实质上是处于一种弱势地位，即它必须适应四川的文化传统，才能够立足，才能够生存，才能够获得发展。20 世纪前，基督教在四川的状况更是这一现象的生动写实。随着基督教在四川的发展，尤其是在进入 20 世纪后，基督教文化同四川文化也有了交流。

尊经书院与新式学堂的开办，为"西学"的传播铺开了道路，促进了"新学"的发展。1875 年，在四川学政张之洞的支持下，尊经书院于成都创办，其宗旨是通经致用，培养四川的人才。1898 年宋育仁担任院长，大力传播"西学"，使尊经书院成了鼓吹维新变法的大本营，并推动了四川各地新式学堂的建立。尊经书院创办后，不仅使四川的学术空气一新，还培养了一大批出类拔萃的人才，如杨锐、廖平、张澜、吴玉章等等。1903 年，以尊经书院为基础，扩建为四川省城高等学堂。此后，成都相继兴办了通省师范学堂、军事学堂、法政学堂以及各种专门学堂，各府厅州县也办起了小学堂、中学堂和半日学堂，有的地方还兴办了师范学堂、女学堂和各种实业学堂。据统计，1907 年四川有各类学堂 7，775 所，居全国第二位；有学生 44.2 万人，居全国之首。

近代报纸的出现与发展，便更有利于西学的传播。1897 年，维新志士宋育仁、杨道南等在重庆创办《渝报》。这是四川的第一家报纸。1898 年春宋育仁又同杨道南、吴之英，廖平等创办《蜀学报》。《渝报》和《蜀学报》是维新派的喉舌，对推动维新运动在四川的开展起了积极作用。20 世纪初，四川报纸逐渐增多。1901 年，傅樵村在成都创办《启蒙通俗报》。1903 年，革命志士杨庶堪等在重庆创办《广益丛报》，等等。四川近代报纸的出现及发展，是四川文化事业进步的表现，不仅带动了四川印刷技术的革新，而且产生了一批新式印刷企业，并为后来四川新闻事业的发展奠造了基础。

对中西医学的研究，不仅汇通融合了中西医，更为重要的是在四川及华西地区乃至全国传播了西方的医药文化。唐宗海（1846～1896 年）字容川，四川彭县人。他认为中西医各有所长，各有所短，应当融汇贯通。在行医治病的时，他以中医理论为基础，吸取西医解剖学、生理学等知识，撰成《中西汇通医经精义》2 卷，于 1892 年刊行于世。书中附有西医解剖学图，是我国最早汇通中西医学的著作。1894 年，他的医学代表作《中西汇通医书五种》刊出，行销海内外。唐宗海的医名不仅大噪于北京、上海、广州等地，而且蜚声印度支那和南洋等地。除唐宗海外，还有曾懿、黄济川等等。

对西方政治思想的学习，推动了中国政治思想的发展，有助于反击帝国主义和清王朝。在学习西方的问题上，宋育仁谴责洋务派"舍本而逐末"，抨击守旧势力"闭目而塞聪"，憧憬英国、日本的君主立宪制度，主张"申民权"。邹容著的《革命军》一书，更是中国近代思想史上第一部系统地、旗帜鲜明地宣传资产阶级民主共和国思想的名著。[2]

总之，从文化角度讲，基督教社会服务的理念对于四川民众来说，还是非常认可的，加上四川传统文化的特性，比如四川人的包容性等特点，基督教在川的社会服务是可以接受的。

2. 民国时期的四川社会状况

民国时期基督教的社会服务工作取得了非常优异的成绩，传教工作也取得了前所未有的成就，直到随着四川解放的步伐，基督教社会服务才开始走向灭亡之态。

在四川的政局和社会矛盾方面，从民国初年开始，四川仍然是战事不断。从"癸丑讨袁"、护国战争、护法战争到四川各系军阀之间的混战，还有大革命运动和土地革命时期的武装起义，以及抗日战争和蒋介石发动的内战等等。如果再加上地方势力之间的战争，以及土匪流寇的掠夺，四川的社会状况是可想而知的。但是，因为此时期帝国主义对军阀的支持，尤其是对蒋介石等的支持，传教士在四川的地位仍然是比较高的，基督教的传播仍然是比较顺畅的，基督教开展社会服务也是有极大便利的。

民国时期四川的经济状况，是有利于基督教社会服务工作的开展的。从上述可知，战争给四川老百姓带来的是极度的贫穷和深重的苦难，具体地讲，比如，四川军阀防区制时期连年混战，防区割据，关卡林立，捐税苛重，许多工厂倒闭，商业萧条，农村残破，农产量锐减，文教机关和学校毁损严重。这就给传教士们开展社会服务工作带来了机遇，因为有太多需要帮助的人，需要获得赈济的人，再加上基督教会有强大的经济后盾，其开展社会服务可谓具备了天时地利的条件。

四川在抗日战争中的特殊状况为基督教社会服务提供了机会和条件，同时也使后者面临巨大的挑战。

第一，四川出钱出粮居全国之冠（这一时期中"全国".其统计数字均为国民党控制区域数）。八年抗战中，国家的财政开支主要依靠四川负担。在抗战最困难时期，估计四川负担了国家总支出的30％以上。如以八年抗战总计，

2　《明清时期四川／晚清"蜀学"》，http://www.360doc.com/content/07/0606/02/24133_541173.shtml，360doc 个人图书馆，2007-06-06。

国家支出 14，640 亿元（法币），四川就负担了约 4400 亿元。四川出粮也最多，仅 1941 年至 1945 年，四川共征收稻谷 8228．6 万市石，占全国征收稻谷总量的 38.75％、稻麦总量的 31.63％。第二，川人积极参军参战。除抗战初期约 40 万川军开赴前线外，八年抗战中，总计在四川征兵约 300 万人，充实前线部队。出川抗战将士伤亡人数约为全国的 1/5，即阵亡 263，991 人，负伤 356，267 人，失踪 26，025 人，共计 64 万余人。无论供给兵员或为国捐躯，四川都居全国之冠。第三，四川人民加紧生产，支援前线。战时军队的军火枪械，吃的军粮，穿的军衣等，主要是靠四川人民加紧生产出来的。川江航运工人，积极运输部队、难民和军需、民用物资，对支援抗战起了巨大作用。第四，献金抗日救国。从 1937 年冬天起，全川人民就掀起了劳军捐献运动。到抗战中后期，国家财政困难，军费紧张，政府提倡有钱出钱，有力出力，献金救国，以助军费，全川又掀起了献金高潮。1943 年，重庆妇女界自"三八"节发起捐献"妇女号"飞机起，半年之内共捐法币 260 万余元，献给政府买飞机 13 架，据国民党中央宣传部发表的不完全统计，到 1944 年 5 月，四川有 14 县市的献金总额为 2 亿元。5 月 16 日以后到 11 月底，内江、自贡、富顺等地掀起第二次献金运动，捐款总额达 4 亿元～5 亿元。[3]

可见，直接的巨额"出钱"，大量青壮劳力的参战，还要不断地生产支援，四川尽管有"粮仓"的美称，实质上也是遭不住的，老百姓的日子更是可想而知的了。当然，这对于社会服务事业来讲，就是"天赐良机"了，而基督教会还有强大的经济后盾作为支持，其社会服务的可能和优势便得以呈现了。

从文化方面来看，民国时期基督教在川的社会服务事业，除了传统文化对它的排异，就是随着马克思主义的传播，使它遇到了极大的挑战。第一次世界大战爆发后，随着《新青年》等进步书刊在四川的传播，四川的新文化运动也开始兴起。新文化运动激发了青年学生向西方学习民主和科学的热情。从 1918 年起，四川兴起了留法勤工俭学运动。新文化运动和勤工俭学运动的结果，就是宣扬了新文化，为中国培养了新式的人才，也为中国的建设和革命事业作出了重大贡献。这对于中国，包括四川，本土的社会服务事业的发展来看，不仅作了人才方面的准备，更是促进了思想的解放，社会服务的理念也相应地有了变化。而这对于基督教传教辅助手段的社会服务事业来讲，

3　雷康：中华民国 Republic of China（ 1911-1949 ），http://www.phoer.net/history/minguo/index.htm，巴蜀网 1999-10-12。

肯定是弊大于利的。当然，如果单就社会服务的目的或动机来讲，其本身是没有任何问题的。

另外，随着抗日战争的进行，尤其是在"陪都"时期，四川的文化达到了发展的最高点或最高潮的时期。抗日战争爆发后，全国许多文化团体和文化人物进入四川，主要集中于重庆，使重庆成为抗战文化的中心；报刊的出版发行以成渝为中心；沦陷区迁川的高等院校有48所，占战前全国高等院校的 44%，主要集中迁于重庆和成都。这些文化方面的发展，不仅解放了在川所有人的思想，开阔了所有人的视野，更是促进了人们对"服务"的认识，包括"社会服务"，而这对于基督教来说，肯定是灾难。从而，这对基督教的社会服务事业来看，也是弊大于利的。

综上所述，从 1877 年到 1949 年，四川的社会状况，对于基督教社会服务事业来讲，既有利的一面，也有困难的一面。从四川的政局来看，因为帝国主义列强的侵略，给基督教社会服务事业带来了保证，同时，它也受到了老百姓的排斥。从四川连年不断的战争来看，这是不利于服务事业的开展的，而从战争的效果来看，又给服务事业提供了机遇。从经济角度讲，"施"往往是受欢迎的，但四川从本来是自给自足的自然经济，到沦为半殖民地半封建社会经济后，必然注定了对"施主"的抗拒。从文化角度讲，新旧文化、强弱文化，在区域中，往往是注定了新变异，强变弱，在激烈的碰撞之后才开始交融的。所以，四川的政治、经济和文化的状况决定了基督教社会服务事业在四川的走向和发展程度，即缓慢发展阶段，快速走向繁荣时期，以及由极盛走向了极衰的发展历程。

二、四川社会服务机构的状况

从鸦片战争以来，随着中西方之间文化的碰撞和交融，中国社会的各个方面都在不断地发生着变化。在慈善方面有这样的描述："在这一过程中，受外力的冲击和影响，中国的慈善思想发生转变，逐步由传统向近代嬗变"。[4] 这种理念上的改变，其影响是深刻的。受西方社会福利思想和制度的影响，我国传统的社会福利观念也开始向近代嬗变，比如，从"怜民"到"责任"的转变，从"重养轻教"到"救人救彻"的转变，以及由"选择"到"全面"

4　周秋光、徐美辉：《论近代慈善思想的形成与发展》，《湖南师范大学社会科学学报》，2005 年 9 月，第 34 卷第 5 期。

的转变等。[5]尽管四川地处西南边陲，但是，在四川地区的社会服务工作也不例外。由于四川的特殊情况，比如，四川地域辽阔，地理气候条件复杂，水灾、旱灾和地震等自然灾害频繁，以及清末民国时期，苛政、兵祸和匪患等人为灾难不断，给四川带来了极度的贫穷和落后。"天灾"和"人祸"的这种结果——苦难，对于社会服务来说，却是另外一种"福音"，即社会服务有了更多的服务对象。四川本土的社会服务机构，加上外来的社会服务理念，以及一些具体的社会服务活动的开展，在帮助遭受苦难民众的同时，也促进了四川地区社会服务事业的发展，尤其是四川社会服务事业的向近代化的进化。从 1877 年到 1949 年，四川的社会服务机构主要涉及的是各类慈善救济机构和组织，包括官方设立的和民间自筹的，以及合办性质的。这一时期的社会服务机构的状况分为清末和民国两个时期介绍。

1. 清末时期

在社会服务机构中，既有宗教界兴办的，也有官方和民间非宗教性的。在这一时期，四川的各类慈善救济组织主要有：1. 贫穷救济，如养济院、普济堂、冬济堂、栖流所等；2. 儿童救济，如寄幼堂、育婴堂、育婴局、德生公所等；3. 妇女救济，如慈善局、恤嫠局、志仁堂、全节堂、尚节堂、恤隐局等；4. 掩瘗助丧，如漏泽园（义园或义冢）、施棺会、掩骼会、白骨塔、救生局、救生红船、捞浮会等；5. 综合性救助，如乐善公所、与善公所等。[6]

就上述慈善组织来看，清代末期的四川慈善事业从整体上看是比较完善的，几乎囊括了生、老、病、死整套的慈善救济活动，尽管传统慈善行为仍然居于主导地位，但细究其弊端也是非常明显的，比如清末的四川是天灾和人祸不断的，各类慈善机构或组织的经费问题、管理状况等等，其境况会更糟，再加上传统中国文化的家庭、家族的"慈善救济"观念等，对社会服务事业有既定的影响，等等，清末时期四川本土的慈善组织必然会面临越来越多的问题。另外，随着西方慈善思想的传播，尤其是基督教会的慈善活动，对四川传统的慈善事业的冲击也越来越大。所以，清末四川社会服务机构面临的状况是越来越严峻的。

5　褚丽琴：《清末民国时期中国社会福利思想的嬗变》，《商业时代》，2011 年 21 期。

6　王琴：《近代西南地区的慈善事业（1840-1949）》，湖南师范大学硕士论文，2011年 5 月。

2. 民国时期

这一时期，由于清朝政府的瓦解，中华民国的建立，尤其是后来重庆成为陪都后，四川的社会情况独具复杂性，由此，四川的社会服务事业也呈现出了较为复杂的面貌。

在抗日战争前，四川的社会情况是极为复杂的：政权更迭，战事频繁，自然灾荒不断，民不聊生。在这种复杂的社会情况中，四川的社会服务事业发挥了不同的作用。从总体上看，这一时期四川的社会服务机构同清末时期的社会服务机构具有了一些新的变化。如，社会服务机构由单一的慈善行为走向了综合性的慈善行为，并向规模化和制度化发展，由救助单一对象走向了救助群体性的对象等。对于此时期中的兵灾，相应的服务机构便应运而生。如中国红十字会四川分会和临时救护机关，有成都分会、嘉定临时分会、宁远临时机关、泸州临时机关等14处。[7]在面临频繁的自然灾害面前，四川的社会服务事业又以不同的面貌出现。除了那些日常性的救济机构外，其他救济机构和人士也参与了自然灾害的救助慈善行为。如当灾害发生时，除了日常救助性的慈善机构，其他民间性的义赈组织也参与其中，如中国华洋义赈救灾总会（1921-1949）、上海中国济生会、红卍字会上海分会、中华慈善协会、川灾救济协会等。另外，四川省内各界人士，以及旅居外省的各界人士也想方设法参与到救灾中来，各种各样的赈灾组织和机构便出现了。

到1937年抗日战争爆发后，四川的社会服务事业则出现了一些新的情况，四川的社会服务机构也因时局的变化，展开了不同以往的救助工作。比如，难民救济，随"沦陷区"不断的扩大，而西南地区这个大后方，便变成了难民的集结地，四川更是成了重要的难民集结的省份。国民政府与救亡团体慈善团体展开了救助工作，政府赈济有不足，慈善团体来补充。中国红十字会等慈善团体更是把救济难民的工作提高到最高的日程上，不断地成立分会，加紧救济工作。中国战时儿童保育会在西南各省成立分会，专门救济难童，其四川分会还下设保育院，救济四川各地的难童。中华慈幼协会也将总会从上海迁到四川重庆，并设立慈幼诊所和难童教养院等，救助并教养难童。

综上所述，从1840年以来，四川的慈善事业有了翻天覆地的变化，同传统慈善事业相比呈现出了许多新的特点，不仅救济范围在扩大，而且参与的主体，从政府到民间慈善团体，以及个人都在更积极主动地参与，具有相当

---

7 池子华：《红十字与近代中国》，合肥：安徽人民出版社，2004年版，第173页。

的广泛性、多元性和近代化特征。更为重要的是，各种慈善机构不再像传统时期那样独自开展工作，而是加强了联系，相互之间的协作逐步增强。但是，"经济基础决定上层建筑"，从清末到民国时期的四川社会服务机构，因为经济因素的制约，其工作开展的状况尽管获得了全川乃至全国人民的赞许，其服务质量，尤其是服务理念，仍然是比较落后的。再加上四川地处西南边陲，远离政治中心，缺乏中央政府直接有效的管理，四川社会服务机构所开展的慈善事业，在规模、力度上也就远远不及其他省份或地区。还有就是四川天然的地理环境阻碍了同外界的交流，这就加剧了四川社会服务的落后状况。总之，由于四川社会服务事业的落后，外来的传教士才得到了开展社会服务活动的契机。当然，尽管传教士最初开展服务时，很大程度上是因为传教受阻而"被迫"的，但不能否认的是，其社会服务的理念同四川传统的慈善理念相比，还是具有一定的先进性的，从而，这就开启了四川社会服务事业的近代化。

第二节　基督教在四川的发展

一、基督教在四川的发展简史

1868 年 4 月，开始有新教传教士进入四川考察。1876 年 9 月《中英烟台条约》签定以后，新教在中国西南部的传教活动才真正得以开展。根据该条约，英国获得了"驻渝"重庆的特权。在其另议条款中，允许英国派员由甘肃、青海，或由四川入藏，转赴印度。据此，英国向中国西南边疆进行殖民扩张的企图获得了实质性突破。关于基督新教正式在华西传教的时间，这里采用中外教会人士的共同说法，即"基督教会之来华西，莫先于内地会。至若四川、云南、贵州，均于主后 1877 年为开办之始。"[8] 这样一来，如果将华西基督教史纳入全国来考察，则只有两个时期，即 1868-1911 年为第一个阶段；1912-1949 年为第二个阶段。根据华西基督教史的特点，在单独将华西（含四川）基督教作为研究对象时，可以独自划分历史分期，而不必与全国同步。民国时期，华西基督教在抗日战争爆发前后有一个明显的变化。华西地区在全国属于偏远之地，在抗战之前受全国政局动荡的影响相对要小一些，基督

8　启树滋（尔德）、邓三仕：《滇黔蜀三省教会史略》，中华续行委办会编订《中华基督教会年鉴》（第二期），1915 年版，第 111 页。

教的发展处于平稳状态。1937 年抗战爆发以后，全国主要党政军和文化教育机关均迁至华西（以重庆为中心），全国基督教协进会及许多教会团体也来到华西地区（以成都为中心）。也就是说，当全国东部和中部基督教遭到战争破坏的时候，华西地区的基督教反而兴盛起来。因此，可以将民国时期华西基督教史以抗战爆发为界分为两个时期，即民国前期和民国后期。这样，华西基督教史可分为晚清（1868-1911），民国前期（1912-1937），民国后期（1937-1949）。[9]

根据这种划分，考虑到社会服务工作在基督教传播中所起到的作用，以及教会社会服务工作开展的实际情况，基督教在川的社会服务大致可分为三个时期，即缓慢发展时期（1868-1911）、快速走向鼎盛时期（1912-1937）和由鼎盛转急衰时期（1937-1949）。

1. 缓慢发展时期

1840 年鸦片战争后，到 1860 年，资本主义列强凭借《南京条约》、《望厦条约》等系列不平等条约，从获得基督教传教活动的合法化，到享有"在各省租卖田地，建造自便"等特权，为基督教传教士进入四川等中国西部地区传教铺平了道路。

1868 年，英国基督教伦敦会牧师杨格非（Dr. Griffith John）和大英圣书公会的伟力（Mr. A. Wylie）进入四川沿成渝、川陕一线进行调查，为差会派遣传教士进入四川作准备。1876 年，《中英烟台条约》签订，英国获得"驻渝"重庆特权。英国基督教内地会于 1877 年派遣传教士麦卡悌（Rev. John Mc Cathy）到重庆，开设四川省第一个布道点，相继有美国的美以美会、安息日会、英国的公谊会、圣公会、浸礼会、英美会等差会先后来四川开辟传教地区。1878 年英国内地会传教士克拉克（S. R. Clarke）和夫人进入四川。克拉克夫人为进入四川的第一位女传教士。1881 年美以美会牧师鹿依士（S. D. Lewis）夫妇进入重庆。1882 年苏格兰圣经会进入四川。1888 年英国伦敦会威里信（W. H. Gill）等 3 人进入重庆。1889 年北美浸礼会陶维新（M. J. Davidson）进入潼川府（今三台县）。1889 年北美浸礼会侯维廉（W. H. Upcraft）劳益谦进入叙府（宜宾）。1892 年英美会郝斐秋（V. C. Harf）等 8 人进入成都。同年英国行教会何诗白（J. H. Horsburyth）进入绵州（今绵阳市中区）。英国内地会女传教士泰罗从甘肃经西藏于 1893 年 4 月进入打箭炉（康定）。1897 年 7

---

9 陈建明：《近代基督教在华西地区文字事工研究》，巴蜀书社 2013 年版，第 11 页。

月英国内地会传教士西瑟端纳和 4 位传教士进入打箭炉，设堂布道，在藏族地区建立了第一个基地。

各差会传教士在建立教会的同时还创办教育、医疗和慈善等事业。1877年英国内地会牧师麦卡悌在巴县城（今重庆市中区）设立诊所，在四川开创了使用西医技术和西药的历史。1887 年美以美会女传教士轲立亚在重庆戴家巷开办了四川第一所女子中学（后迁成都改为华美女中），美以美会医生马嘉礼于 1892 年在重庆戴家巷开办了第一所医院（即宽仁医院）。1896 年英美会在四圣祠创办了第一个育婴堂，收养被遗弃的婴儿。美以美会传教士鹿依士于 1894 年在重庆创办求精中学，开西南各省新学之端。1897 年加拿大英美会传教士郝斐秋第二次来华时，携带印字机入川，在嘉定（乐山）开设印字馆（后迁成都定名为华英书局），首先在四川采用近代印刷技术。

此外，1885-1898 年，在重庆（1886 年）、成都（1895 年）、江北（1898 年）等连续发生教案。每次教案都波及全川。仅成都教案就捣毁基督教会教堂 30 处。三次教案清政府向教会赔款 14.697 万两银。教案发生后传教士都撤到重庆和上海等地躲避。可见，从 1877 年基督教正式进入四川到 1900 年前，这期间的基督教，不仅教会教务发展缓慢，而且其社会服务也极其简单。

另外，从 1899 年 1 月华西各传教会在重庆首次召开宣教师大会，到会代表 80 人（一说 76 人），代表 7 个宣教会（内地会、美以美会、公谊会、浸礼会、英美会、英行教会、英伦敦会）和 3 个圣经会（美圣经会、英圣经会、苏格兰圣经会）。会议通过决议，成立华西圣教书局（West China Tract Society）和华西差会顾问部（Advisory Board for West China），创办华西教会月报（West China Missionary News）。华西顾问部成立后，立即规定各差会的传教地领域。成都、重庆为公共传教区，历史上称为睦谊协约。从此各差会的关系日益融洽，都愿遵守顾问部规定的原则，各宣教地区的责任问题亦得到解决，各差会中因传教区与过大而力不能及者，可自行决定将基地让与他会，或请他会协助工作。于是布道工作顺利发展。华西顾问部每年开会一次，各差会皆派代表参加，讨论各会同工互助事宜。19 世纪末，内地会和行教会在阆中（保宁镇）开办了第一所天道学校，开始培养中国传道人员。

迄至 1900 年，先后进入四川的传教士和医生有 245 人，多数来自英国、美国和加拿大。《辛丑条约》签订以后，基督教会对在华传教的策略进行了调整。最为明显的措施，就是利用"庚子赔款"，兴办教育，使相当多的中国人仇教心理为之一变，教会影响因此而迅速扩大。基督教会还以创办各种慈善事业，来改变中国人对教会憎恨的心理。所以在短短的二三十年里能获得迅速发展。1906 年，四川各差会联合成立了华西基督教教育协会（简称"华西教育会"），管理教会学校工作。1907 年，美以美会、英美会、公谊会联合创办华西协和大学。据统计，四川基督教堂，从 1901 年到 1910 年，进入城镇有 19 个，所设教堂有 27 个。[10]

2. 快速走向鼎盛时期

1911 年，中国进入了民国时期，而在川的基督教会则开始进入了平稳并快速的发展阶段，并走向了鼎盛。

在 1911 年到 1937 年之间，1920 年前后是各国基督教来川最兴旺的时期，为了协调各差会和基督教团体的关系，推动其传教活动，1922 年 5 月在上海成立了中华基督教协进会，成为全国各教会的代表机构，在成立大会上有 18 位四川基督教代表参加。会后，四川基督教各教派成立了四川基督教协进会，主席由宋诚之担任，使基督教各宗派团体有一个统一的联络组织，正为当时四川基督教发展所必须。此时教会内部人事、经济大权仍由"差会"掌握，所有事工由外籍人士直接领导。中国基督教会中国牧师刘宣三等人为争取教会事工的领导权，不顾外籍人阻扰，联合布道、医务、教育等部门中国籍工作人员筹备协和年后。经过多次力争终在 1929 年协和年会正式成立。年会以中、外人士相等人数共同负责。据统计，1901-1935 年，入川传教士多达 1000 余人，占入川传教士总人数约 56%，促进了全省基督教以及附属事业的迅速发展。到 1920 年，各差会在四川 51 个城镇开辟了 76 个总堂。仅次于沿海广东、江苏二省。到 1920 年，四川已有礼拜堂 369 个，发展了教徒 12594 人（其中男 8230 人，女 4724 人）。在四川各地教会工作的外国人有 543 人（女 339 人），其中牧师 91 人，外国传教士人数仅次于江苏、直隶（河北）、广东三省。中国传教士 490 人，其中牧师 35 人，传道员 455 人（男 366 人，女 89 人）。到 1920 年各教会创办大学 1 所，中学 15 所（当时四川有国立中学 63 所），初级小学 408 所，高级小学 59 所。在校学生 18386 人，教职工 884 人。学校从数量上仅次于中国沿海的福建、山东、广东三省。到 1920 年各教会开设医院 26 所，有床位 1041 张，药房 28 个（不包括医院药房），有

---

10 四川省地方志编著委员会：《四川省志·宗教志》，成都：四川人民出版社，1998 年版，第 360-362 页。

医生 63 人（其中外国医生 44 人），护士 103 人（其中外国护士 11 人）。开办护士学校 5 所。[11]

可见，到 1920 年左右，基督教在川获得了极大的发展，其社会服务事业也是相应平稳并快速发展。到 1937 年抗日战争爆发之前，基督教会更是大肆兴办医院和学校，而之前兴办的也在这一期间获得了极大的发展。

3. 由鼎盛转急衰阶段

1937 年抗战爆发以后，全国主要党政军和文化教育机关均迁至华西（以重庆为中心），全国基督教协进会及许多教会团体也来到华西地区（以成都为中心）。四川成为了全国基督教的中心，四川的基督教徒大幅度增加。广大教牧人员和教徒积极参加抗日救国运动，成立各种抗日活动组织。成都、重庆成立了救济委员会，负责救济来自沦陷区的学生和难民。重庆基督教会参与组织医疗、医护四个队开赴前线第九战区（江西修水、武宁等县）的工作。重庆教会还组织寒衣募赈会、抗日宣传队、负伤将士服务队，等等。卫理公会和基督教青年会合购的"美青号服务处"，到成渝路沿线城镇向群众广泛宣传抗日救国；万县成立基督教负伤将士协会。开县妇女传道服务团为抗日伤兵缝制棉背心、布鞋等，1937 年秋华美女中举行游艺募捐会，将所得购制棉衣、棉被，由战地服务团和基督教女青年会转运抗日前线，支援抗日将士。

迁来四川的中华基督教女青年会全国协会，负责办理抗日战士家属的福利工作。中华基督教会全国总会总干事诚静怡博士，于 1939 年在成都成立了中华基督教会全国总会边疆服务部，号召全国男女青年有为之士，到西南少数民族地区，从事社会服务，为抗战后方民众开办教育、医疗、农场、畜牧场等，得到国民政府行政院和各界人士的支持。1941 年英国公谊会组织 40 名青年（包括英国、美国、加拿大、新西兰等国青年）志愿救护队，四川公谊会亦派青年参加，志愿到中国滇缅抗日前线，为抗日战士服务。1945 年抗日战争胜利后，全国性和外省教会团体、学校迁回原地，四川基督教徒人数开始减少。1947 年起，由于国民党挑起内战，华北、华东、华中等地又有 19 个教会进入四川，中外传道人员和教徒又有所增加。

由于战争的原因，四川基督教社会服务事业达到了颠峰。据统计，到 1949 年底，在川先后建立了教堂（包括分堂）611 个，分布在四川、西康两省的 147

---

11 四川省地方志编著委员会：《四川省志·宗教志》，成都：四川人民出版社，1998 年版，第 367、362 页。

个市县；有 1807 个外国传教士进入四川；有中国籍会督、牧师 204 人，传道员 310 人；办有各类学校 91 所，医院、诊所 50 个，孤儿（老）园、幼儿园 36 个，据 1949 年粗略统计，共有教徒 5 万余人。[12]

到 1949 年中华人民共和国成立后，四川的基督教也开始进入了中国人自主自办教会的时期。由于时代的变迁，四川基督教会的社会服务事业由极度的繁荣走向了衰退。

二、基督教与四川社会

鸦片战争前的四川已经是"积贫积弱"，因为腐朽的清政府早已完成了这一"壮举"，而鸦片战争后的四川，不仅仍然遭受着清朝政府的腐朽统治和盘剥，还要遭受帝国主义列强的剥削和压榨，可谓雪上加霜。此外，从清末到民国，从 1840 年到 1949 年，四川地方政局不稳，社会混乱，并伴随连年的战事，再加上不时的灾荒，整个四川沦为了"火坑"，四川老百姓真正地处于水深火热之中了。四川的这些状况，尤其是经济上的匮乏，就给西来的基督教提供了"良机"。基督教没有浪费这一机会，他们依靠强大的经济后盾作为支持，加上武力带来的系列保障，以及传教策略上的"聪明"，即从 19 世纪末之前的"野蛮孤立"的形式转为 19 世纪末以后的"温和全面"的形式，在华获得了极大的发展。

在四川，基督教更有一些特殊之处。基督教正式进入是于 1877 年，要晚于中国东部几十年。这种滞后，给基督教在川的发展带来了极大的便利，因为无论是传教还是开展社会服务，都具备了至少经验上的优势，从而，基督教在四川的发展，相对于中国其他地区，便有了后来居上的势头。而基督教在四川兴办的各项社会服务事业所取得的不错成绩，更是说明了基督教在四川的发展中所具有的特殊之处。

当然，我们也必须看到，基督教沿江而上进入四川后的传教任务也是非常艰巨的。首先，尽管获得了政治上的保障，但是，基督教始终都不为四川老百姓所接受和认可，还予以了坚决的抵制。这对基督教的发展起到了极大的阻碍作用。鸦片战争后四川发生的系列战争，如太平天国运动影响下的四川李蓝起义、四川早期的教案和义和团运动，以及后来的系列教案等等，都

---

12 四川省地方志编著委员会：《四川省志·宗教志》，成都：四川人民出版社，1998
年版，第 367-368 页。

充分说明了四川老百姓对基督教的反感和排斥。其次，基督教尽管是带着优越感，以强势文化的面貌出现在四川民众的面前，但是，传教士们到了四川后，才发觉自己变成了"弱势群体"之中的一员。这种为经济利益而来的政治冲突和碰撞，再到文化之间的冲突和碰撞，让传教士深深地体会到了"壁垒"的作用。中西政治、经济、文化的差异，以及交流语言的不同，等等，几乎令传教士们望而却步。这种差异现象，就正如林语堂所总结的一样："基督教传教士禁止中国信徒去参加祖先崇拜的礼仪与宴乐，其唯一的理由乃是因为崇拜者必须在祖宗的木主之前拜跪，这种行为是违犯'十戒'的第一戒的。这一点是基督教传教士缺乏理解的最明显的证据。中国人的膝头并不象西洋人的膝头那么宝贵，因为我们向皇帝拜跪，向县令拜跪，在元旦日也向我们活着的父母拜跪。因此，中国人的膝头自然比较容易使用，一个人向一块形如日历的木主拜跪，其异教徒的资格并不会增加或减少。在另一方面，中国的基督徒因为不许参加大众的宴乐，甚至不许捐款去帮助戏剧表演的费用，结果在乡村和城镇里不得不和一般的社会生活隔绝。所以，中国的基督徒简直是被逐出了自己的家族了。"[13]

所以，基督教要吸纳中国民众成为信徒的同时，中国民众就必须离开自己的家族圈子，"中国的基督徒简直是被逐出了自己的家族"，这就成为了基督教必须解决的一个重要问题。因此，基督教刚到四川必须使出各种手段来传教：

1881年前，一名自称"张普善"的英国内地会传教士初到成都时，为了融入四川民众，打扮成中国人的模样，穿长袍，戴长辫假发，拿大纸扇，在扇子上写着"天国近了，你们应当悔改"的醒目汉字；背着写有"上帝爱世人"等的纸牌。通过这种引人注目的装扮来宣传福音。四川茶馆众多，不仅是休闲的地方，也是社交的重要场所。教会认识到了这一点，便提出"把福音送到茶馆"的号召。传教士们到茶馆展开活动，吹口琴，拉小提琴或手风琴，分发小册子，用汉语宣传"上帝爱世人"、"灵魂可以升天"等教义。由此，传教士们的生活、起居、衣着等，都尽量按照四川民众的方式展开。[14]

由上述可见，在复杂的内因和外因条件下，基督教在四川获得了发展，并走向了鼎盛；同理，也是因为内外因的作用下，基督教这一"洋教"随着

---

13 王晖：《林语堂文集》，长春：吉林摄影出版社出版，2000年1月版，第91页。
14 邓卫中：《基督教对近代四川的影响》，《社会科学研究》，1999年第1期。

时代变迁也渐渐走向了衰退时期。而纵观基督教在四川从艰难立足到繁荣兴旺的发展过程，基督教在川的社会服务工作功不可没。四川基督教社会服务有医疗卫生服务、学校教育服务、慈善赈灾服务和反对四川地区的传统陋习等。四川基督教开展社会服务工作是在其崇高的社会服务理念指导下进行的，以医疗卫生服务来看，"维护基督教医院的传教士协会的基本宗旨应给非基督教世界表现出，基督教是建立在爱，神对人的爱，人对神的爱，以及人对人的爱的基础上；训练所有的基督教工作人员时，要灌输牺牲奉献精神，也要表明医院是对大众和个人布道的渠道；在医护人员、传教士和所有其他的工作人员中，要保持高标准，崇高的道德和专业精神。"[15]在这种"爱"的教义的指引下，基督教在川展开了各种服务社会的工作，对四川地区乃至华西和全国贡献了自己的一份力量。

---

15 "Shanghai Group of Madras Delegation", *The Chinese University Press*, No.1, 1939, p.37.

第三章　基督教在四川的医疗卫生服务

第一节　基督教会兴办医院的缘由

一、教会的观念与主张

在基督教的传播过程中，医疗工作一直是作为传教的重要手段而出现的。圣经的教义是要"慈悲为怀"，要博爱，而践行的耶稣基督更是以医疗传道为后来的传教士树立了光辉的典范。圣经《新约》记载：公元28年，耶稣在加利利开始公开的传道和治病活动。他在各会堂里传天国的福音，医治百姓的病痛。当地人"把一切害病的，就是害各样疾病、各样疼痛的和被鬼附的、癫痫的、瘫痪的，都带了来，耶稣就治好了他们。"（太 4：23-24）

医疗工作这一重要手段被后来的教会和传教士延续并传承了下来，或建立医院和诊所，或直接由教会收容并派人照顾那些生病、垂死或无家可归的人。天主教和东正教沿袭了这一传统，新教也不曾例外，不仅没有忽视医疗传教的作用，而是更"偏爱"医疗传教这一方式。

早在唐朝，来华景教就已经采用了医治疾病的传教方式。据公元 781 年景教徒所刻的大秦景教流行碑的记载："没岁集四寺僧徒，虔事精供。备诸五旬，饿者来而饭之，寒者来而衣之，病者疗而起之，死者安而葬之。"[1]《让皇帝宪传》记载："开元二十八年冬，宪寝疾，上令中使送医及珍膳，相望于路；僧崇一疗稍廖，上大悦，特赐绯袍鱼袋，以赏崇一。"[2]崇一是个景教士，而不

1　王治心：《中国基督教史纲》，上海：上海古籍出版社，2004 年 4 月版，第 35 页。
2　王治心：《中国基督教史纲》，上海：上海古籍出版社，2004 年 4 月版，第 35-36 页。

是和尚。这些足以证明西方医学技术随基督教传入中国，就成为了传教的一种工具。后来还有传教士向中国介绍金鸡纳霜等药品。西方医学技术和药品让中国人民得到一些好处，受到了中国人民一定程度上的认可，也拉近了基督教同中国人民之间的距离。因而，传教士们有理由坚信医疗传教是一种可以为中国社会和人民接受的传教活动。

到 19 世纪，随着社会福音运动的兴盛，基督教新教传入中国，"借医传道"成为了在华传教团的宗旨之一。1807 年，马礼逊到澳门后领用东印度公司的资金与公司的外科医生利文斯顿设一诊所，聘请中医师替人诊治。[3]1834 年，美国派遣第一个传教医生伯驾到中国来活动之前，基督教差会就确认要把医疗事业"作为福音的婢女"。当时在东印度公司担任医生的哥利支在向英美发出的呼吁书中说："为了改善中国人俗世的和社会的状况，……请医务界的善士们前来行好事，以博取人民的信任，由此而为……基督教铺平道路。"[4]1838 年"中国医务传道会"向海内外教友募集资金，扩大更新医院规模与设备；设想建立图书馆、开办医学教育、输送留学生出国。在华传教士凭借该协会的名义吁请各自的传教团鼓励医生来华，免费为中国人治疗，服务于"传道会"创建资助的医院。

之后教会医院开始在中国各地逐步建立并发展起来。到 1885 年，皮尔士牧师在广州博济医院举行的来华传教行医五十周年纪念大会上发言说："西方慈善事业为中国人的福利所设计的一切，再也没有比医药传教会所采用的手段和目的更为聪明的了。……外国人开设医院，可以帮助扫除中国人的偏见和恶意等障碍，同时又可为西方的科学和发明打开通路。……这所医院表明，从西方来中国的人士，对四海之内的人都相待如弟兄，对那些困窘的人们，给以兄弟般的同情和帮助。"[5]1913 年中华基督教博医会正式形成一个政策——"医疗慈善机构不仅被视为打开福音传播之路，扩大其影响的暂时性权宜之计，而且是基督教传教工作中一个必需的、同等重要的和永久性的部分"。[6]

---

3 朱维铮主编：《基督教与近代文化》，上海：上海人民出版社，1994 年版，第 214 页。

4 《中国丛报》1835 年 12 月，第 386-359 页。

5 顾长声：《从马礼逊到司徒雷登——来华新教传教士评传》，上海书店出版社，2005 年 1 月版，第 182 页。

6 李传斌：《基督教在华早期医疗事业论略》，《晋阳学刊》，2000 年第 1 期。

可见，医疗最初可能只是作为一种正常的医治疾病的活动，医生与病人之间的确可以通过医疗活动来产生一种相互信任的关系，从而拉近相互之间的距离。当有宗教信仰背景的西医传教士们意识到这一好处时，便有意识地利用"医疗"活动，消除中国人，尤其是贫穷中国人对其的陌生感，进而宣传福音。所以，从无意识的"尝试"到有意识地达成"共识"，医疗传教成为了西方传教士在华传教不可或缺的手段。

基督教自进入地处中国西南边陲的四川以后，传教士们沿用了医疗服务的传教手段。

华西宣教士大会就指出，"医药工作不仅仅是附属物，而是基督教会宣教工作的不可或缺的和同样重要的部分。""在许多地区，医药传教士是基督教唯一敢使用的宣传方式。"[7]浸礼会总结医药工作时也说，"华西浸礼差会从建立之日，就将医药工作视为诠释福音的不可或缺和必要部分。"[8]

华西的传教士非常重视医疗服务传教。据《华西教会新闻》载，原伦敦会，后英美会医院的传教士医生樊立德（R. Wolfendale）引用南京加勒特（Garrett）的话来证明医药工作对宣教的价值："多年来在布道工作和医院工作显示，医药工作作为将福音传播得广的方法的伟大价值。在我心中，它也强调了增加与有我们的医药工作带来的机遇的后续工作目的的机构相关联的更多的传教士的重要性……作为一种打开人们的心灵向福音的方式，我可被允许说，我们的经验，已经明白地显示，一个医院，有效的传福音传得好的医院，足够为许多茶会打开大门，为许多传福音的——无论中外——工作者进入。"[9]同期中，署名 R. P. 的作者写道，"我们不敢估计医药传教工作的花费。我们必须治病救人，不是将其作为消除偏见的福音的助手，继为我们提供更好的机会，而仅仅是因为我们必须做它。"作者还以耶稣送其门徒到各地传播福音、医治病人来证明自己的观点。[10]另据1911年5月的《华西教会新闻》记载，启尔德医生更是认为，"外国医药传教士的生命会很好地被用于每年治疗成千上万的病人；他接触巨大的痛苦，延长生命，在许多情况下他挽

7　Harold Balme, F.R.C.S. , "Where Medical Missions Fall", *The West China Missionary News*, No.8, 1910, pp.4-7.

8　"Medical Work", *The West China Missionary News*, No.9, 1937, pp.15-18.

9　R.Wolfendale, "Corrdespondence-Making Medical Missions A Success", *The West China Missionary News*, No.12, 1910, pp.14-15.

10　R.P., Corrdespondence, "Why Medical Missions Cannot Fail", *The West China Missionary News*, No.12, 1910, pp.15-16.

救生命；在他的药方和医院，福音被忠实地布道，撒了许多种，交了许多朋友，到处都有个人在被治疗时坚定地归信。医药差会工作是爱的福音的实际的解释；他是具体形式的福音；它利用'眼门'和'心门'，也用'耳门'。医药差会是基督教传播的重要部分。"[11]

可以说，医疗传教的观点的确得到了太多人的认可和支持。《华西教会新闻》记载的还有，如，署名 C. E. T. 的作者在文章中说道，"不能卓越地传播福音的医药部门不能被称为传教士……我们最伟大的服务范围之一，……如果不是作为引导人们到耶稣基督的救恩的知识，也是作为向教会工作的其他部门引进男女的帮助。"[12]又，"医疗事工是基督教信息的重要部分，是关心疾病苦痛的我主的精神的表达。医药传教的存在不仅是为了获得听福音的大众，也不是仅仅为了慈善式样。他们的目标是将男女、小孩带进耶稣基督的个人接触中，从而在地球上建立他的王国，来激励人们真正的基督教生命和服务的理想和训练本地基督徒。我们深信，福音的展示，除非其包括身体的照顾和心灵的启蒙，来于医学的理性源泉取代迷信的风扇和时间，否则就不是完整的。""医药传教士工作的双重目标：首先，医院不仅要治愈身体，还要开展教育和灵性活动。基督教信息是为了身体、灵性和精神的。其次，医药工作是为表达"主对疾病悲伤之人、物质有罪之人的态度"。[13]《华西教会新闻》的编辑在 1914 年的一篇社论中更是指出，"医药工作被认为不仅是为了拓荒和扩展福音影响力的道路的先驱者和暂时的权宜之计。其目标不仅仅是医治病人……医药差会是独特和直接的布道代理。"[14]同期中，《华西教会新闻》的主编总结了医药六大方面的工作范围：1.医院药房工作来治疗疾病；2.宣传清洁卫生知识还包括教育人们吸烟、酗酒、不道德等的害处；3.训练中国人现代护理技术；4.慈善工作，为中国人提供盲人、聋哑人、精神病人、绝症病人、麻风病人等的医院，使中国人日后也可以模仿建立；5.医学研究；6.教育，训练中国人成为医药传教士，为此，就需要集中力量在大城市或大的中心地点各差会合作建立协和医院。[15]

---

11 O.L.Kilbors, "Chinese Medical Missionaries", *The West China Missionary News*, No.5, 1911, pp.5-6.

12 C.E.T, "The Evangel And The Hospital", *The West China Missionary News*, No.4, 1917, pp.27-30.

13 "A Medical Mission Policy", *The West China Missionary News*, No.2, 1931, pp.6-12.

14 "Editorial", *The West China Missionary News*, No.11, 1914, pp.1-3.

15 "Editorial", *The West China Missionary News*, No.11, 1914, pp.1-3.

此外，赞同医疗传教的观点，也为《希望月刊》的记载所证明。如，萧文若指出，"本会以往的事工，注重布道、教育、医务三者。我们的年会，也是三部混合组织成的。"[16]医务工作的重要性不言而喻，而启真道还从历史的角度，阐述了医疗传教的作用，并认为教会应创办医院。"基督教会向来对于社会服务提倡不遗余力，而医务却又是社会服务计划中最主要的一个部门照着基督生前的教训，他是认定个人为社会的一个单位，即是说，个人的引动，很可牵涉到全体影响到宗教的格式和社会的构造。……但是实际上一个国度里民众健康的增进，都是先由基督教会首创，而后乃成为国家的责任的。历史的事实告诉我们，欧洲最大医院的建筑，最初是由基督徒的作用所成功的，其后，渐次才有私立及国办的医院出现，直到现在，欧洲和美洲寡欲公民健康的责任，不是本地政府便是中央政府出面担负，指导进行的。所以，医院的建立，健康的设计，教会首创于前，今则全由国家扶持，供给经费，以资进行，福利社会。"[17]

二、现实的"诉求"

近代中国的医疗卫生状况一如既往，缺医少药的状况极为严重，民众的疾病困苦苦不堪言，卫生状况水平低下，卫生意识极为落后。"大多数中国病人只关心治病的效果，而不关注医学原理。在中国，长期使用中药造成了对中药的信任和依赖，相应地不仅怀疑西药的效果，而且还坚信西药有不良的副作用。因为相信血是疾病恢复的能量，所以就害怕放血疗法。另外，中国人非常注重身体，尤其是女性，她们不愿意脱衣检查。对于外科手术器械也是非常害怕，除非万不得已才接受西医手术治疗。"[18]中国传统的中医，"立足于形而上，以虚实邪正、阴阳五行为辨别病源的根据，容易陷入于抽象玄想之境。这不利于具体的治理疾病。此外，中医们由于跟随的师傅不同，其医学观念差异极大。而病人看病时，治病之心迫切，往往一两天治理不好就立刻更换医生，以至很多医生处理，其疾病处理的效果可想而知。还有，在中国，内科医生的地位比外科医生的高。"[19]

---

16 萧文若：《教会今后的事工》，《希望月刊》第 11 卷第 2 期，1934 年 2 月，第 5-7 页。

17 启真道：《医务对于教会的关系》，《希望月刊》第 11 卷第 2 期，1934 年 2 月，第 12-14 页。

18 G. H. Choa, *"Heal the sick" Was Their Moto-The Protestant Medical Missionaries in China*, HongKong: The Chinese University Press, 1990, p.23.

19 王治心：《中国基督教史纲》，上海：上海古籍出版社，2004 年 4 月版，第 293 页。

当西来的传教士们到达中国后，由衷地发出相同的感叹，"他们发现中国的情况与自己的国家完全不同，这里不仅没有完善的医疗系统，甚至缺乏医院、诊所和疗养院等普通的医疗机构。"[20] "在中国任何人都可以是医生。这里没有医学院，没有考试，也没有证书。行医根本不需要许可证。一个人只要决定行医，马上就可以挂牌营业。"[21] "中国人遭受了太多的痛苦，因为他们缺乏现代医学，没有受到合适训练的医药人员，缺乏可以为中国学生提供这样训练的机构。"[22]而在西方，近代医学自文艺复兴以来取得长足进展，无论在诊断、治疗还是在药物、器械等方面都讲求科学准确，因而疗效显著，尤其外科手术器械"皆精巧利用，故于外症尤着奇功"。[23]从而，中国人的医疗卫生观念和意识，以及中国社会的医疗卫生现状，一方面促发了一些西来传教士们的仁心，特别是对医生传教士来说，要"救死扶伤"；另一方面，也启发了一些传教士，认为中国缺医少药的状况是传教布道的一个巨大机会。

地处中国西南边陲的四川，远离政治中心，社会状况很令人担忧。晚清以来社会堪忧，民国时期更甚于前清，"吾川僻在西陲，风气闭塞，省外之文化未易输入，内地之教育日益废弛。加以时局之变乱，而无业游民触目皆是"。[24]这不仅是简单的流民问题，更是自晚清以来，四川政局更迭频繁，战事不断，加上各种自然灾害，及社会经济本身的发展所带来的弊端，贫穷成为极度严重的问题，而更为可怕的是，当疾病来袭之时，百姓如何求生呢？保障何在呢？天灾人祸注定了四川的老百姓无法求"内"，而只能向"外"。

客观上，四川的医疗卫生状况和意识也非常糟糕。

首先就是大量无知而又迷信的民众和庸医的泛滥，以及恶劣的公共卫生环境。对传统医学——中医过度依赖，而中医存在自身的缺陷，加上医生又缺乏实践，就造成了民众更多的苦痛。所以，"医药传教士的共同经验是，从一个病人嘴里听到他"吃错了药"，来回答其病痛的原因。……对此我还记得一个悲惨的病例。从一开始，他就被告知疾病严重，需要更仔细的注意。在

20 G. H. Choa, *"Heal the sick" Was Their Moto-he Protestant Medical Missionaries in China*, HongKong; The Chinese University Press, 1990, p.22.

21 O.L.Kilborn, *Heal the Sick*, Missionary Society of Methodist Church, Toronto, 1910, p.86.

22 "A Medical College In Chentu", *The West China Missionary News*, No.12, 1907, pp.1-3.

23 刘圣宜：《近代广州社会和文化》，广州：广东高等教育出版社，2004年版，第190页。

24 流莺：《游民救济的方法》，《蜀评杂志》第2期，1925年，第24页。

我的治疗中，他同时请了一个'著名'的中医，给他诊断，他服了药。几小时之后，这个年轻人紧急地叫我去。到达时，我发现他正在忍受极大的痛苦，快要虚脱。他的症状是中毒，吃了中药，两天后就死了。"[25]这不仅在说中医的缺陷，更是医生的平庸，以及病人的无知。公共卫生则更是让人惊心：1939年5月，公共卫生专家陈志潜博士说："我发现在我逗留在外的18年中，成都的卫生状况无所改善，教会学校和医院对人民的健康情况有一定程度的影响，但主要是慈善性工作，而国人自己并未真正努力改善公共卫生。"[26]

其次是医生和医疗机构的缺乏，以及医药的匮乏。"中国医药的需求，在估计400百万人口的现在，很难完全实现。……整个中国、满洲里和蒙古都很难找到2000个受过科学训练的内科医生。……在山西省，只有两个外国医药传教士活跃工作，其他合格的内科医生少得几乎没有。在陕西省，只有9个传教士内科医生，就在这两个省，鼠肺疫正在流行，成为了威胁整个中国和其他国家的威胁。……而且，迫切需要差会医学校的老师……公共健康教育协会，还没有开展，还有很多种形式的社会服务等待着内科医生的领航和合作。这么多的病人在中国，需要基督教医生的帮助。"[27]地处中国西南边陲的四川，当然也更需要医生和药物了。当然，既然医生都缺乏，那就谈不上医院和诊所了，更谈不上医疗卫生的管理机构了。这在事实上也如此，在1938年以前，四川省没有设立专门的卫生行政机关，全省的卫生行政事宜由省政府民政厅第二科负责管理。1938年5月，四川省才设立卫生委员会，统筹全川卫生事宜，但实际上该委员会并没有什么作为。

第三，四川存在数量众多的常见疾病。四川地理情况复杂，气候湿润，存在一些易患的疾病。清末民国时期四川地区常见的疾病，在《华西教会新闻》和《希望月刊》中都有所记载。如，《华西常见的热病》一文，就是专门论述之一；还有对疟疾、麻风病、狂犬病、流行性感冒、霍乱、牙病、脚气病、皮肤病、天花、鼠疫和癌症等的大量介绍、预防和治疗等。这些疾病不仅给四川地区的民众带来了极大的困惑和苦难，甚至剥夺了他们的生命，而传统中医无法解释，又无法处理，唯有延误医治时间，导致病人失去生命。

25 "A Medical College In Chentu", *The West China Missionary News*, No.9, 1907, pp.1-2.
26 陈志潜：《中国农村的医学——我的回忆》，成都：四川人民出版社，1998年版，第122页。
27 Thomas Cochrane, M.B., C.M., "Evangeljstic And Social Work in Medical Missions", *The West China Missionary News*, No.10, 1923, pp.27-32.

因此，晚清和民国时期四川的社会和医疗卫生状况，以及医疗卫生意识，注定了四川民众在病痛灾难来临而中医又无用之时，唯有向天祈求！当西医西药来临的时候，哪怕被当作是最后一根稻草，其作用便有了可显现的时机，从而，走近四川民众，消除陌生感，医药传教就成为了事实上的可能，西医院的建立也成了潜在的现实。

第二节　教会医院和基督教团体的医疗卫生活动

一、教会医院的状况

在博爱理念的指引下，在传教的动力下，基督教在四川各地陆陆续续修建了教会医院，兴办诊所和药局，开办医校，并带来了不少的西医书籍和器械，使西方医药科学技术和知识在四川广泛流传，不仅给四川民众带来了医治疾病的"福音"，同时，也推动了四川西医药事业的发展。根据统计资料，到 1920 年，四川全省教会医院的情况如下表：

表 3-1：医院药房护士学校情况表（1892-1920）[28]

教派团体	医院	药房	病床（张）		全年住院病人总数	外国医生		中国医生		护士		护士学校
			男	女		男	女	男	女	外国	中国	
圣公会	1	6				1						
浸礼会	2	2	22	14	977	4	4	2		1	4	1
英美会	11		303	211	5237	16	5	9		6	57	4
美以美会	4	1	240	60	1500	4	1	2	1	2	17	
内地会	2	16	72	28	634	2	1			1	7	
公谊会	3	2	38	28	400	1	1	2	1	1	7	
基督会	1	1	18	7	91	2		2				
福临安息日会	1					1						
其他	1					1						
合计	26	28	693	348	8839	32	12	17	2	11	92	5

---

28 刘吉西等编：《四川基督教》，成都：巴蜀出版社，1992 年 11 月版，第 412 页。

到 1949 年，四川省基督教各派医院和诊所统计如下：

表 3-2：四川省基督教各教派医院诊所统计表（1949）[29]

教会名称	医院	诊所（医社）	疗养院
五教合办	3（其中麻风医院 1 所）		1
中华基督教会	9		
卫理公会	5	7	
浸礼会	2		
公谊会	2		
上海内地会	1		
德国妇女步道协会	1		
圣公会	1	1（医社）	
安息日会		1	2
巴塘基督会	1		
清洁会		1	
内地会		1	
悯爱会		1	
中华基督教会总会边疆服务部	3	7	

可见，基督教各差会都在兴办医院或诊所，数量不算太多，但是，还是解决了部分民众的疾患问题，促进了四川民众的医疗卫生意识的提高；同时，也培养了本土的医护人才。对于教会医院的具体情况，我们可以从其发展概况、经费来源、运营状况和医院管理等方面进行考察。

1. 四川各教会医院的发展概况、所属差会和经费来源情况

根据史料，四川各教会医院的发展概况、所属差会和经费来源的情况，统计情况为：第一，1911 年以前，共有 11 家教会医院修建；从 1911 年到 1937 年抗日战争爆发，共有 14 家教会医院建成；抗日战争爆发之后，有 7 家教会医院建成；1945 年之后，没有教会医院出现。这些教会医院都主要分布在四川的一些较大城市之中，而偏远地区相对较少。这说明了，在抗日战争之前，

---

29 刘吉西等编：《四川基督教》，成都：巴蜀出版社，1992 年 11 月版，第 445-446 页。

西方列强利用基督教的一些理念、财力和人力等方面的优势，采用各种各样的手段，在中国取得了一些特权，并依据四川的交通和人口分布状况，以及其他一些具体的实际情况，在四川修建了这些医院。而随着时局的发展，尤其是中国人民的觉醒，西方列强的势力开始弱化，基督教在川的势力也开始瓦解，从而洋教会医院的发展也逐渐趋弱，直至被人民政府"接管"。第二，各教会医院的兴办都是在各差会及其母会的大力支持下，才得以修建的。具体情况参见下表。

表 3-3：四川教会医院的发展概况、所属差会和经费来源情况统计[30]

编号	院 名	时间	地 点	所属教会	津贴国家	备 注
1	重庆宽仁医院	1892	重庆临江门	美以美会	美	1951 年被人民政府接管（以下简称"被接管"）。
2	成都仁济医院	1892	四圣祠北街	英美会	加	初名诊所后名福音医院，1928 年改名仁济医院，1946 年部分并入华西协合大学医院。
3	成都存仁医院	1894	成都陕西街	美以美会	美	初为诊所，1928 年改组为眼耳鼻喉专科医院，同时加入华西大学，1947 年改为华大附属医院。
4	乐山仁济医院	1895	县城白塔街	美道会	加	初为诊所，1913 年改名为嘉定福音医院，1925 年更名为嘉定仁济男女病院，1951 年被接管。
5	阆中仁济医院	1895	县城临济堂	上海内地会	英	1951 年被接管，改名川北第二人民医院。
6	仁寿仁济医院	1895	县城胜景桥	美道会	加	原名福音医院，1945 年停办。
7	重庆仁济医院	1896	南岸玄坛庙	英美会	加	最初由英国伦敦布道会创办于城内木牌坊，1910 年由加拿大英美会接办，1951 年被接管。
8	雅安仁德医院	1902	县城小北街	浸礼会	美	1951 年被接管。

30 资料来源：刘吉西等编《四川基督教》、《四川省志·医药卫生志》、《四川大学华西临床医学院·华西医院史稿》、《成都市志·卫生志》、《重庆市志》、《四川卫生史料》（第 1-12 辑）。

9	宜宾仁德医院	1904	北崇义街	浸礼会	美	1946 年与宜宾明德医院合并，1951 年被接管。
10	潼川仁慈医院	1905	县城小湾街	公谊会	英	最初为仁慈女医院，1922 年创办仁慈男医院，1946 年两院合并，1951 年被接管。
11	彭县仁济医院	1908	县城小北街	英美会	加	原名福音医院，1935 年改名为成都仁济医院彭县分院，1951 年被接管。
12	成都仁济牙症医院	1911	四圣祠北街	英美会	加	1911 年扩建为牙症医院，1928 年迁至华西坝并更名为华西协合大学口腔病院。
13	泸县仁济医院	1913	廉溪路	英美会	加	初名福音医院，1927 年更名为仁济医院，1952 年改为泸州市人民医院。
14	遂宁博济医院	1913	县城西门外	公谊会	英	1951 年被接管。
15	彭县英华城市医院	1913	县城		英	与当地政府合作开展医疗活动。
16	荣县仁济医院	1914	北街清富山	英美会	加	1929 年更名为仁济医院。1951 年被接管
17	自流井仁济医院	1914	雨台山	英美会	加	1919 年改名为仁济医院，1951 年被接管。
18	绵竹仁泽医院	1914	县城南门外	圣公会	英	1951 年被接管，合并为绵竹县卫生院。
19	涪陵仁济医院	1915	石嘴街	英美会	加	1931 年改名为四川涪陵仁济医院，1946 年更名为四川涪陵男女病院，1951 年被接管。
20	忠县仁济医院	1916	县城北门内	英美会	加	初名福音医院，1925 年改名仁济医院
21	宜宾明德医院	1917	县城上北街	浸礼会	美	1946 年并入仁德医院，1952 年改建为宜宾专区第二人民医院。
22	巴塘基督会医院	1919	巴塘架炮顶	基督会	美	1956 年被焚毁。
23	康定安息日会疗养院	1922	县城水桥子	安息日会	美	1951 年改为康定中心医院门诊部。

24	资中宏仁医院	1924	迎宾桥侧	卫理公会	美	1936 年代办资中县立医院，1951 年更名为川南干部疗养院。
25	成都进益产科医院	1931	小天竺街	卫理公会	美	1951 年被接管。
26	武汉疗养院重庆分院	1939	李子坝	安息日会	美	1950 年被接管。
27	华西协合大学麻风病医院	1939	成都	五教会合办	美英加	1941 年移交给华西协合大学，1951 年被接管。
28	华西协合大学肺病疗养院	1939	刘家花园	五教会	美英加	1951 年被接管，改为华西大学结核病室。
29	威州医院	1940	理番县威州	边疆服务部	美加	初为诊所，1945 年扩建为医院，1953 年被接管。
30	内江体仁医院	1942	桂湖街	卫理公会	美	1951 年被接管。
31	华西大学医院	1942	华西坝国学巷	五教会	美英加	1942 年医院部分落成开诊，1950 年被接管。
32	杂谷脑医院	1945	理县兴隆场	边疆服务部	美加	1953 年被接管。

2. 教会医院的管理状况

四川各教会医院的兴办和运转所需之经费，以及设备和医药物资等，主要靠各差会母会资助，从而，医院大权一般掌握在外国医生手中，这一状况在教会医院开办之处尤盛。外国医院掌握大权的状况一直持续到 1928 年以后，因中国人担任院长才有所改善。尽管如此，随着医院业务的发展，医院在一般情况下可以自给，医院大权仍然由差会实际掌握。所以，教会医院的管理是由"洋教士"说了算。当然，由于"洋教士"对于四川本土的情况，比如民情、风俗习惯等不太理解，造成了管理上的一些不必要的困难。此外，教会医院人员编制不定，主要的医技人员数量较少，院长更是身兼数职；教会医院科室的开设，很大程度上都是同医生传教士的专业技术相关的，而外国医生传教士数量有限等等，都制约或不利于教会医院的发展。下面以三个医院为例来介绍。

重庆宽仁医院。

先后担任院长的有，美国人：马嘉礼（J. H. McCartney）、金初锐（M. Gentry）、锐朴（Chester B. Rappe）；中国人：李之郁、肖吉人、王汉鸿、陈文贵等。[31]医院部门设置和人员状况：院内设院长一人，下设医务、护理、总务三个部门。到1948年，有医师17人，护士29人，药师4人，检验员6人，事务处13人，共计69人。到1949年，医疗科目计有内科、外科、妇产科、牙科、皮肤科、小儿科、X光科和检验科等医技科室。值得指出的是，宽仁医院开办之初，只有两所房屋，分作门诊和住院，其发展困境便可想而知了。[32]

成都存仁医院。

担任院长的有：1894年美国人甘乃德（Harry L. Canrigh），1940年加拿大人韩培林（E. R. Cunningham），1943美国人李哲士（S. H. Liljestrand），1944年（半年）卓伟（F. O. Stockwell），当年秋，中国人彭吉人。1948年以后，有沈祖寁、凌昌华。[33]部门设置和人员状况为，院长下设眼科主任、耳鼻喉科主任。主任下设各科主治医师和各科住院总医师与住院医师。医师约20人，护士主任1人，护士10余人。这些都是该院获得发展后的统计数字。开设科室有：1927年开设儿科和产科，1928年改为眼耳鼻喉专科医院。抗日战争，中央大学、齐鲁大学和华西协和大学租用该院作为眼耳鼻喉教学医院[34]。

泸州仁济医院。

泸州是四川地区中，成都和重庆以外的一个较大城市，并且沿长江，水路交通便利，人口也不少。在该院负责或担任院长的有：1913年英国人沈氏，1915年英国人樊立德（R. Wolferdale），1927年加拿大人饶裴然（I. E. Revelle），1933年中国人王传福，1945年杨俊明。该院的部门设置和人员状况，到1945年，才有医务及工作人员20人。开设科室情况为，在该院开设后，门诊治疗内科病人和给产妇接生，1927年更名为男女病院。[35]

31　重庆市基督教三自爱国会：《关于重庆宽仁医院的材料》，1988年4月8日。

32　刘吉西等编：《四川基督教》，成都：巴蜀出版社，1992年11月版，第413-415页。

33　崔亚汉口述，李栋记录，1988年10月。

34　凌昌华：《华西大学眼耳鼻喉医院创立经过》，1952年12月11日。

35　刘吉西等编：《四川基督教》，成都：巴蜀出版社，1992年11月版，第413-415页。

3. 四川教会医院的运营状况

教会医院的运营状况，主要指医院的经费、设备和医药物资来源，以及收入状况。教会医院的运营状况，从经济角度看，就是其业务运营的收入和外部的赞助支持，这二者决定了教会医院的生死存亡。从发展的角度看，教会医院的业务运营的收入当然是重中之重的。

分析史料，在四川的基督教会医院的总体经济情况应是比较堪忧的。尽管有各差会母会的经济资助，但还是出现了经济拮据、入不敷出的局面，甚至无法运营的结局。有的医院中，随着医生传教士的离去，医院也不得不关门歇业。当然，应该指出的是，教会医院施行的免费方式，尽管有利于病人，但这直接增加了医院的负担，特别是在医院的初创阶段。"他们（当地药房）免费诊治大量的病人。当我们的第一个药房营业的五、六年间，也自然地免费施诊而不收取任何费用。后来，我们发现这是一个错误，便开始收取第一次挂号为现金 20，附送四次诊治的费用。"[36]所以，尽管教会医院收入有所增加，但随着病人来源的变化，随着时局困境的来临，教会医院的生存也相应地变得困难起来。在 1949 年前停办的医院就有：中华基督教会兴办的成都仁济医院、人寿仁济医院、成都仁济女医院；公谊会在铜梁办的医院，内地会在梁山、泸州、达县、垫江、西充等地办的医院，以及浸礼会在会理办的医院。

笔者据掌握的资料整理，得出教会医院具体的运营状况如下：

表3-4：教会医院的运营状况[37]

编号	医院名称	运营状况（主要是经费来源和收入状况）
1	重庆宽仁医院	医院的经费、设备和医药物资来源，主要靠美国美以美会捐助。随着业务的发展，在一般情况下可以自给，不足部分由美国教会捐助。
2	重庆仁济医院	经费主要来自于加拿大教会，也接受国际救济会等机构的资助。外国医生和传教士的薪金、旅费由教会共给。中国工作人员的薪金由医院收入开支。

---

36 J. H. McCartney, M. D., "Twenty Years of Medical Work in Chungking", *The West China Missionary News*, No.5, 1911, pp.10-11.

37 资料来源：刘吉西等编《四川基督教》、《四川省·宗教志》、《四川省志·医药卫生志》、《四川大学华西临床医学院·华西医院史稿》、《成都市志·卫生志》、《重庆市志》、《华大校刊》。

3	自流井仁济医院	抗日战争期间，经费主要由川康盐务管理局资助。
4	阆中仁济医院	该院财源主要有三方面：设在上海内地会差会管理处拨款，民国政府和中央卫生署拨款和业务收入。此外，还有基督教会成员私人捐赠和国际红十字会、美国农村复兴委员会等团体组织不定期捐赠医疗器械和药品。据民国35年（1946年）中央卫生署资料，仁济医院每年由政府拨款4万元（法币），业务收入每年3000万元（法币），其中包括免费医疗。
5	雅安仁德医院	建院初期经费由差会支助，后靠业务收入。外国医生的工资由差会负责，金额比中国医生的高。
6	巴塘基督会医院	该院收入主要为医药费，每年约收藏元5000余元，另有部分挂号收入。对贫困的住院病员免费治疗，并补助伙食，牛奶、鸡蛋等营养津贴由教会付给。1933年，教会日渐衰退，差会经济状况不佳，支助经费减少，加上军阀混战，传教士和医师撤走。
7	威州医院	医院的经费主要由边疆服务部总部提供。
8	华西协合大学医院	经费靠业务维持，不足部分，通过捐款形式来补足。此外，医学院还拨发物资和药品，缓解了资金的不足。
9	华西口腔病院	工资部分都是由华西大学支付。在抗日战争期间，经费紧张，医疗器材负担重，出现了入不敷出的情况。
10	内江体仁医院	抗战胜利后，由于时局动荡，物价上涨，医院经费拮据，业务发展受阻，医生相继离去。
11	乐山仁济医院	1926年曾停办1年。

综合上述情况，我们可以得知，四川各教会医院的兴办和发展，不仅同时局有很大的关系，同各差会母会的支持程度也存在着密切联系，当然，也离不开教会医院自身发展状况的因素。从1920年到1930年，教会医院发展的旺盛局面就是一证明。所以，总体上看，基督教会医院在四川的发展不是一帆风顺，有发展得好的，也有关门的。究其原因，应该在于：一是，晚清民国时期中国时局的变幻莫测，而四川政局动荡更甚，加剧了不稳定不利于医院发展的因素。二是，四川地区经济落后，本地民众对基督教的大力排斥，像教案的频繁发生，阻碍了医院的发展。三是，教会医院自身的经营管理，尤其是管理层领导对医院发展的掌控上出现的差异，则更能导致医院发展的好坏。最后，基督教发展的本土化，中国人自办教会的兴起，以及本土医疗卫生方面人才的增多等，也削弱了"洋教会"医院的势力。

二、教会医院的医疗卫生活动

四川各教会医院的分布同教堂的分布基本一致，都主要集中在城镇区域，尤其是成都和重庆两个城市。四川地区的地理环境、地势地貌，经济状况和医疗卫生水平及意识注定了四川整个地区都处于缺医少药的状况，特别是边远地区更甚。教会医院不仅开展日常的医疗卫生活动，还开展了医疗卫生的宣传工作，以及健康意识的培养宣传活动等。尽管西医生、西医西药受到排斥，加上本土病人经济贫困，但是，教会医院的医疗活动还是直接治愈了部分民众的疾病，解决了病患的痛苦，给他们带来了福音。

据记载，抗日战争期间，重庆仁济医院因日本轰炸被毁，1941年重建后，每天收住伤员达300人以上。据1951年教会医院调查表报告：医院平均每月有住院病人140人，门诊816人次。[38]在儿童保健部，由专家负责保健检查，指导沐浴、饮食，还赠送药品等等。协助当地政府开设鸦片戒毒所，提供医生和药品，前后大约有600人接受过治疗。[39]成都存仁医院1943年8月至10月门诊情况（总计）：眼科和耳鼻喉科有10801人次。1943年8月至10月住院病人统计（总计）：眼科和耳鼻喉科有男女病人共307人。[40]

考虑到教会医院的规模、医技力量等方面的状况，尽管"排斥"和"歧视"的存在，以及四川本土贫困的经济状况，但是，我们还是可以这样说，教会医院经营的状况还是不错的，特别是施行优惠或免费的措施之后。如，华西大学医院的免费病床基金，吸引了许多病人来诊治，不仅有免费的，也有缴费住院的。[41]再如，1948年7月至1949年6月，三台仁慈医院免费门诊人数为1237人，免费住院人数为79人。[42]

除了上述教会医院的医疗活动外，笔者还整理了其他教会医院的医疗活动情况，参见文末附表一。

另外，四川地区教会医院的医疗活动，被一些教会兴办的杂志所记载，更为详细地作了介绍。这在《华西教会新闻》中有较多的事例。如，"医院历

---

38 重庆市南岸区卫生局：《关于重庆仁济医院的补充材料》，1990年元月5日。

39 "Canadian Medical Work in Chungking", *The West China Missionary News*, No.10, 1937, p.52.

40 《成都存仁医院》，《华大校刊》，民国32年12月30日，第15-16页。

41 郑尚维、石应康主编：《四川大学华西临床医学院·华西医院史稿》，成都：四川辞书出版社，2007年版，第44页。

42 四川省卫生厅：《四川省医药卫生志》（内部资料）第5篇，第106卷，第144页；第103卷，第84页。

年的报告中，1893 年发布的第一个报告中，男女性病人都为 495 例，去年仅仅男性病人就有 1054 例。1893 年有 9166 人次来药房诊视。我们诊治收入已经从几百美元到去年的 20000 美元。"[43] 又如，叙府妇女和儿童的医疗事迹[44]：

"开业时相当困难，条件艰苦。我们正式于 5 月 21 日开业，接待了 12 个病人，收到了 90 分的费用回报。

接下来 7 个月的统计为：

门诊病人有 564 人次，老年病人有 733 人次，女校有 538 人次，婴儿脐带敷料 89 人次；公众诊视 45 人次，家庭诊视 55 人次；合计 2024 次。来院病人：住院病人数为 56 位，白天来院病人为 620 位。总计 2700 人。

产科手术：人工破膜 3 人次，克勒德氏表达胎盘 10 人次，颅切开术 2 人次，手动清除胎盘 1 人次，标本提取 3 人次，合计 19 人次。其他手术（全麻）：探查术 1 人次，膀胱异物 1 人次，耻骨上膀胱切开术 1 人次，合计 3 人次。总计手术为 22 人次。

此外，当年还处理了以下各类病人：自杀未遂、肛门闭锁/结肠炎、痢疾、肛肠外科并发症、膀胱异物、股骨骨折、枪伤、心脏病、（结核）共同成长、疟疾、产科并、腮腺炎、风湿病、梅毒、疥疮、破伤风、新生儿肺、膀胱结石、扁桃体炎、肺结核。

这种类似的详细记载教会医院的医疗活动的，在《华西教会新闻》中就有文章达 15 篇之多，有彭县、潼川、自流井、重庆、成都和巴塘的教会医院的医疗活动，以及叙府和雅州的医疗工作，等等。可见，教会医院的医疗活动，除了医生传教士出于职业的需要外，也有向其母会、母国传达信息的需求。因而，这也客观地说明了教会医院是以治病救人，救死扶伤的宗旨为目标的。

三、基督教团体的医疗卫生活动

在四川，包括成都基督教青年会、重庆中华基督教青年会、成都中华基督教女青年会、重庆中华基督教女青年会、四川基督教协进会、华西卫生教育会等基督教团体，都积极主动地开展了医疗卫生活动。

---

43 J. H. McCartney, M. D., "Twenty Years of Medical Work in Chungking", *The West China Missionary News*, No.5, 1911, pp.10-11.

44 "Suifu Medical Work", *The West China Missionary News*, No.3, 1918, pp.35-38.

（一）成都基督教青年会

1910 年，由外国传教士霍德进、谢安道、陶维新及中国人杨少荃、杨国屏、杨法三等人发起成立了成都中华基督教青年会。1937 年，建筑钟楼……募捐赈济川灾，成立清洁服务团，200 人开展洒水运动等。[45]另外，青年会公民养成团还开展了灭蝇活动："一面散发灭蝇传单、一面举行灭蝇竞赛"。[46]

（二）重庆中华基督教青年会

1922 年 5 月 5 日，重庆基督教青年会成立，刘子如任会长、廖焕廷任副会长、聘成都谢安道为总干事，租重庆陕西街八省公益协进会馆万寿宫为会址。重庆青年会的医疗卫生活动主要是"公共卫生宣传"和"简单医疗处理"。[47]

1928 年，首次举行渝蓉灭蝇比赛运动，为其四周，重庆队灭蝇 28 万余头，成都队灭蝇 7 万余头，重庆队获胜。重庆市褒奖了张登瀛总干事，从此重庆市开始举行各行各业灭蝇卫生运动。1932 年，为儿童免费种牛痘。1938 年，组织负伤将士服务队。[48]1938 年，还与美以美会合作购汽车一辆，命名"青美号"服务车，专为乡村农民服务，行驶于江北、巴县、成渝公路沿线城乡。服务内容有宣传抗日、医药卫生等。开展半年后，又改为农村服务船，沿长江、嘉陵江两岸航行，为农民服务。[49]另外，据《重庆青年》记载，职工部工作概况：……工厂保健——义务治疗 3 次，六厂 48 人。[50]职工部消息——A. 城区本部消息：……保健箱。随同拜访，义务治疗三次三厂，83 人。[51]不仅有治疗活动，同时还进行卫生知识的宣传。

（三）成都中华基督教女青年会

1918 年前后，成都女青年会在文庙西街成都男青年会总干事谢安道家开

45 刘吉西等编：《四川基督教》，成都：巴蜀出版社，1992 年 11 月版，第 221-222 页。

46 《打倒人类公敌——苍蝇》，《成都青年》，民国二十五年五月一日，第二版。

47 T.H.Whang, Y.S.How., "The Chungking Y.M.C.A.", *The West China Missionary News*, No.5, 1939, pp.211-212.

48 刘吉西等编：《四川基督教》，成都：巴蜀出版社，1992 年 11 月版，第 232-234 页。

49 四川省地方志编撰委员会：《四川省·宗教志》，成都：四川人民出版社，1998 年版，第 420 页。

50 《职工部工作概况》，《重庆青年》第 4 卷第 1 期，民国 28 年二月五日，第一版。

51 《职工部工作概况》，《重庆青年》第 4 卷第 2 期，民国 28 年三月十八日，第三版。

始筹建，直至 1921 年正式成立（另说 1917 年正是成立），会址在文庙后街唐家花园。第一届总干事为美籍人谭厚德，会长杨志鸿。社会服务工作——3.健康、福利、娱乐活动，由民众教育部及成人教育部主办。（1）医药卫生工作：开展预防注射、种豆及简易治疗等项目，1944 年开办。……（4）办诊所：抗战胜利后，全国协会迁回上海，将医药设备及护士黄丽文留成都市女青年会，于是在东升街开办简易诊所为居民服务。[52]

（四）重庆中华基督教女青年会

重庆女青年会创办于 1935 年 12 月 28 日，会址在重庆金汤街 17 号，第一任会长为连云霞。1939 年，为欧洲难民募捐，合办学生医药救济。1941 年，在柏溪设立医药服务处、参加广东赈灾委员会，举行义卖运动。1946 年，推行健康教育、举办儿童健康比赛，检查儿童体格，对体弱儿童设医师指导。在东北儿童教养院内设医务处，为难童治病。1947 年，民教部开设民教班，高级班要学习医药知识，便于升入护士学校。设卫生室（开展中牛痘、打防疫针）。[53]

（五）基督教协进会[54]

四川基督教协进会于 1924 年成立，是华西基督教会团体的联合组织，办事处设在成都暑袜北街 57 号（初设在成都青年会）。上级机构是中华全国基督教协进会，也是全世界基督教运动中的一份子。第一任主席为方叔轩，义务总干事为田海源。该会设教育、医务、文字、基督化家庭、生活事工等委员会，分别负责推行各项事工。工作概况——服务工作：……（2）青年工作。团契例会自 1934 年起，春夏令会的地点都选择在乡镇上。会内设卫生组，开办卫生展览和讲演，并设有临时诊所，华西大学的教授和医生参加，顺便为农民治病。……每逢赶场日期，进行卫生大宣传，配合演剧、舞蹈、音乐等。（3）医药卫生。如华西协和大学的成都市医疗所、乡村诊所及巡回医疗队等。

---

52 刘吉西等编：《四川基督教》，成都：巴蜀出版社，1992 年 11 月版，第 243-251 页。

53 四川省地方志编撰委员会：《四川省·宗教志》，成都：四川人民出版社，1998 年版，第 419-426 页。

54 刘吉西等编：《四川基督教》，成都：巴蜀出版社，1992 年 11 月版，第 268、276、277 页。

　　重庆市基督教协进会成立于 1938 年夏，会址初设演武厅街社交会堂内，1940 年迁到戴家巷福音堂，1946 年迁至公园路 8 号重庆基督教青年会内。服务工作——医药治疗。由各教会介绍贫病民众来会，经调查属实确需要救济者，分别介绍入重庆仁济医院、宽仁医院、武汉疗养院和红十字会医院免费治疗。服务工作——家庭方面。……指导家庭经济、卫生，提倡家庭正当娱乐等。

（六）华西卫生教育会

　　华西卫生教育会（The West China Council On Health Education）成立于 1925 年 1 月，地点在华西坝，高子豪（Stallaw Crawford）为 1930 年前负责人。协会的目标为：保证传教士、家属和教会学校学生的身心健康，传授医治疾病预防疾病的知识。[55]

　　据《华西教会新闻》的专栏——华西卫生教育会的记载，其活动较多，如 1929 年计划包括继续上述提到的活动，与地方卫生当局一起组织全市卫生运动；已经组建了疫苗班，开课 16 次和展示，超过 120 人参加课程，生源中既有来自各个市立学校的教师也有校长，他们得到了疫苗。估计今年预算为 $2100，已送交各差会。四月末要发起一场大型的公共卫生运动，目的是教育公众预防暑病，和募集资金开展这个工作。将组织公共健康周，及公共健康星期天，希望每个城市的讲道坛都同时开始急退暑病的工作。[56]

　　根据统计，华西卫生教育会主要开展的医疗卫生活动有：1.每周五于华西坝举办幼婴福利诊室，一般有 25-38 人；2.开展农村医药服务。到 1937 年，建立了卫生中心 46 个，卫生站 9 个，预防注射 393 人次，处理牙病 564 人次，体检 2694 人次。3.每年举办卫生周 1 次。[57]

　　综合上述情况，四川教会的医疗卫生事业获得了较大的发展，不仅医院数量在不断增加，而且规模也在不断地扩大；医学教育也取得了较大的成就，同时，四川民众的医疗卫生意识也得到了提高。当然，能够取得这种成就，是整个基督教包括教会、团体和信众们一道努力的成果。但是，由于医疗卫生事业不是一个孤立的问题，它同政治、社会和经济状况是紧密联系在一起的，

55 "Public Health", *The West China Missionary News*, No.5, 1926, pp.25-26.

56 A.E. Best, "Report of the West China Council on Health Education", *The West China Missionary News*, No. 4, 1929, pp.27-28.

57 刘吉西等编：《四川基督教》，成都：巴蜀出版社，1992 年 11 月版，第 277 页。

并受这些因素的制约。正如从事医疗卫生事业的传教士们自己所说："中国的卫生问题不是一个孤立的问题，疾病、贫困和愚昧是相伴随的；不可能指望这些卫生问题可以单独解决，而不顾及经济和教育方面的发展情况。"[58]从而，民国时期四川地区的医疗卫生状况，总体上看，还是令人担忧的。不过，相对于传统医疗卫生状况及卫生观来看，基督教团体所做的工作还是值得肯定的。

第三节　医药卫生宣传活动

四川基督教医院和基督教团体，以及信徒们，特别是从事医疗卫生事业的信众们，除了参与直接的医疗和卫生活动，还非常重视疾病的预防研究和健康保健知识的宣传。《华西教会新闻》的主编说："热带医学的进步要归功于传教士的仔细观察和耐心工作，华西的传教士医生，也需要在医学援救上有所作为，这是其职责的一部分，那些有研究禀赋的医药传教士更是如此。"[59]传教士麦金利（D. Fuller McKinley）也指出，"当时的四川还没有出版这方面的著作（医药方面的），传教士需要做一些研究。"[60]

这不仅是建议，更是要求传教士和教会医院等积极开展医药卫生方面的研究和宣传工作。当然，四川基督教医院，特别是传教士医生们除了医药卫生方面的研究工作，还开展了大量的医药卫生知识的宣传工作。在宣传活动中，不仅有直接的形象的宣传预防，还有书籍、图画、标本和影片等的生动记载和介绍。据《华西教会新闻》记载，华西协和大学明德浸信学院校长菲尔普斯（Dryden Phelps）列出了弗洛伊德、荣格、皮亚杰等人的著作。[61]值得指出的是，基督教团体也作了不少的医药卫生知识的宣传工作。如，成都青年会开开展了"防救霍乱症扩大演讲"活动。其状况是，"映放苍蝇传染疫病影片，来宾千人静听毫无倦容"。[62]重庆青年会的医疗卫生活动主要是"公共卫生宣传"和"简单医疗处理"。[63]成都中华基督教女青年会的社会服务工作

58　《中华归主——中国基督教事业统计（1901-1920）》，第 980 页。

59　"Editoral", *The West China Missionary News*, No.11, 1914, pp.1-3.

60　D.Fuller McKinley, M.D., "Concentration in Medical Work", *The West China Missionary News,* No.11, 1914, pp.6-10.

61　Dryden Phelps, "Short Bibliography on Psychology", *The West China Missionary News*, No.7-8, 1937, p.46.

62　《防救霍乱症扩大讲演》，《成都青年》，民国二十一年十二月三十一日，第一版。

63　T.H.Whang, Y.S.How., "The Chungking Y.M.C.A.", *The West China Missionary News*, No.5, 1939, pp.211-212.

之一，办讲座，有关儿童教育、儿童健康与营养、家庭饮食营养等。重庆中华基督教女青年会推行健康教育、举办儿童健康比赛，检查儿童体格，对体弱儿童设医师指导。在东北儿童教养院内设医务处，为难童治病。[64]

另外，重庆中华基督教协进会与青年会合办的卫生展览会，"为渝埠空前创举，……计是会的设备，在沪购有中华卫生教育会的疾病传入、眼睛卫生钩虫、儿童卫生、孕妇卫生等大图画；卫生业书百余种，并有商务书馆、中华书局、重庆书店，各种卫生体育书籍；仁济宽仁各医院之显微镜，及各标本。……"[65]

可见，基督教会医院和基督教团体，以及信众的确开展了不少的医药卫生知识的宣传工作。根据笔者的统计分析，基督教的医药卫生宣传工作可以归为三类：第一类是具体疾病的表现与防治，第二类是卫生保健知识宣传，第三类是相关知识的介绍。

一、疾病研究和预防

由于地势地貌复杂，气候多样化，注定了四川地区疾病的多样化和常态化。西来的传教士，尤其是医生传教士，以及后来的教会医院对于四川地区的常见疾病，都非常重视。因为这不仅涉及到他们要了解四川本地的实际情况，以满足传播福音的需要，也是他们自身健康和安全的需要。"圣公会年会上关于注重传教士健康的建议，讲解年度体检、预防接种疫苗的内容，以及肠胃感染疾病等的预防方法等。"[66]所以，教会医院、团体和医生传教士，在传播福音的大旗之下，同时也是在注意自身健康的需求之下，展开了医疗服务活动。他们不仅搜集整理了各类疾病，还分析其病理，介绍治理的方法，有些还做了病例记录。

如，天花是当时四川地区常见的疾病之一，西医来之前，基本无法救治。《传染病的传染及其预防》[67]一文在介绍天花时，这样写道：

---

64 刘吉西等编：《四川基督教》，成都：巴蜀出版社，1992年11月版，第243-253页。

65 《卫生展览会志盛》，《弘道》第23期，民国十七年五月一日号，第二版。

66 J. Parfit, "Health of Missionaries", *The West China Missionary News*, No.5-6, 1941, pp.171-172.

67 周至钧：《传染病的传染及其预防》，《希望月刊》，1931年2月，第八卷第二期，第25-26页。

天花

特性：是初发皮疹，由皮疹而丘疹、水泡、泡脓、痂，是一种逐次改变的。传染的景况：天花的原因至今尚未查出，或谓由一种原生虫所致，能传染人人的病毒含于病者的鼻液与痰内，最易传染人时在丘疹期以后，有谓脱落的皮屑最为可怕，如在恢复期时，皮屑脱落成粉，飞落屋内，遍布各物之上，为传染天花最大之原因，又会经与病亲近过的人，曾用过病者的衣服、器具、及被盖的人，都可为传染之媒介，载过病人的舟或车，也能传染广布。

预防：唯一的妙法是接种牛痘，凡一城中发了天花，其他人们均应接种牛痘以防染及，倘发现于邻居或家人中，尤宜从速接种为要，最妥当的法子是每隔一二年或每年，每人均应接种牛痘一次，不与传染的机会，至于已患天花的病人，应急速送入医院，使与常人隔离，并且在痂未脱尽以前，慎勿轻易离医院，以免传及他人。

又，蛔虫也是常见的疾病之一。

蛔虫病的原因，是好些条蛔虫在肚里生活，这种虫子对人身的害处，可以分两层说，第一是偷吃胃肠的食物，这些蛔虫是活的，所以它们得吃东西，它们的食料，是人吃的饭，所以它们在肚里吃我们吃下去的饭，好像一个贼天天偷我们的食物一样。比方有两个小孩，都是一天吃三碗饭；一个有虫子，一个没有。没有虫子的因为能得着饭的好处，够他的需要，所以他的身体很强壮。有虫子的孩子，虽然吃的和没有虫子的孩子一样多，只因为肚里的虫子分吃他吃下去的饭，所以很瘦弱。一个人肚子里只有几条蛔虫，也许不觉得怎样，其实是常受它的害的。蛔虫的数目越多，害处越大。蛔虫不是老是在肚子里不动，如果有什么刺激，它们就要跑到别的地方去，这个时候非常危险，因为他们能把肠子弄破，进到肝里，使它腐烂！若是数目太多，就会把肠子堵塞，使它不通顺，这多么厉害！[68]

当流感盛行时，医生传教士们在不仅给予仔细的观察和治疗，还非常有针对性地提出了治疗和预防的方案。英美会传教士倪维新以《治疗流感》一

---

[68] 温福文：《病的原因——蛔虫的害处》，《田家半月报》第 1 卷第 4 期，1934 年 9 月 15 日，第 17-18 页。

文，介绍说："现在，流感在成都是如此的普遍。我们记得去冬的十二月和一月就是非常流行，整个家庭都病倒了。目前的病种也是很易传染的……那些病人被给予恰当剂量的出汗多，躺在温暖房间被窝的病人也出汗较好，用芥末糊和热水泡脚帮助发汗。两例特殊支气管肺炎患者的呼吸和脉搏不快，尽快告诉我发烧情况。治理方案为，芥末糊：六分面粉、芥末粉、开水搅合。热水泡澡：宽底热水桶放在床中间，病人蹲在桶里，用毛毯包裹，泡半个小时。"[69]

教会医院和医生传教士们对于四川地区常见疾病的介绍和研究，不仅直接处理并治愈了不少的患者，给病人带来了"福音"，还提升了本土民众对疾病的预防意识，增进了本土民众的医学常识，更为重要的是，本土的西医学人才开始形成并逐渐增多。当然，对于四川具体的疾病类型，教会医院和医生传教士还做了很多的工作，也有大量的记载。根据《华西教会新闻》（简称"新闻"）、《希望月刊》（简称"希望"）和《田家半月报》（简称"田家"）的记载，本文特整理为下表：

表3-5：《华西教会新闻》、《希望月刊》和《田家半月报》的疾病预防介绍。

名 称	题 目	年月卷（期）号	来源
钩虫病	Hook-Worm Disease（钩虫病）	1911. No.5	新闻
	钩虫病	1945.5, 17: 5	希望
	防治钩虫病	1949.4, 21: 4	希望
痢疾	Dysentery（痢疾）	1913. No.7	新闻
	论赤痢	1930.7, 7: 7	希望
	赤痢之病原症状传染及预防法	1931.4, 8: 4	希望
	痢症的救星	1933.1, 10: 1	希望
	痢疾是从蚊子来的	1934.8, 1: 2	田家
	怎样防治痢疾	1934.9, 1: 4	田家
	痢疾说明	1949.12, 21: 12	希望
疟疾	Malaria-and the Salt Wells（疟疾与盐井）	1914. No.11	新闻
	A Chinese Cure For Malaria（疟疾的中医疗法）	1914. No.12	新闻

---

69 Maud Neave, M.D., "Treatment for Influenza", *The West China Missionary News*, No.1, 1919, pp.70-71.

	More About Malaria（再谈疟疾）	1915. No.4	新闻
	A New Treatment for Malaria（治疗疟疾的新方法）	1917. No.11	新闻
	Notes on Aestivo-Autumnal Malaria（夏秋疟疾）	1920. No.2	新闻
	论疟疾（又名瘴热症，亦名麻拉里亚）	1930.9, 7: 9	希望
热病	Notes on Typhus Fever（论斑疹发热）	1918. No.9	新闻
	Typhus Fever（斑疹发热）	1923. No.4	新闻
	肠室扶斯（又名肠热症，伤寒，热症）	1930.8, 7: 8	希望
	肠热病——伤寒	1931.8, 8: 8	希望
	肠室扶斯（伤寒）的感染和预防	1931.10, 8: 10	希望
	再论伤寒霍乱两种病原传染及预防方法	1932.4, 9: 4	希望
	猩红热之病原症状传染及预防法	1932.5, 9: 5	希望
	猩红热	1932.6, 9: 6	希望
	斑疹伤寒之病原及传染及预防各法	1932.9, 9: 9	希望
	江苏北部发现黑热病	1935.1, 2: 2	田家
	说说黑热病	1935.1, 2: 2	田家
	猩红热的传染情形及预防的法子	1935.5, 2: 10	田家
	伤寒病及预防的法子	1935.8, 2: 15	田家
	斑疹伤寒	1935.8, 2: 16	田家
	白蛉子传染黑热病	1935.8, 2: 16	田家
	猩红热	1946.10, 18: 10	希望
流感	Medical Articles（医学论文）	1919. No.1	新闻
	Treatment for Influenza（流感的治疗）	1919. No.1	新闻
	The West China Council on Health Education（华西卫生教育会——流感）	1925. No.7	新闻
	The West China Council on Health Education-The Ubiquitous Cold（华西卫生教育会——流感）	1926. No.1	新闻
	Confession of a Common Cold（一个流感病毒的自白）	1933. No.10	新闻
	That Mean Cold（感冒）	1935. No.12	新闻
	再述卫生部流行性脑脊髓莫炎之病原症状传染及预防法	1932.3, 9: 3	希望
	百日咳	1933.9, 10: 8-9	希望
	最平常的伤风——伤风怎样得的，预防伤风的法子	1934.10, 1: 6	田家

霍乱	Preventive Measures Against Cholera（预防霍乱的方法）	1920. No.6	新闻
	Cholera in Chengtu（成都发生的霍乱）	1920. No.9	新闻
	论霍乱 又名虎列拉	1930.7, 7: 7	希望
	Cholera（霍乱）	1932. No.9	新闻
	霍乱症	1932.9, 9: 9	希望
	霍乱的内服治法	1932.10, 9: 10	希望
	Cholera in 1936 or Not?（1936 是否会流行霍乱？）	1936. No.7-8	新闻
	霍乱防治法	1939.6, 6: 11	田家
狂犬病	Mad Dog Prevention!（预防疯狗！）	1923. No.12	新闻
	狂犬病	1931.7, 8: 7	希望
	Rabies-Facts You should Know（狂犬病的相关知识。）	1933. No.3	新闻
	Rabies-Do not kill the dog!（禁止杀狗）	1936. No.7-8	新闻
败血症	Oral Sepsis-one of China's Hidden Perils（口腔脓毒病/败血症-中国的隐患之一）	1923. No.5	新闻
减肥	Fat is Fatal to Longevity（肥胖是健康的大敌）	1925. No.12	新闻
	The Rationale of Weight Reduction（减肥的基本原理）	1932. No.5	新闻
麻疹	Measles（麻疹）	1925. No.3	新闻
天花	Smallpox（天花）	1925. No.6	新闻
	再将天花之病状传染及预防法一述	1931.8, 8: 8	希望
	要免天花快种牛痘	1932.4, 9: 4	希望
	接种牛痘	1933.12, 10: 11-12	希望
	要免天花快种牛痘	1935.2, 2: 4	田家
	快种牛痘	1939.6, 6: 11	田家
麻风病	Leprosy-A Rural Problem（麻风病——农村中存在的问题）	1932. No.12	新闻
	Leprosy in China（中国的麻风病）	1933. No.9	新闻
	New Treatment for Leprosy（麻风病的新疗法）	1940. No.5	新闻
	West China Union University Leper Hospital（华西协和大学的麻风病人医院）	1940. No.6	新闻

	Leprosy（麻风病）	1941. No.11	新闻
	Damien the Leper（麻风病人 Damien）	1940. No.1	新闻
	麻疯病	1945.10, 17: 10	希望
癌症、结核病	Science and Health-What Everyone Should Know About Cancer（科学和健康——每个人都应知道的关于癌症的知识）	1934. No.1	新闻
	向着结核病进攻	1931.5, 8: 5	希望
	痨病	1934.11, 1: 8	田家
	中国的痨病真多！	1934.12, 1: 10	田家
	可怕的结核病	1945.6, 17: 6	希望
	肺痨病人应注意之事项	1945.7, 17: 7	希望
	结核病防治概论	1947.7, 19: 7	希望
	结核病的预防（续完）	1947.8, 19: 8	希望
	肺结核的了解和测验	1948.6, 20: 6	希望
心脏病	Health-"Have a Heart!"（健康——心脏病）	1934. No.9	新闻
皮肤病	Medical Treatments You Can Give（你可以给予的医疗服务）	1923.No.5	新闻
	可怕的花柳病	1930.4, 7: 4	希望
	癣之略说	1930.8, 7: 8	希望
	疥疮（俗名干疮子）：病源、病状、治法和结论。	1930.10, 7: 10	希望
	白浊淋症	1931.3, 8: 3	希望
	花柳病的眼患	1931.5, 8: 5	希望
	梅毒	1932.7-8, 9: 7-8	希望
	Epidermophytosis（皮癣）	1935. No.12	新闻
	疥疮	1935.6, 2: 12	田家
	疥疮（俗名乾疮）	1945.3, 17: 3	希望
	植皮	1945.4, 17: 4	希望
眼睛保健	Neglect Not Thine Eye（爱护眼睛）	1918. No.6	新闻
	婴儿脓性结膜炎	1931.6, 8: 6	希望
	沙眼	1931.12, 8: 12	希望
	婴儿之脓眼	1933.9, 10: 8-9	希望

	眼的卫生	1935.1, 2: 2	田家
	Should Your Child Wear Glasses（孩子可以戴眼镜吗？）	1936. No.1	新闻
	Some Notes on Blindness in Szechwan（四川地区失明现象的报道）	1936. No.9	新闻
	盲人的福音	1948.1, 20: 1	希望
中毒类	Beware Botulism（谨防食物中毒）	1924. No.4	新闻
	Period of Isolation and Quarantine for Some of the Diseases in West china（华西某些疾病的隔离期和检疫期）	1925. No.3	新闻
	小儿绿泻症	1930.11, 7: 11	希望
	蛇咬伤	1930.10, 7: 10	希望
	治毒蛇咬伤的秘方	1931.11, 8: 11	希望
	鼠疫之病原传染及预防法一述	1932.10, 9: 10	希望
	中毒急救法	1945.8, 17: 8	希望
	鼠疫	1945.9, 17: 9	希望
口鼻类	Dental Disease in Relation to Health（牙齿疾病与身体健康的关系）	1916. No.1	新闻
	The Gin Keo Tooth brush in West China（华西的进口牙刷）	1917. No.3	新闻
	Oral Sepsis-One of China's Hidden Perils（口腔脓毒症——中国的隐患）	1917. No.3	新闻
	The Bono Public（公共卫生常识）	1919. No.4	新闻
	Correspondence（读者来信——牙刷）	1920. No.8	新闻
	Ill-Health the Great Disorganizer（疾病——健康的罪魁祸首）	1923. No.12	新闻
	白喉症	1931.4, 8: 4	希望
	流行性腮腺炎	1931.6, 8: 6	希望
	卫生部白喉之病原传染及预防法一述	1933.1, 10: 1	希望
	华大教授刘延龄氏发明食物与牙疳症之关系	1933.3, 10: 3	希望
	留心你的牙齿	1935.2, 2: 4	田家
	预防白喉的法子	1935.4, 2: 8	田家
	鼻流血	1943.10, 15: 10	希望

	扁桃腺炎	1945.12, 17: 12	希望
	牙病及其预防法	1946.2, 18: 2	希望
	牙病及其预防法（续）	1946.3, 18: 3	希望
	一日所见的几个牙症患者	1947.7, 19: 7	希望
	白喉	1948.9, 20: 9	希望
其他疾病	大便结燥	1930.11, 7: 11	希望
	述我鼻吸的经过	1930.11, 7: 11	希望
	灾病的救治	1931.11, 8: 11	希望
	四六风（婴儿出生后，4 天或 6 天抽风）	1932.7-8, 9: 7-8	希望
	咯血之原因	1932.11, 9: 11	希望
	病的原因（蛔虫病）	1934.8, 1: 2	田家
	口吃病的治法	1937.1, 4: 2	田家
	怎样预防梅毒	1937.1, 4: 2	田家
	冻疱	1942.2, 14: 2	希望
	呕吐	1942.5, 14: 5	希望
	晕倒的救济和预防；怎样救治火伤	1943.7, 15: 7	希望
	输血	1944.11-12, 16: 11-12	希望
	痔疮	1945.1, 17: 1	希望
	火伤	1945.2, 17: 2	希望
	秃疮	1946.7, 18: 7	希望
	大便结燥	1948.3, 20: 3	希望

（注：本文中涉及到《华西教会新闻》中有关医疗卫生事业的数据，参考了江莉硕士论文：《从〈华西教会新闻〉看近代四川基督教医疗卫生事业》，本人做了增补，下文不再注明。）

二、卫生保健宣传

四川地区疾病类型多样化和常态化，除了复杂的气候原因之外，还有一个重要的人为因素，即，四川地区医疗卫生水平低下，卫生意识极为落后，很多的生理卫生、心理卫生、环境卫生等常识，很多民众都不具备。传教士，尤其是医生传教士入川以后，便开始意识到这一问题；而随着他们对本地情况了解的增多，尤其是在处理很多同类疾病之后，这一印象更是深刻。教会医院和传教士开始注意宣传西医知识，尤其是日常卫生保健方面的知识，如饮食健康、环境卫生、心理健康、个人保健等。

> 早晚各喝一杯水，期间至少喝四杯水。
>
> 有规律的饮食，慢嚼细咽，并咀嚼各种食物。
>
> 每天至少喝两杯牛奶。这意味着你：
>
> 每天吃一些谷类食品，熟食谷物优先。
>
> 每天吃土豆之外的一种蔬菜，可能的话吃更多。
>
> 每天吃一些水果，新鲜水果最好，来代替糖果。
>
> 每餐吃面包和黄油，深色硬面包最好。
>
> 可能的话每天一个鸡蛋，但记住肉不需要每天都吃。
>
> 糖果是最好是在餐后吃，而不是其他时间吃。
>
> 没洗手不能吃食物，也不能触摸食物。
>
> 不能吃也不能喝没有洗过的杯子或盘子中的食物。
>
> 不同其他人呢吃一个盘子中的菜。[70]

可见，日常卫生常识的要求，可谓一目了然了。《健康必须十三则》一文更是详细介绍了生活中应该注意的细节：

> 空气：
>
> 1. 住所与办事处均须有充足新鲜空气；2. 衣裳须轻松而能含多量之空气者；3. 须多游空旷之地吸收新鲜空气；4. 睡处必须有充足的新鲜空气。
>
> 饮食：
>
> 5. 食物不可偏于一种，当杂各种蔬菜而食之；6. 当免去多食及快食等弊。
>
> 卫生习惯：
>
> 7. 每天至少须解大便一次；8. 或立或坐或行均当正直其身；9. 勿用有毒质之药品；10. 宜多沐浴以免染病；11. 每年必须请医生考查身体一次；12. 作事须竭力严勤但亦必有休息与游戏；13. 须快乐度日以养成凡事乐观（不生气）之习惯。

---

70 "Food Ways to Health", *The West China Missionary News*, No.9, 1931, pp.34-35.

健康的研究：

空气是资助健康的，所以要打开窗子使它流通，以使纳入洁净的，而排出污秽的，它也能帮助防御风寒，房屋以内不可容留灰尘和烟渣，阳光更须充足，因其有防病能力，不见阳光的地方，必定是发现病灾之所在。

户外空气，比较户内空气更新鲜，故须多住于户外，或白天或夜晚，空气总是不害人的。

我们在这世界上有三分之一的时候，在床上睡觉，故必须特别注意这三分之一的时候，使空气十分洁净，还是要打开窗子，或卧户外，空气流通的地方，这是防病良法，睡的时候应该更衣，不宜穿白天所着的衣裳。

不可随便服药，当请医生求得适宜的方法，每年必须请医生考查一次身体有无未发现的病症，以便预防。[71]

对于卫生保健方面的宣传，基督教会做了许多的工作。但因为都是常识性的介绍，所以，笔者整理了《华西教会新闻》、《希望月刊》和《田家半月刊》中关于卫生保健知识宣传的文章，列为附表，请参见附表二。

三、相关知识介绍

四川基督教医院和基督教团体，以及信徒们，特别是从事医疗卫生事业的信众们，除了宣传疾病及预防和医疗卫生常识之外，还注意到了对医学、医药和医学史等相关知识的介绍，甚至还对中医学展开了研究。这不仅对提升本土民众的日常疾病及卫生意识有帮助，也能增强他们对医学及其相关知识的了解和理解。而更重要的是，这促进了中西方文化的交流，特别是医学方面的交流。当然，最直接的效果就是提升了四川本土民众的生活质量。

西医进入四川之前，从未有过"维他命"之说。《维他命与健康》一文这样介绍到：

维他命与人类之健康，有极大的关系，这种学说是近年科学上的一大贡献。维他命是人类及其他动物生存绝对需要的，各种不同的维他命是含在各种不同食物之内。其质量非常微细，普通眼不能

---

71 华西卫生教育会：《健康必须十三则》，《希望月刊》第 7 卷第 10 期，1930 年 10 月，第 25 页。

见，手不能触，舌不能尝。人不吃饭觉得饥饿，不饮水觉得口渴，但是不吃维他命并不觉得饥饿口渴，所以一般人不注意，而受害极大。人身体缺少维他命，身体和精神必定发生种种病状和反常，甚至弱血死亡，亦不乏其人。

维他命种类很多，人身体缺少某种维他命时，他的身体必定发生某种病状或反常。几年前许多医生对于那些因维他命缺乏的病症都是莫名其妙，直到最近有的医生才知道这些特殊的病症，乃是因缺乏维他命。

近来有许多营养性质的维他命丸子出售，有一次笔者在纽约城的一家新开百货公司，见许多人排起队来拥挤着买维他命丸，美国人的饮食那样好，那样讲究，但因缺少维他命的病症还是那样多。这就是营养学说尚幼稚，社会上一般人尚少注意到维他命的重要，如果我们稍注意到日常的饮食，不要多花钱，可以得到足够维他命的需要。不一定要买维他命丸吃。已经发现的维他命有好多种；最普通而与人类健康关系最重大的，至少有维他命 A、B、C、D、E 等五中。[72]

中西医比较来看，西医分工更细。《药剂学》一文专门介绍了"药学"专业。

药学专业是什么？它可以简单地定义为，科学选择、配制、保存和复合用药。药物物质拥有或被认为拥有治疗或补救特质。它们是从蔬菜、矿物或动物王国获得，或从在自然或无准备状态的碳氢化合物获得；或只是部分作用，而不能直接使用或应用。它们被称为"天然药物"。[73]

对于疾病的处理存在很多的方法，而专门的调查研究，以中医的视角来看，相对较少，尤其是大范围的调查研究，这有助于找出差异，治理疾病。四川的麻风病情况是这样介绍的：

四川的汉人患麻风者不易见，但少数民族中多有患染者。四川的北方及西北方的边境上，有许多藏人聚族而居，患麻风的很多，但那边的川人均健全无恙，好像对于麻风具有一种天人免疫性。成都、重庆二大市虽商业发达，五方邻处，也绝少麻风人的足迹。[74]

---

72 《维他命与健康》，《希望月刊》第 17 卷第 11 期，1945 年 11 月，第 32 页。

73 "Pharmacy", *The West China Missionary News*, No.2, 1920, pp.13-14.

74 傅乐仁著，洪中道译：《中国麻疯病之调查》，《希望月刊》第 6 卷第 10 期，1929 年 10 月，第 18-19 页。

　　此外, 黄次元在《医学源流》一文中介绍了中国医学的历史。[75]弗洛伦斯·南丁格尔的事迹则是在《南丁格尔》[76]一文中, 即, 她是世界上第一个真正的女护士, 因克里米亚的护理被誉为"提灯女神"。为了纪念她的这种光荣事迹, 专门把其生日, 5 月 12 日这一天设立为"国际护士节"[77]。

　　由上述可见, 西医的传入, 加上医生传教士的大力推广和宣传, 的确给四川本土民众带来了疾患的"福音"。除了这种直接的效果之外, 对医疗卫生知识的重视, 也得到了本土民众的重视, 特别是从事医疗卫生事业的人士, 当然, 这也就培养了本土的西医人才。如, 到 1940 年后, 就有许多的机构或个人在《希望月刊》的医疗卫生栏目发表文章, 比如, 公共卫生组、中华营养促进会成都分会、华西公共卫生组、华西卫生教育会、华大公共卫生系、资料室等组织, 以及金陵神学院乡村教会科主编、曾子耀、剑秋、李凤鸣等 17 人。1950 年, 祝逸翰还在《乡村教会》上详细介绍了白喉、天花霍乱、伤寒、细菌性赤痢、疫痢、百日咳、流行性脑脊髓膜炎、猩红热和回归热等疾病。[78]当然, 这也是有利于基督教传播的。

---

75 黄次元:《医学源流》,《希望月刊》第 7 卷第 10 期, 1930 年 10 月, 第 17-18 页。
76 "Florence Nightinggale", *The West China Missionary News*, No.5, 1933, pp.16-22.
77 "National Hospital Day", *The West China Missionary News*, No.5, 1933, p.5.
78 祝逸翰:《医药常识》,《乡村教会》第 3 卷 1-4 期, 1950 年。

第四章 基督教在四川的学校教育服务

第一节 教会兴办学校的缘由

一、教会的主张与观点

基督教自传入中国，进入四川始，就有教育伴随，但规模性的办学和建校则完全是因为传教士们在中国和世界上其他国家中，传教事业遇到了困难——成效甚微，甚至走进了"死胡同"。难以翻越的壁垒，如政治、经济和文化方面的，尤其是语言障碍，促使基督教和传教士不得不反思并改变其传教策略和方式。学校教育服务事业成为了首选之一。

众所周知，在 19 世纪，传教士们初出传教时，采取传统的"直接布道"的方式，以宣讲教义、巡回布道、散发宗教宣传品等手段，吸引中国人民信教。这种方法在西方行得通，在中国则不行，其效果也是有目共睹的。对于中国大多民众来说，生存都成问题，何谈教育呢？文盲遍布，民众根本就不识字，加上对基督教的强烈排异，传教士们的宣传品完全成为废品或垃圾，吸收信徒也是难上加难了。所以，英国内地会传教士戴德生们收录的"信徒"基本上都是老弱无依、祈求救济的"吃教者"了。传教士的体会更是："苦于风土人情之不谙，语言文字之隔膜"，试图"访求同志于华人之中"，然而"当时非惟无可用之传道人，即寻常教友，亦不可得"，因此不得不"集多数童子，使之受教会学堂之教育"。在传教士看来，这些孩童不仅可以作为他们布道的对象，"其间也不乏可任教之人"，即可作为传教助手，乃至布道人，"所以兴学之不可一日缓也"。[1]从而，教会学校"仅仅作为诱导学生前来的一种手段而已，其真正的目的不是教育他们而是让他们皈依基督"[2]，即作为宣道的辅助手段。当然，这就成为了传教士兴办教会学校，开展教育服务的直接动因。

1877年，狄考文（C. W. Mateer）在新教入华70年来第一次传教士大会上发言，推动了教会兴办学校。"把学校视为发展基督教徒和为教会培养布道人员的看法是片面的"，"（教会学校的）目标不仅仅是要保卫和促进基督教事业，而且要在智力、道德和宗教三个方面教育学生，使他们接受西方的科学和文明，推动个人和社会的发展。"[3]"我已经看到在中国和其他国家中，凡受过外国教育或其他因素影响的人，很容易获得重要的地位。通过这些人，我们就能使这些落后国家最后接受我们的文明和道德标准。"[4]到1890年，狄考文更进一步指出："正真的教会学校，其作用并不单在传教，使学生受洗礼，而是要教会学校使学生能成为社会上和教会内有势力的人物，成为一般民众的先生和领袖，从而取得旧士大夫所占的统治地位。"[5]狄考文是坚信，"基督教会的良机，就在于培养既能以基督教真理来影响又能领导这场伟大的精神和物质变革的人才"。[6]教育就是"选择未来的中国教会领袖的场地"。[7]

1909年，穆德写道："世界上有四万万人民的国家只有一个，那个国家进步现代的新潮流，也只有这第一批人。这第一批受到现代教育的学生，将来便成为新中国的领袖。他们要设立新的标准，并且走入新的途径。我认为，

1　（美）范约翰：《清心中学滥觞记》，陈学恂主编：《中国近代教育史教学参考资料》下册，北京：人民教育出版社，1988年版，第207页。

2　Calvin W.Mateer, "The Relation of Protestant Missions to Education", *Records of the General Conference of the Protestant Missionaries of China held at Shanghai*, May 10-24,1877, pp.172.

3　尹文娟编：《基督教与中国近代中等教育》，上海：上海人民出版社，2007年版，第58页。

4　江文汉：《基督教青年会在中国》，北京：社会科学文献出版社，2008年10月版，第5页。

5　陆志轩：《重庆市求精中学校志（1891-1998）》，第68页。

6　Calvin W.Mateer, "The Relation of Protestant Missions to Education", *Records of the General Conference of the Protestant Missionaries of China held at Shanghai*, May 10-24,1877, pp.171-177.

7　方叔轩：《华西教育会的建立》。

这些人受基督化而与基督教发生友谊的关系，实在是目前最重要的工作。我常常有这样的渴望，因为恐怕我们失去这种卓绝的机会。"[8]

传教士们在讨论教育传教时，还进行了深层次的追问。"教会在中国办教育事业的理由：一是中国人民是有智慧的人民，二是中国人对教育的重视要超过其他国家，同时通过这一途径，教育可以控制中国未来的社会领袖和知识精英，把握未来中国发展方向。"[9] "我们的学校和大学，就是设在中国的西点军校。……让我们不只是指出中国有那么一队英勇的本地和外国的福音使者，而且还应指出我们的教育机关，正在训练未来的领袖和司令官。他们将来要对中国同胞施加最巨大和最有力的影响。"[10] 圣约翰大学校长卜舫济（1864-1947）这样说到。

当基督教新教进入四川后，自 19 世纪 80 年代起，教会学校逐步兴盛起来。这既有四川客观的社会现实状况的原因，也存在着基督教在四川和整个华西地区同在中国其他地区有差异的原因，即，基督教入川的时间同其他地区相比，是相对较晚的，其发展过程也是有差异的。不过，总的来说，基督教教育传教的目的还是落空了，"中华归主"的愿望未能实现。正如赵紫宸指出的："宣教会原有的策略是要用教育医药服务文字机构作为传教的工具，没有想到工具是造成了，用工具的教会倒被削弱了。头等人才都用在发展传教工具的事工上去，剩下来可以做教会领袖的，往往只是些次等的人才。我们不能说，这种策略完全不好，只可惜是偏差了。"[11]

当然，无论是在四川还是中国其他地区，基督教教育传教的作用还是不可忽视的，学校传教也是不可或缺的。第一，教会学校扩展了基督教的影响力。教会学校不仅能够培养至少不排斥不反对基督教的人，还能吸引更多的人，特别是有一定文化素养的人，得到他们的认可和认同，拉近基督教与民众之间的距离。第二，有利于教会自身的发展。教会学校的教育能够获得本土民众思想上的认同，造就良好的宣教氛围。第三，培养优秀人才。传教士

---

8 马泰士著，张仕章译：《穆德传》，上海：青年协会书局，1935 年 3 月版，第 364 页。

9 Mary Lamberton, *St.John's University*, Shanghai, 1879-1951, pp. 56-57.

10 杰西·格·卢茨：《中国教会大学史》（1850-1950），杭州：浙江教育出版社，1988 年版，第 506-509 页。

11 赵紫宸：《今后四十年中国基督教教义神学可能的发展》，《金陵神学志》第 26 卷，第 1、2 期合刊，1950 年 11 月，第 15 页。

们坚信：通过长期的系统的教会教育，优秀人才完全能够培养出来，无论是政界、商界、文教界等所需之人才，并且，这些人才完全认同和接受基督教。正如美国长老会的狄考文牧师所说："作为传教士，如果我们彻底训练出一个人，使他能在一生中发生一个受过高等教育的人所能具有的巨大影响，就可以胜过半打以上受过一般教育而不能在社会上有崇高地位的人……作为儒家思想支柱的是受过高等教育的士大夫阶层，如果我们要对儒家思想的地位取而代之，我们就要训练好自己的人，用基督教和科学知识教育他们，使他们能胜过中国的旧式士大夫，从而能取得士大夫所占的统治地位。"[12]

所以，加拿大传教士赫斐秋（V. C. Hart）说："我们传教士很懂得，如要使中国人信道，就必须加强教育工作。"[13]

二、现实的需求

自 1840 年鸦片战争起，中国开始了近代化的旅程。随着"坚船利炮"的到来和"西学东渐"的开始，中国民众也就日益深陷水深火热的殖民势力之下了。西学的强势和优势，尤其是像科学和民主等的出现，似乎又带给了中国民众新的希望和起点。19 世纪末 20 世纪初，中国社会发生了一系列的变化，其中之一就是改变传统教育模式。

1901 年 8 月 2 日，清政府下谕旨："除京师已设大学堂应切实整顿外，着将各省所有书院，与省城均设大学堂，各府、厅、直隶州均设中学堂，各州县均设小学堂并多设蒙养学堂，"[14]并且，部分恢复"戊戌变法"的改革措施。

1902 年到 1904 年颁布了《钦定学堂章程》和《奏定学堂章程》，奠定了中国近代教育史上最早的两部学制——"壬寅学制"、"癸卯学制"的基础。这两部学制结束了传统的儒学教育及科举制度，确立了为近代中国教育体系服务的小学、中学、大学预科和高等学堂、分科大学的三级学制。1905 年，正式宣布废除科举制度。1906 年，清政府更督促地方官员兴办学校，"现今振兴学务，各省地方筹建学堂，责无旁贷；极应及时增设，稗国民得有向学

12 陆志轩：《重庆市求精中学校志（1891-1998）》，第 68 页。

13 Hart, E. I. (Evanston Ives), Evanston Ives Hart, *Virgil C. Hart: Missionary Statesman : Founder of the American and Canadian Missions in Central and West China*, McClelland, Goodchild & Stewart, 1917, p56.

14 蔡元培：《晚清三十年来之教育》，（香港）龙门书店，1969 年版，第 76 页。

之所，"[15]促使各地大中小学快速成立，以至于："各地士绅经常派代表来请求宣教师至其地开设福音堂、讲道所，开办学校，并不需差会资助"。[16]

"新学"的兴办，不仅是对西学的认可，更是对中国传统教育的批判，从而这也就开始了中国教育的近代化。另外，这也说明了中国缺乏教育，尤其是缺乏近代式的教育。

对于近代的四川来说，情况也大抵如此。在清朝后期，时任四川学官的张之洞于 1875 年创立了巴蜀最高学院"尊经学院"，这是中国传统教育在川的最高学府，也是最后的辉煌。甲午战争后，尊经书院由崇尚经学的旧式书院向传播"新学"的新式学院转化。由此，四川各地先后办起了新式学堂，如武备学堂、西学堂、算学堂、数学堂、经济学堂、农学堂等等。这样，随着新式学堂的兴办，在川就出现了公立学校和私立学校之别，以及传统的私塾学校。而随着时代的发展，私塾学校是渐趋灭亡，而新式的公立学校和私立学校则日趋兴旺。一般说来，私立学校包括两类，即中国民间私人或团体捐资设立的中学和外国传教士创办的各种教会学校。在教会学校中，按照传授内容的性质，教会学校也可以分为两类：一是纯粹的神学教育学校，包括针对教民实施宗教启蒙教育的教理学校、经书学堂、主日学校，以及为培养中高级神职人员的神哲学教育的大、中、小修院。二是世俗文化教育学校，包括幼稚园、小学、中学、职业学校和大学。简单地说，神学教育是专门为教会服务的，世俗文化教育是为世俗民众服务的。

但是，因为清末民国时期，四川一直处于军阀林立、战乱不断、经济发展极不稳定的状态中，中央权力在川几乎不存在，所以，尽管四川的公立学校虽然有政策的支持和指引，但在实际的运行过程中，其所起到的作用，还不如私立学校。首先，学校总体数量有限。据统计，1934 年，成都市有中学 28 所；[17]1939 年，成都市的中学有 21 所；[18]1948 年，成都市有

15 舒新城：《收回教育主权运动》，上海：中华书局，1927 年版，第 15 页。

16 王雪：《基督教与陕西》，北京：中国社会科学出版社，2007 年 5 月版，第 190-191 页。

17 屈永叔：《旧成都中学教育见闻》，《成都掌故》（第 3 集），成都市群众艺术馆主编，川大出版社，2001 年 10 月版，第 678 页。

18 《成都市各级教育机关统计表》，《四川统计月刊》第 1 卷第 2 期，四川省政府编，1929 年 2 月，第 39 页。

中学 38 所。[19]唯有抗战期间，许多高等院校、文化团体以及大批文化人士集中于四川，四川的教育事业，特别是学校，才风光了一回。这就给私立学校的创办和发展给予了契机，以及私立学校作为社会自我修复教育机制的载体，在传承文化、发展学术、培养人才等方面发挥作用，其效果可以与公立学校媲美，甚至在某些方面能超过公立学校。其次，私立学校独具的特色。在办学思想上，私立学校有着较大的自由性，许多私立学校有着别具一格的办学宗旨，在一定程度上弥补了公立学校教育整齐划一的欠缺。在办学方式上，私立学校也有着较大的自主性，他们用自己独特的教学方式和方法，发展特色教学，努力提高教学质量。而在私立学校中，教会学校在这些方面起到的作用则更是如此。因为教会学校是沿用的西方办学方法，教育体制和教学方法基本上完全一致。教会学校的教育，传播了西学，开发了民智，带来了先进的民主和科学思想。教会学校不仅冲击了原有的封建旧教育，也促使更多的"新学"得以产生，从而不仅直接培养了一些人才，也间接地启发或培养了部分民众。因此，教会学校的兴起便成为了某种必然和趋势。

第二节　四川的各级教会学校

　　一般来说，教会学校有两类：纯粹的神学教育学校和世俗文化教育学校。本文主要研究的是在川各差会教会团体为世俗民众兴办的文化教育学校。在 19 世纪 80 年代，四川基督教会开始兴办学校——小学，收录的学生主要为教徒子女。20 世纪初，各差会增设小学，扩大招生范围和名额，又开设了一些中学。到 1899 年，各差会在四川办的小学仅 31 所，学生总数 806 人；到 1907 年，小学猛增至 173 所，学生人数达 3316 人。[20]短短 8 年学生人数增加了 4 倍多。到 1920 年，教会开办的学校从数量上仅次于中国沿海的福建、山东、广东三省。到 1920 年，在川基督教会各差会教会团体兴办的初、中级教育学校情况如下：（1920 年）

---

19 四川省档案馆存：全宗号：106，案卷号：3，《四川省中等教育统计与四川省教育统计简表》。

20 "Comparative Statistics-Table Ⅰ & Ⅱ", *West Missionary Conference·Chengdu*, 1908, pp.377-388.

表 4-1：基督教会各差会教会团体兴办的初、中级教育学校情（1920 年）[21]：

教　会	有布道区（处）	初　小		高　小		中　学	
		学校（所）	学生（人）	学校（所）	学生（人）	学校（所）	学生（人）
内地会	143	72	2135	10	258	2	7
美以美会	135	116	4565	11	438	4	204
美道会	94	131	4294	17	627	3	44
浸礼会	45	28	1592	7	253	2	40
公谊会	36	30	1172	10	192	3	287
圣公会	29	28	779	2	59	1	20
安息日会		1	44	1	5		
青年会		1	1396				
美国基督会		1	40	1	3		
总计	482	408	16017	59	1835	15	602

　　另外，四川基督教会还兴办了高等教育学校，以及一些职业教育学校和特殊教育学校。总体上看，各差会团体对在川兴办教育事业是非常重视的，其招生数量是越来越多，学校规模也是越来越大。下面分类介绍：

一、初、中级学校

　　传教士入川以后，因为忙于传播福音而没有太多时间来照看小孩，加之，"主说，让受难的小孩到我处来！[22]"所以他们便开办了不少的幼儿（稚）园/所。这些幼儿（稚）园都是分布在传教士传播福音的地方，尤其是在教堂所在地。在实际的看护过程中，随着时间的推移，不仅有传教士和信徒的子女就读，也有少量的非信徒子女来园；并且这些学前儿童和幼儿的教育和培训活动也有所涉及。据统计，四川基督教各差会教会团体举办托儿所和幼儿园（1949）的情况如下：

21　四川省地方志编撰委员会：《四川省·宗教志》，成都：四川人民出版社，1998 年版，第 454 页。

22　A. L. G., "Educational - Kindergarten work", *The West China Missionary News*, No.5, 1910, p.13.

表 4-2：四川基督教各差会教会团体举办的托儿所和幼儿园情况（1949）[23]

学校名称	所在地点	所属教会	创办时间
成都私立树基儿童学园（附：成都协合女子师范学校）	成都干槐树街	中华基督教会	
成都私立会英女中附设托儿所	成都方正街华英女中校内	中华基督教会	
成都私立真光福儿园	成都暑袜北三街	中华基督教会	1946
自流井私立培德幼稚园	自贡	中华基督教会	1913
荣县私立华英幼稚园	荣县	中华基督教会	1922
乐山私立进德幼稚园	乐山	中华基督教会	1935
彭县私立荣德幼稚园	彭县联升巷福音堂内	中华基督教会	1917
泸州私立益智幼儿园托儿所	泸州	中华基督教会	不详
涪陵私立明德幼稚园	涪陵	中华基督教会	1932
涪陵私立明德托儿所	涪陵	中华基督教会	1950
成都私立启化幼稚园	成都陕西街	卫理公会	1927
重庆私立培幼托儿所	重庆磁器口	卫理公会	不详
重庆私立育幼托儿所	重庆戴家巷	卫理公会	不详
重庆私立求精幼稚园	重庆中山四路	卫理公会	1946
资中私立进德幼稚园	资中	卫理公会	1924
资阳私立崇德幼稚园	资阳	卫理公会	1943
简阳私立曙光幼稚园	简阳康家河	卫理公会	不详
遂宁私立涪江小学附设幼儿园	遂宁北辰街	卫理公会	
成都私立明德托儿所	成都南打金街	浸礼会	1926
成都私立明德婴儿院	成都三圣街	浸礼会	1950
乐山私立新生幼稚园	乐山嘉乐门	浸礼会	1941
宜宾司司里亚幼稚园	宜宾上鲁家园	浸礼会	1905
雅安私立明德幼儿园	雅安平安巷	浸礼会	1921
成都私立明治幼稚轩园	成都	公谊会	不详
成都私立圣约翰托儿所	成都皮房街	圣公会	1950

---

23 四川省地方志编撰委员会：《四川省·宗教志》，成都：四川人民出版社，1998 年版，第 458-459 页。

中江私立福幼托儿所	中江	圣公会	1950
绵阳私立育德中学附设幼稚园	绵阳斌升街	圣公会	1925
重庆青年会培英幼稚园	重庆花街子青年里	重庆青年会	1934

　　在教育传教政策的指引和推动下，以及教会兴办的幼儿（稚）园发展后，为了扩大学生来源范围和名额，各差会不仅增设小学，又开始兴办了一些中学。中小学的兴办，不仅解决了信徒子女升学受教育的问题，也处理了部分非信徒子女接受教育的难题，尤其是贫民子女和一些孤儿孤女受教育的问题。此外，其"西式"这一新式教学理念和方法，更是让学生受益不小。到 1949年，四川各差会教会团体在川兴办的中、小学校情况如下：

表 4-3：川康基督教会各差会教会团体办学中、小学统计表（1949 年）[24]

学校名称	所在地点	所属教派	创办时间	备　注
成都私立华西协合高级中学	成都华西坝	（附属华大）	1908	
成都私立华英女子中学校	成都方正街	中华基督教会	1914	1896 年创办小学
成都私立高琦初级中学校	华西坝大学	（附属华大）	1926	
彭县私立华英初级中学	彭县	中华基督教会	不详	
重庆私立文德女子初级中学	南岸弹子石	中华基督教会	1925	1914 年创办幼稚园，1918 年改办小学
自贡私立培德女子初级中学	自流井中塘山	中华基督教会	1920	
荣县私立华英女子初级中学	荣县北邻巷	中华基督教会	1926	1911 年创办小学
荣县私立华英男中	荣县	中华基督教会	1923	
仁寿县私立华英初级中学	城外南坛坳	中华基督教会	1920	
成都私立华美女子中学	成都陕西街	卫理公会	1908	1887 年创办小学
重庆私立求精中学	重庆中四路	卫理公会	1891	
重庆私立淑德女子初级中学	重庆山洞	卫理公会	1922	1890 年办孤儿院设初小
遂宁私立涪江女子中学	北门裕竹街	卫理公会	1922	1913 年创办小学
遂宁私立精一中学	遂宁城北外	卫理公会	1916	

---

24 四川省地方志编撰委员会：《四川省·宗教志》，成都：四川人民出版社，1998 年版，第 455-457 页。

资中私立进德女子中学	东门寅宾桥	卫理公会	1919	1917 年创办小学
内江私立大州中学	内江上东乡	卫理公会	1939	
宜宾私立明德初级中学	宜宾南岸	浸礼会	1924	1904 年创办小学
宜宾私立明德女子中学	上鲁家园街	浸礼会	1923	1902 年创办小学
雅安私立明德中学	雅安张家山	浸礼会	1922	1911 年创办小学
重庆私立广益中学	南岸黄角垭	公谊会	1894	
绵阳私立育德中学	绵阳斌升街	圣公会	1916	1912 年创办小学
万县私立协同中学	万县	路德会	1939	
成都私立弟维小学	成都小天竺街	（附属华大）	1915	
彭县私立英华小学	彭县	中华基督教会	1909	
仁寿私立华西小学	仁寿	中华基督教会	1947	
乐山私立进德小学	乐山白塔街	中华基督教会	1905	
荣县私立华英小学	荣县东街	中华基督教会	1907	
郫县私立华英小学	郫县犀浦镇	中华基督教会	1925	
郫县私立育英小学	郫县郫筒镇	中华基督教会	1928	
泸州私立益智小学	泸县	中华基督教会	1914	
涪陵私立明德小学	涪陵福音堂内	中华基督教会	1913	
忠县私立蜀光小学	忠县中学路	中华基督教会	1913	
重庆私立明伦小学	重庆小十字	中华基督教会	不详	
重庆私立义德小学	小十字筷子街	中华基督教会	1914	
丰都私立蜀光初级小学	丰都	中华基督教会	不详	
成都私立启化小学	成都陕西街	卫理公会	1906	
重庆私立求精小学	重庆中四路	卫理公会	1922	
重庆私立启明小学	重庆保安路	卫理公会	1907	
壁山私立育成小学	壁山南门外	卫理公会	1913	
壁山私立华美小学	壁山丁家坳	卫理公会	不详	
遂宁私立涪江小学	遂宁北辰街	卫理公会	不详	
潼南私立光华小学	潼南福音堂	卫理公会	不详	
资中私立进德小学	资中寅宾桥	卫理公会	1914	
资阳私立崇德小学	资阳大南街	卫理公会	1907	

简阳私立康家河崇光小学	简阳康家河	卫理公会	不详	
成都私立明德小学	成都打金街	浸礼会	不详	
宜宾私立明德小学	宜宾下鲁家园	浸礼会	1913	
雅安私立明德小学	雅安小北街	浸礼会	1912	
洪雅私立明德小学	洪雅南街	浸礼会	1929	
天全私立明德初级小学	天全始阳中街	浸礼会	1907	
芦山私立明德初级小学	芦山小南街	浸礼会	1911	
成都私立广益小学	成都青龙街	公谊会	1920	
成都私立广益妇女学校	成都青龙街	公谊会	1926	
重庆私立广益小学	南岸黄角垭	公谊会	不详	
重庆私立广益小学	重庆苍坪街	公谊会	不详	
三台私立广益小学	三台县后上湾	公谊会	不详	
绵阳私立育德中学小学部	绵阳城隍街	圣公会	1925	
广安私立普育小学	双河永兴乡	圣公会	1924	
达县福音小学	达县小北街	圣公会	1912	
万县路德小学	万县	路德会	1927	
泸州自强小学	泸州	自立会	1926	
万县华美小学	万县	布道会	1941	
会理抚彝小学	会理	中华国内布道会	1948	
巴塘华西小学	巴塘	巴塘基督会	1903	

二、高等学校

随着基督教会兴办的初、中级教育的完成，毕业学生的就业压力也就随之来临，尽管教会各项事业不断地扩张而需要大量的人手，但是，教会学校毕业的学生不可能都走入教会，尤其是有很多学生所学专业也不适合教会所需。这样，就业问题成为了教会学校成亡的关键，大学也变成了学生需求的下一目标。更为重要的是，由于庚子赔款使用的导向，赔款用于教育兴办大学成为了当时基督教各差会的共识。这样，四川的高等教育——大学便应运而生了。

1. 华西协合大学[25]

1905 年，在川的基督教英美会（后改称中华基督教会）、美以美会（后改称卫理公会）、浸礼会和公谊会决定联合在成都创办一所大学。经教会差会顾问部讨论后，成立了华西协和大学临时管理部（Temporary Board of Management WCUU），拟定建校计划，在成都城南开展筹建工作，主要负责人是美国传教士毕启（Joseph Beech）。到 1910 年，大学正式成立，定名私立华西协合大学（以下简称华大）。1918 年，基督教圣公会加入，1925 年又有浸礼会、英美会、美以美会等的布道会相继加入。毕启为首任校长，1913 年正式任华大校长。

教会大学——华西协和大学在华西、在全国乃至世界都是非常出名的，对华西和全国都做出了重大的贡献，简要介绍如下：

在人才培养方面，到 1949 年，华大共毕业 35 届，2197 名学生。其中从 1915 年到 1932 年十八届毕业人数为 206 人，占 1949 年前全部毕业人数的 9.4%。从 1933 年到 1949 年十七届毕业 1991 人，占 1949 年前毕业人数的 90.6%。这些人才遍及全国各地，一半以上从事医疗卫生和教育事业，不少成为医学界或其他各界的专家和学者、领导骨干。据 1943 年的一个小计：医牙学院 1939 年毕业的学生，一半以上担任四川各地基层医院、卫生院的院长。华大牙科培养的人才大多成为我国各地牙科的创建者。该科从 20 世纪 20 年代末期就开始接收来自苏联、匈牙利、印度尼西亚、朝鲜等国的留学生，成为中国最早接收外国学生的单位之一。华大也有不少学生毕业或工作一段时间后，便有到英国、美国、加拿大等国留学深造或讲学。1946 年出国留学和讲学的有 50 多人，1947 年有 30 多人，1949 年在国外的有 90 多人。

在抗日战争期间，华大还成为了国内外学术交流的重要场所。一批专门学术研究机构在四十年代初期相继建立，比如中国文化研究所、华西边疆研究所、教育研究所、中国社会史研究室、历史研究部等。不仅对这些领域进行了专门的研究，也培养了一些专门的人才。

在创办刊物方面，到 1949 止，出版刊物 30 余种。其中《华西边疆研究学会》、《华西牙医》、《华西教育季报》、《华西学报》和《中国文化研究所季刊》等曾有较高的学术水平和影响。在博物馆方面，从 1919 年华大博物馆开

---

25 资料来源：刘吉西等编：《四川基督教》，成都：巴蜀出版社，1992 年 11 月版，第 344-352 页。

始搜集标本，到 1949 年，古文物博物馆收藏有西南地区出土文物、各种艺术品 3 万余件，包括西藏在内的西南少数民族文物标本 6000 多件。自然历史博物馆陈列有 38172 件标本，其中所藏华西两栖类标本的数量极为丰富。医药卫生、口腔的两万多件标本，为教学和研究提供了丰富的资料。博物馆还经常接待国内外参观者。在图书馆方面，到 1949 年共藏中外书籍 23 万余册，订有中外杂志 500 余种，其中四川 142 县的地方杂志 260 余种，所收的成都市 1922 年至 1949 年的报纸完整无缺。该馆医学书籍丰富，尤以牙学书籍为全国之冠。不仅便利了师生的学习和研究，也为研究人员提供了资料。华大在组织管理方面，还学习了英国牛津大学体制，实行"学舍"制（College System），以每个参加大学组织的差会构成一个"学舍"划分地区，分担兴建一幢或数幢教学楼和学生宿舍的任务，并由各自管理。为中国后来的大学管理提供了模板。

2. 成都基督教女青年会音乐体育专科学校[26]

1926 年，基督教成都女青年会兴办，地址在成都皮房街女青年会内（今成都中西顺城街西城区卫生防疫站）。1928 年冬，由于反教运动的影响，学校被迫停办。该校学制两年。音乐专科开设有音乐理论、音乐史、钢琴和风琴基础练习、和声学、声乐练习等课程。体育专科开设有解剖学、生理学、人体肌动学、运动生理学、卫生常识、急救伤科、体育史、裁判法、体育教学法、武术等课程，以及球类、田径等训练。语文、英文是必修课。

尽管仅仅历时两年，该校对发展成都女子音乐体育活动和教学产生了积极的影响。

三、职业学校和特殊教育学校

西方来华的传教士中，不仅女传教士占有相当数量，更重要的是她们"很多人明确信奉男女平等的原则，而且决心投入一场十字军运动，以争取中国妇女的'平等权利一'。"[27]当教会女学首开女禁，女子便享有了同男子一样受教育的权力；当女学潮日盛，女子职业教育的兴起和发展拥有了有利的社会

---

26 资料来源：刘吉西等编：《四川基督教》，成都：巴蜀出版社，1992 年 11 月版，第 352-353 页。

27 费正清：《剑桥中国晚清史（上卷）》，北京：中国社会科学出版社，1993 年版，第 643 页。

环境；当实业教育救国思潮和职业教育思潮时兴，女子职业教育便开始萌生和发展；当女子要求经济独立，摆脱对男子的依附，女子职业学校便应运而生，女子职业教育也日益兴盛。在四川兴办职业学校的差会主要是中华基督教会四川大会和卫理公会。[28]中华基督教会四川大会兴办的职业学校有荣县私立华英女子职业学校、涪陵明德妇女学校、彭县崇德妇女学校、成都外东女子职业学校、自流井女子职业学校和成都华英职业班。卫理公会兴办的是成都私立进益高级助产职业学校。以及后来的边疆服务部在川兴办的一些其他职业学校（本文不作介绍）。

特殊教育（Special Education），就是"运用特别设计的课程、教材教法和设备对特殊儿童少年进行的教育"。[29]因为，基督教的宗教信仰使"人们更清楚地知道它在散播基督之爱，基督从未忘记这些聋哑儿中的任何一个"[30]，从而，西方近代的特殊教育思想随着外国传教士传到我国，对我国的盲聋哑特殊教育起到了极大的影响。"我们相信在合乎基督教原理的社会秩序中，……不能不为残废痛苦的人民，完成康乐健全的生活"。[31]在四川，特殊教育学校主要是成都市私立盲哑小学。

下面分别介绍：

1. 荣县私立华英女子职业学校

1915 年，英美会传教士赫玉光（J. E. Holt），加拿大人，在荣县北门礼拜堂附近修建中式房屋开办华英妇女学堂。1940 年，加拿大传教士孙兰英和中国人尹维贞，在华英妇女学堂的原址创办华英女子职业学校，1949 年停办。该校以川南仁寿、荣县一带盛产的价格低廉的本色黄棉花维原料加工谋利。第一期招收学员 20 人，每天学习 8-10 小时的纺纱、织布技能。技术学成后，每人每天有 1 碗大米（约 7 两）作为报酬，每周发一次。生产的产品有线毯、桌单、枕帕、书包、手提包等 20 余种。产品精致美观，销路好。学员学到了技术，也解决了生计问题。

---

28 刘吉西等编：《四川基督教》，成都：巴蜀出版社，1992 年 11 月版，第 400-402 页。

29 教育大辞典编纂委员会：《教育大辞典》（第 2 卷），上海：上海教育出版社，1990 年版，第 253 页。

30 Mrs.Charles Rogers Mills, *School for Chinese Deaf Children*, Chefoo. In: Robert Conventry Forsyth.

31 四川省档案馆，全宗名称：四川省宗教事务处，全宗号：建川 050，卷号：426，文件标题：《四川基督教协进会教育协会登记表概况报告》。

2. 涪陵明德妇女学校

1929 年秋，加拿大人朗德玉（M. L. Lamb，女）在涪陵县城翰林坝创办妇女学校。该校以扫除妇女文盲为主，兼从事手工劳作。初期设立初级 3 班，1936 年增设高级班，并开设有缝纫一班。1939 年添设编织班。抗日战争期间，学校只半天上课。到 1950 年夏，该校停办。该校既能扫除文盲，又能学习技能，对涪陵的贡献可见一斑。

3. 成都私立进益高级助产职业学校

1931 年 9 月 14 日，美国卫理公会女医生满秀实（Marian Manly）在成都文庙后街创办了第一所培养新法接生专门人才的学校。到 1950 年，因经费缺乏而停办。

该校从 1933 年第一批毕业学生 9 人起，到 1950 年 7 月共毕业学生 131 人。立案前学制为 2 年，立案后为 3 年。学生在校学习期间，理论学习与实践并举。第一二年以课堂教学为主，少部分时间到医院学习，第三年到附属医院实习产前检查、助产接生、护理产妇和初生婴儿。学生在一、二年级时，每季交纳伙食费 400 元，三年级免费。该校治学严谨，对学生要求严格，一丝不苟，培养了不少的护士人才。

4. 成都市私立盲哑小学[32]

1918 年，英国圣公会差会干事斐成章（A. A. Pillips）在绵阳县城黄家巷开办了四川最早的一所盲哑学校。最初招收学生 4 人，年龄在 12 岁至 18 岁。开设课程有语文、算术、历史、音乐、写字和圣经等。3 年后学生达 30 人。1921 年学校迁至汉州（今广汉市），1922 年美国浸礼会牧师夏时雨（H. J. Opnshaw）接管学校，由汉州迁至成都王家坝。校名为社会服务团盲童学校。有盲童数人，教职员 3 人。1925 年又迁至成都文庙西街江督庙，易名为中西慈善团盲哑学校。1929 年，美国人托费尔朴（D. L. Phelps）代理校长，学校又迁至成都昭忠祠街华英小学旧址，并新建校舍，有学生 30 余人（全是盲生），教职工 7 人。1930 年开始招收盲哑生，1937 年盲哑学生发展至 50 余人，教职员工 12 人。1939 年上期，因日机轰炸，加上经费困难，学校停办。大部分师生返乡，仅留盲生数人在校。1940 年 9 月，学校决定重组为工业学校，发展学生的自养仪式。1942 年，中西慈善团盲哑学校复校，并更名为成都市私

---

32 资料来源：《华西教会新闻》、《希望月刊》第六卷第九期，1929 年 9 月；刘吉西等编《四川基督教》，成都：巴蜀出版社，1992 年 11 月版，第 402-404 页。

立盲哑小学，校长罗蜀芳。当年秋，学校开始招生，初有 6 名盲童，经学校走访动员，给予贫困学生减免食宿费，到 1943 年，盲生达 30 余人。从 1943 年到 1949 年上期，先后毕业高级生六班，女生 7 人，男生 18 人；初中班两班，男生 4 人，女生 3 人。该校除开设一般文化课外，还专门聘请教授，训练学生各种工艺，如藤编、织带、织毛线，每周学时 320 分钟。

为了解决学校师资匮乏，罗蜀芳创办了四川第一个盲哑师资班。1943 年暑期开始招生，到 1949 年先后开办了四班。第一、二、三班共招有学生 50 人，毕业 26 人。还有值得一提的是，1944 年初，该校与私立明声聋哑学校的哑生共 36 人，组织了一次行程两千余里的巡回演出，目的是是通过宣传办聋哑学校这一事实，向人们展示聋哑教育的可行性；还要通过实际示范证明这种教育将使聋哑人本身受益，让他们走出家庭、走出学校，融人社会集体中，改变残疾人受岐视的状况，尽力消除一些聋哑人的自卑心理。其所经之地，都尽可能安排聋哑学生进行示范表演。聋哑人能说话、会唱歌，吸引了民众的广泛关注；从而在展示聋哑教育成果的同时，也为学校募集到部分资金。[33]

到 1950 年下期，该校奉成都市文教局通知与声明聋哑校合办，1951 年为成都市人民政府接办，更名为成都市盲哑学校。

另，陈照澜《成都盲哑学校已迁移》一文介绍了该校迁移的过程，以及当时的大致状况。《华西教会新闻》中对成都盲哑学校也有大量的记载。该校校长夏时雨（H. J. Openshaw）就分别在 1924 年第 3 期、1925 年第 3 期和第 6 期、1926 年第 12 期、1927 年的第 7、8 期、1929 年的第 7 期，以及 1930 年的第 11 期，介绍了该校的情况。1934 年 5 月，夏时雨退休后，学校司库、浸礼会乔安慰（Anna M. Salquist）继续报道相关消息，分别是 1934 年第 10 期、1935 年第 10 期、1936 年第 12 期和 1937 年第 7 期和第 9 期。1937 年 9 月后，乔安慰公休，饶和美夫人（Muriel J. Brown）又发文报道，分别是 1938 年、1939 年和 1940 年的第 10 期。1943 年，时任司库葛维汉（D. G. Graham）又在 5-12 月合刊报道了学校情况。此外，1919 年 7 月刊和 11 月刊还分别发布了关于送盲童到沿海学习的通知，请传教士推荐。

作为四川省的第一所盲哑学校，成都市盲哑学校不仅帮助大量的盲哑人士解决了一些生计问题，还顾及了盲哑学校师资少的问题，从整体上完成了

---

33 罗蜀芳：《成都市私立盲哑小学概况书》，1951 年。

对残障人士的关怀和关爱；而盲哑学校的巡回演出，更是号召全社会来关注残障人士，彰显人之爱心。

除了成都市盲哑学校之外，到 1949 年以前，在四川还存在过一些可能算不上严格意义上的特殊学校，仅列名如下：广汉县盲哑学校、南京市盲童学校（南京沦陷后迁川）、成都私立明声聋哑学校（后与成都私立盲哑小学合并）、资阳县立聋哑学校、重庆市私立扶青聋哑学校、自贡市民众教育观附设聋哑补习学校、成都私立济痞聋哑学校等等。这些"学校"对残障人士的关怀是不能忽略的，对后来的特殊教育事业作出的贡献应该给予肯定。

四、护士学校

护士学校教育也是一项职业教育。护士学校的兴办是由于医院中护士的工作大多是由修女来代替，护理人员极为缺乏，而随着医疗事业的发展，医院更为需要护理人才，教会医院便开始兴办护士学校，培养专业护理人才。护士学校是兴办不仅解决了医院的当务之急，也培养了护理人才，促进了四川护理学及相关学科的发展。

据 1892-1920 年的统计，浸礼会在川兴办了 1 所护士学校，英美会兴办了 4 所；浸礼会有护士共 5 人（外国 1 人，中国 4 人）、英美会有 63 人（外国 6 人，中国 57 人）、美以美会有 19 人（外国 2 人，中国 17 人）、内地会有 8 人（外国 1 人，中国 7 人）、公谊会 8 人（外国 1 人，中国 7 人），其中，外国人共 11 位，中国人 92 位。[34] 到 1949 年，四川基督教各教派护士学校情况，情况如下：

表 4-4：1949 年，四川基督教各教派护士学校情况[35]

学校名称	时 间	所属教派	学生情况	备 注
重庆宽仁高级护士学校	1924	卫理公会	1927-1949，共毕业学生 23 班，256 人（男 50 人，女 206 人）。	1950 年并入川东卫生学校。
资中宏仁高级护士学校	1941	卫理公会	共办两期，每期招收学员 40 人左右。另 1948 年院务报告，有学生 40 余人，具体情况不详。	1951 年改为川南内江护士学校。

---

34 四川省地方志编撰委员会：《四川省·宗教志》，成都：四川人民出版社，1998 年版，第 460 页。

35 资料来源：刘吉西等编：《四川基督教》，成都：巴蜀出版社，1992 年 11 月版，第 446-453 页。

宜宾明德高级护士学校	1917	华西浸礼会	创办初十年，招收学生9班25人，1927年后，招收12班，除第六班未计，有学生85人	1951年合并到宜宾护士学校。
阆中德启高级护士学校	1944	上海内地会	从1945年到1951年，共招收8个班，先后培养学生70余人。	1951年并入川北卫生学校。
成都仁济护士职业学校	1914	华西协合大学	到1950年，共毕业学生38班，459人。	1951并入川西卫生学校。
荣县仁济护士学校	1919	中华基督教会	到1940年停办时，共毕业十几名学生。	1940年停办。
自贡义济高级护士学校	1918	中华基督教会	1918-1937年，共招班9班，毕业24人；1939-1950年，共招收学生15班，毕业104人。	1951年秋改为自贡护士学校。
重庆仁济高级护士学校	1925	中华基督教会	到1947年，共毕业学生24班，280人。	1951年改为市立仁济医院护士学校。
涪陵德济护士学校	1917	中华基督教会	至1950年7月止，毕业20个班，共75人。	1951年改为涪陵护士学校。
武汉疗养院重庆分院高级护士学校	不详	基督教复临安息日会	1949年有学生46人，其他不详。	1951年改为川西卫生学校。

就上述内容来看，毕业学生人数估计在2000人左右，这不仅解决了这些人的就业问题，更为当时的教会医院培养了人才，解决了燃眉之急；同时，也为后来护理专业的发展奠定了基础。

五、社会教育

在近代西学东渐过程中，在传教士宣教策略的转变——重视教育辅助传教事业开始后，中国也开始注意教育，尤其是重视"新学"，再加上晚清兴起的实业教育救国思潮，各种教育形式便在中国开始兴办了。基督教新教在川的70（1877-1949）多年中，除了兴办上述各类学校开展教育，还以社会教育来帮助四川的民众。社会教育的种类很多，比如成人知识班、妇女知识班、短期夜校等等。社会教育对提高技能，扫除文盲，革除陋习等方面具有一定的积极作用。值得指出的是，在川的教会学校对于举办各种形式的社会教育作出了不小的贡献。

下面以华西协和大学、金陵大学和金陵女子大学为例，介绍它们开展社会教育的事迹。

1. 华西协和大学

华西协合大学教育学系的教授领导学生组织了"社会教育实施研究会"，1937已举办的主要事项有：家庭访问、住屋美化及平民学校等。1938 年又成立社教推行委员会，计划举办民众夜校、教育茶园等。[36]1940 年还为校工及民众开办夜校，有三个班，学生 150 余人。其他社会教育活动包括民众通俗演讲、民众娱乐调查、乡民书包阅览室、改良茶园、改良厕所、劝农大会、抗战宣传、教育电影农产制造等十九项。[37]

2. 金陵大学

金陵大学的社会教育活动的种类很多。与交通部成都广播电台合作，进行广播演讲；函授教育也于抗战期间产生。文学院连续举办多期业余学校和成人补习学校，还与校图书馆合作指导民众读书，改善民众读物。理学院举办学术演讲、暑期学校、电影及播音技术学习班、防空防毒知识班等。[38]理学院最有特色的是电化教育，以电影作为重要的教学辅助手段，这种现代化的教育方式最早是由金陵大学介绍到中国……电影部与国防委员会合作，制作了一套关于伤兵的电影，还举办两年制的电化教育专修科，培训制作和放映人员。电化教育引起战时人们的极大兴趣，在激发人们爱国主义情怀、唤起抗战精神方面、推广科学知识方面发挥很大作用。[39]据 1928-1940 年的金陵大学社会学系的田野工作报告记载，1938 年秋，金陵大学迁到成都后便开展了许多工作：① 与其他机构合作开展的工作：女青年会-妇女俱乐部（妇女可以学点养活自己的手艺）；女子俱乐部（帮助女子意识到自己再社会中的重要性和责任，强健的身体品格和健康的头脑）；地方政府（四个学生被送到社会管理部作为助手，学习管理和组织）；男青年会；战争孤儿学校（学生到那里去负责俱乐部等课外活动）② 在自己中心开展的工作：妇女俱乐部（公民训练、识字、手工、休闲、寡欲卫生或婴儿照料的讲座）；女子俱乐部（学简单缝纫

---

36 《华西大学教育学系二十七年度兼办社会教育计划及预算》，第 1-2 页，中国第二历史档案馆。

37 《华西大学教育学系二十九年度工作报告及三十学年度工作计划》，教育部全宗第 11511 卷，中国第二历史档案馆藏。

38 《私立金陵大学兼办社会教育经过及计划》，中国第二历史档案馆藏，教育部全宗第 11511 卷。

39 Hubert Freyn, *China Education in the War*, Kelly & Walsh Ltd., Shang-hai, 1940, pp.119-120.

等）；男孩俱乐部（大众教育、领袖培训、轰炸尝试、卫生项目、戏剧、手工、园艺等）；幼儿园小孩工作；③ 个案工作；等等。[40]

3. 金陵女子大学

金女大主张开门办学，特别强调社会服务要见诸行动。1939 年春，在四川仁寿县设立乡村服务处。举办了暑期儿童学校、成人补习夜校、妇女夜校及康乐教育等，还将农民组织起来成立了妇婴组、幼儿教育组、挑花组（生产可出口的手工织品）及鸡种改良组等，计划开展的工作有：① 妇婴组。由成都进益产科医院支援医药器械，借用有经验的助产士 1 名，在当地招收初中程度女青年 I 人为助手。每天上午开展门诊，定期检查孕妇情况，及时治疗婴幼儿疾病，根据季节给儿童打预防针，种牛痘等。对产妇，只要来请，不论远近，日夜出诊接生。白天只收接生费法币 0.50 元，夜晚才收 1.00 元，贫苦农民无钱就免费。接生后还要作家访，直至婴儿脐带脱落，还不时招集母余会，宣传育儿知识。因为这项工作切合群众需要，所以受到妇女们的信任和欢迎。② 幼儿教育组。在农忙季节，组织免费上学的幼儿班。由我在内的 3 个学生去农村挨户招生，再按年龄程度分配班次，并请成都迁仁寿的协和女师学生担任教学工作。③ 挑花组。组织当地手巧的妇女，用不脱色丝线或十字线在白麻布上挑花，按用线根数计发工资。所挑绣的桌布、床单、窗帘、餐巾等，由学校运往国外换取外汇。④ 鸡种改良组。四川母鸡产蛋率低，经常抱窝。"来航"鸡年产蛋可达 200 多个，但抗疫力差，于是学校特派一个生物系毕业生，在仁寿试验鸡种改良工作。金陵女子学院的服务活动受到了当地农民的一致好评。此外，仁寿乡村服务处还是金陵女子大学的实习场所，每年寒暑假都有同学来实习。齐鲁大学医学院的同学也到这里实习和服务。1943 年，仁寿乡村服务处由仁寿迁到华阳县中和场，设幼儿园，每期收幼儿 60 名；设妇女班，分甲乙两班，各三四十人，教以识字、唱歌、手工、卫生常识、珠算等。[41]

此外，民国时期教会兴办的一些期刊杂志对于各种社会教育形式也有所记载。

---

40 Dzo Yu-lin, "Report of Field Work of Ginling College Sociological Department 1938-1940", *The West China Missionary News*, No. 5-6, 1941, pp.155-161.

41 中国人民政治协商会议西南地区文史资料协作会编：《迁蓉的金陵女子文理学院》，《抗战时期内迁西南的高等院校》，贵阳：贵州民族出版社，1988 年 8 月版，第 292-293 页。

《国语学校之过去未来》一文说：1. 已毕业之第 11 班领袖记录……；2. 此后开办领袖班之企图：本校拟续办国语领袖第十二班，已由校长吕要诚君定期，于二月十三号开学矣，但如有同志约足二十人来校报名并没人交清学费一元者，本校当即随时开班，限时研究毕业，经试验及格者给予领袖证书，以慰有志想学者之雅意云。[42]

《平民夜课学校本期大加刷新》一文介绍到：办公民班俾平民生得深造机会，二十五日夜行开学礼学生异常踊跃——本会平民夜校，继续进行迄今未懈。现值本年春始，复又照例准备，商议结果，本期仍办三班，计公民班、高级班和初级班。此三班内，公民班系为便利已读满高级班及有志前进之平民……，其高级班，则专为各方初级毕业之平民生升学而设，初级则仍然进行招收新生，其课程公民班授三民主义计论大纲、公民纲要……，高级班授过问、历史……；初级班得读千字课并习字，此外每周各班各加授音乐，以助兴趣。[43]

荣县双石桥民众妇女学校一月的结果：国历三月一号开办，来报名者有五十余人，常来的有四十人之上下，分三班读一册、二册、四册千字课。外有算数、习字、卫生、家庭。读二册四册的读完马可福音者全本，读一册又读小本福音初阶满了一月，有六人毕业领凭单，各科都考得最优胜，不但对于学识很有长进，尤其是信道的心，很真诚受的灵感不少。[44]

第三节　教会学校的生源及就业状况

教会学校的存在是以学生的存在为前提，从而学校服务学生，即培养学生成才就成了学校的目标；学校的成功则是以培养人才的质和量来决定的；评价学校主要就在于两个方面，一是生源的多寡，一是毕业生就业的状况方面。

一、教会学校的生源状况

根据对基督教会各差会在四川办学的统计：1899 年，小学有 31 所，学生

42 《国语学校之过去未来》,《成都青年》, 民国十一年二月一日, 第二版。
43 《平民夜课学校本期大加刷新》,《成都青年》, 民国二十一年四月一日, 第三版。
44 李澄清:《民众妇女校信息》,《希望月刊》第 10 卷第 4 期, 1933 年 4 月, 第 32 页。

总数 806 人；1907 年，小学猛增至 173 所，学生总数为 3316 人[45]；1920 年，小学（初小和高小）467 所，学生总数为 17852 人，中学 15 所，学生总数为 602 人[46]；1949 年，川康两省有学校 102 所，其中 2 所大学、中学 23 所、小学 41 所、幼儿园 28 所、职业学校 6 所（不含边疆服务部办的学校）、其他 2 所，人数不详[47]。这说明了教会学校的生源在总体上是持续增加的，生源数量方面的情况可谓不错。

再看学生的具体情况，如家庭经济状况等。四川教会学校的生源，在初期，学生主要来自教会工作人员、信徒子弟和贫苦家庭。因为一般非信徒民众不愿意送子女到教会学校读书，"民教之恶，人恒歧视之，不屑就也"[48]，教会学校招生面临着极大的困难，所以，这一时期中，教会学校学生大都来自贫苦家庭和那些与教会或传教士有一定联系的。比如教会和传教士雇请的中国工人，特别是年轻人，既成为他们传道的对象，也成为了教会学校的生源之一。从而，教会学校生源来源的面也就相当小了。到 1925 年立案前后，教会学生主要来自于四川地区工商界家庭，"贵族化"趋势变得明显；而随着新学的宣传和影响，西学逐渐获得认可，同时，教会学校自身也逐渐完善，从初等教育到中等和高等教育的形成，从而更多的川人愿意送子女进教会学校。到 1925 年后，教会学校得到政府的认可，在政策的导引下，加上教会学校的宗教教育活动逐渐淡化，学校的规模不断扩大，设施相对完备，教学质量较高，毕业生去向较好等优势，尽管教会学校的收费较一般学校昂贵，但却有更多的家庭将子女送进教会学校，特别是一些达官显贵争相将子女送入教会学校。因而，教会学校学生的来源发生了很大的变化。在抗战期间，学生主要来自西南地区和全国各地内迁入四川的社会中上层家庭；到抗战后，随着基督教势力的趋弱，教会学校也不再那么兴盛，特别 1949 年前，不少教会学校就因各种原因停办。当然，这主要是因为人口激增，生源也就自然充足，甚至优质；而随着抗战的胜利，人口的外迁，生源数量和质量也就自然随之下降。

---

45 "Comparative Statistics-Table Ⅰ & Ⅱ", *West Missionary Conference·Chengdu*, 1908, pp.377-388.

46 《中华归主》（1901-1920）（中册），第 470-472 页。

47 刘吉西等编：《四川基督教》，成都：巴蜀出版社，1992 年 11 月版，第 342 页。

48 向楚：《巴县志》，转引自：《重庆市求精中学校志（1891-1998）》，第 232 页。

从上述可见，教会学校的生源总体上是呈增长趋势的，说明教会学校办学的效果是不错的。同时，教会学校生源增长趋势也是随时局的变化而变化，尤其是同基督教在四川的地位变化有着很大的关系。

二、教会学校学生的就业状况

从总体上看，教会学校毕业生的去向是从单一的由学校到教会，变成了还能走向社会，特别是1925年立案，教会学校享有了"国民待遇"之后，从而，教会学校毕业生的去向开始多样化了。因此，教会学校毕业生就业去向可概括为两种：一是专门从事宗教性工作；二是能在社会上发挥影响，兼通中西的世俗人才（大多走上社会，从事文化和教育工作）。

在早期，传教士创办学校只是作为传教的一种辅助手段，以达到"中华归主"的最终目的。从而，传教士办学的直接目的就是为了吸引民众，成为信徒，以塑造基督教的传播者。这样，早期大多数毕业生就走进了教会，从事与基督教事业相关的工作。当然，必须指出的是，在这一时期中，教会学校毕业生数量较少，所学专业也是与传播福音事业直接相关的，所以就业形势比较好，比较乐观的。

随着基督教会办学目的转变，要培养"精英"和"领袖"，教会学校教育明显地走向世俗化，宗教味趋淡。但是，教会学校毕业生的就业形势发生了变化，就业是非常不乐观的。而究其原因，主要在于这些方面：

第一，1925年立案前，教会学校仍然受到排斥，毕业生要真正步入中国社会还是相当困难的，不仅在四川本省就业难，在中国其他省市也是一样的麻烦。立案后，教会学校因为种种原因，其发展总的来看，还是比较顺利的，规模在不断地扩大。据统计数字来看，1920年的学生人数是1899年学生人数的4倍多。从而，立案后，教会学校的毕业生是越来越多，但已有的教堂教会不可能容纳如此多的人员。

第二，随着教会学校教育世俗化的增强，其专业设置中有些同教堂教会的岗位需求根本就不对口，这些专业的毕业生很难胜任教堂教会的工作，而只能走向社会。由此，教会学校的毕业学生数量在不断地增多，部分专业也不适合教会工作之需，加上，本土社会的排斥等原因，教会学校的毕业生就只能被动地进入社会了。当然，尽管教会学校毕业生就业难度增强了，在教会学校教育世俗化，所设的专业也不是教会工作所需而直接指向社会的进程中，我们也不能否认，随着社会经济的发展，随着时局的变化，那些所学专业为非教会工作所需的毕业生们，其就业形势还是比较好的，其毕业去向大致是学校、海关、邮局、银行、铁路、矿山、盐务等部门。从而，教会学校毕业生不仅学有所用，更能解决生计问题。因为，这些部门的薪金待遇还是不错的。

由上述可见，教会学校在发展，毕业生数量不断地增加，就业形势也在不断地发生变化，但总体上来看，随着中国社会近代化程度的加深，随着教会学校对"需求"认识的调整，即"宣教之需"和"世俗之需"的变化，教会学校毕业生的职业选择范围不断拓展，毕业生们的就业可算是比较好的，并且，无论后来他们是在国内，还是国外，都做出了自己的贡献，给予世人不小的影响。当然，这也有新式西学相对于中国传统教育所不具备的优势的原因，从而，如果以学生就业角度来看，教会学校的办学应是比较有成效的。

第五章 基督教在四川的慈善与赈灾

第一节 基督教慈善与赈灾的思想

一、基督教参与慈善与赈灾事业的缘由

宗教是慈善之母，基督教参与慈善与赈灾事业是由来已久的。基督教圣典《圣经》中有大量的教导和事迹。对待亲人与陌生人是，"你的弟兄在你那里若渐渐贫穷，手中缺乏，你就要帮补他，使他与你同住，像外人和寄居的一样。不可向他取利，也不可向他多要……"（利 25：35-36）对待鳏寡孤独是，"若寡妇有儿女，或有孙子、孙女，便叫他们先在自己家中学着行孝，报答亲恩，因为这在神面前是可悦纳的。……人若不看顾亲属，就是背了真道，比不信的人还不好。不看顾自己家里的人更是如此。"（提前 5：4、8）包括穷人，"我若不容贫寒人得其所愿，或叫寡妇眼中失望；或独自吃我一点食物，孤儿没有与我同吃；从幼年时孤儿与我同长，好像父子一样；我从出母腹就扶助寡妇；我若见人因无衣死亡，或见穷乏人身无遮掩……情愿我的肩头从缺盆骨脱落，我的膀臂从羊失骨折断。"（伯 31：16-22）甚至敌人，"你的仇敌若饿了，就给他饭吃，若渴了，就给他水喝；因为你这样行，就是把炭火堆在他的头上；耶和华也必赏赐你。"（箴 25：21-22）总之，"弟兄们，你们蒙召是要得自由，只是不可将你们的自由当作放纵情欲的机会，总要用爱心互相服侍。因为全律法都包在"爱人如己"这一句话之内了。"（加 5：13-14）

这就是基督所倡导的博爱精神之体现，当然，也可换句话说就是要"服侍人"，要"爱邻舍"。"正如人子来，不是要受人的服侍，乃是要服侍人，并且要舍命，作多人的赎价。"（马太 20：27-28）督教教教义说，一个真正的基督徒，不仅要"爱上帝"，而且要"爱邻人"，爱一切生命，要做一个"好撒玛利亚人"。

所以，基督教参与慈善与赈灾事业的缘由，就是根源于圣经中的"爱邻人"这样的博爱思想。基督教的这种博爱思想，由教会和信众传承了下来。到了近代，尤其是社会福音思想的产生，福音运动的开展，基督教会及信众对于参与慈善与赈灾事业更积极了。19 世纪美国长老会布道家查尔斯·芬尼指出的，上帝恩宠的证据是一个人对他人的乐善好施。这种"乐善好施"的善行，是基于基督教信仰的慈善理念，并且这种理念对于美国社会慈善事业的高度发展，产生了持久而深刻的影响。

到近代，随着西学东渐的兴起，西方文化，包括慈善文化开始传入了中国。当然，西方慈善文化的传入是在教会和传教士开展慈善与赈灾活动中，所体现出来的。尽管中国传统中也有慈善思想，比如孔子说："己所不欲勿施于人"（《论语·颜渊》第 12 章）。庄子宣称："大仁不仁"。[1]中国的宗教也主张"齐同慈爱、济世利人"，"庄严国土、利乐有情"，"两世并重、两世吉庆"等。此外，还有大量的慈善组织存在，如"义仓"、"善会"和"善堂"等，或为官方设立，或为民间设立。但是，这并不妨碍基督教在中国开展慈善和赈灾的活动，并且，事实上也是如此。早已在中国生根的天主教有慈善和赈灾的事迹，新教来华后也参与了许多慈善与赈灾的活动。基督教的慈善思想不仅没有阻碍中国的慈善与赈灾事业，而是起到了促进的作用。不少的中国人研究西方基督教慈善与赈灾的思想，就是为了更好地促进和开展慈善与赈灾的活动。

清末时期陈次良在其《善堂》一文中论及中国的传统善堂时，提出向"泰西"学习。[2]民国时期，柯象峰说，"同一社会的人士实在是休戚相关、福祸与共"。[3]陈凌云认为，"要树立互助公共责任观念，政府有救济人民之责任，人

---

1 曹础基：《庄子浅注》，北京：中华书局出版社，1982 年版，第 207 页。
2 陈次良：《善堂》，《皇朝经世文编五集》，沈云龙主编《近代中国史料丛刊、三编》第 28 辑，台北：文海出版社有限公司印行，第 955-957 页。
3 柯象峰：《社会救济》，重庆：重庆正中书局，1944 年出版，第 7 页。

民有受协助之权利，而非恩惠施与式之慈善救济所。[4] 吴南轩则提出，"将救济事业改由国家办理。"[5]

因而，中西方慈善与赈灾思想的碰撞与交流，直至融合，不仅促进了中国慈善与赈灾事业的发展，更是直接地帮助了不少的处于弱势与边缘全体的中国民众，特别是对那些深受灾难的人群来说，这就不仅仅是一种"福音"了。所以说，"慈善，就是指对人关怀而有同情心，仁慈而善良。"[6] 笔者以为，这也是基督教在中国参与慈善事业的最大缘由了。

传教士到达四川这个地处中国西南边陲的落后地区之后，在面临着因"天灾人祸"带来的"惨景"时，他们开展慈善与赈灾事业时，除了他们强烈的宣教激情之外，还与他们宗教的慈善精神和人道主义精神有关。

二、四川的慈善和赈济

晚清民国时期，不仅自然灾害频繁，而且兵灾不断，即是说，连续不断的天灾和人祸的存在，早就摧垮了奄奄一息的中国经济，而四川地区的情况就更糟糕了。

四川各地区的地理环境及气候差异极大，各种自然灾害随时可能发生。据夏明方的统计来看，四川省在水灾、旱灾、虫灾、风灾、雹灾、冷害、地震、瘟疫和其他灾害方面，从 1912-1948 年间，水旱灾害最多，几乎是连年不断；其次就是地震较多，炉霍—道孚 7.3 级大地震（1923 年 3 月 24 日）和叠溪 7.5 级大地震（1933 年 8 月 25 日）两次最厉害，其后余震不断。[7] 除了遭受一般的灾害外，从 1877 年到 1948 年间，四川还经历了多次重大的灾害。如，1877 年阆中、仪陇旱灾，死亡人口 10000[8]；1923 年新都、广汉水灾，受灾人口 12600[9]；1925 年遭受旱疫，死亡 1150000 人[10]；1933 年叠溪地震，受灾人

4　陈凌云：《现代各国社会救济》，上海：商务印书馆，1937 年版，第 20 页。

5　吴南轩：《社会事业与社会建设》，独立出版社印行，复旦大学社会学系丛刊，1941年 4 月，第 1-8，35-39 页。

6　《慈善》：http://baike.baidu.com/view/210522.htm，《百度百科》。

7　夏明方：《民国时期自然灾害与乡村社会》，北京：中华书局，2000 年 10 月版，第371-394 页。

8　陈玉琼、高建国：《中国历史上死亡一万人以上的重大气候灾害的时间特征》，《大自然探索》，1984 年第 4 期，第 160 页。

9　李文海：《纪年续编》，长沙：湖南教育出版社，1993 年版，第 90-92 页。

10　《申报》，1925 年 6 月 25 日。

口 26000[11]等等。可见，四川地区受灾群众的数量和受灾面积都是非常大的。而四川的人祸原因是不用多言的。四川是个移民大省，其结果就是人口激增，而人口激增导致了粮食的匮乏。从而，不断的毁林开荒、毁林烧碱、滥采滥伐，以满足土地的需求，这样，水旱等自然灾害则难免发生。更为严重的是，从清末到民国期间，军阀之间混战不断。据统计，自 1912 年至 1932 年，四川陷入了长达 21 年的军阀混战时期，共发生 480 多次军阀混战。大小军阀各霸一方，各自为政，严重的剥削和压榨不断。蒋介石入川后，南京国民政府对内搜刮、对外大量举债，军费开支还非常庞大。另外，还有猖獗的土匪。从而，四川政治动荡，经济凋敝。

在这些灾害面前，四川的受灾民众基本上得不到救济，尤其是充足的资金救助。晚清时期，四川地区慈善和赈灾事业仍然是由传统的慈善机构来开展的，由于其自身的缺陷，根本没有足够的慈善和救济能力。此外，传统的慈善和救济观念也没有任何的改进。到民国时期，随着西方文化的深入，随着西方慈善和赈济思想的传播，中国传统的慈善和赈济观念才有所改变。国民政府学习西方的慈善救济思想，把慈善事业归于政府的责任与义务之中。《救济院规则》："各省区、各特别市、各县市政府应依规定设立救济院，救济院应分设养老所、孤儿所、残废所、育婴所、施医所、贷款所等"；《社会救济事业进行办法大纲草案》规定，"社会事业范围包括社会事业行政、国际社会事业、儿童保护事业、经济保障事业、礼俗教化事、社会保健事业、灾害救护事业、战事救济事业、一般救济事业"；于 1938 年 5 月成立的中央社会部功能之一为，"倡导社会救济设施，……由救济生活进而扶助生存，使被救济者能有自力更生之认识，由纯消费途径走入生产途径"。[12]地方政府积极响应了国民政府的思想和政策，如 1942 年四川省成立了社会处和救济院，负责救济事业。

可见，四川地区"天灾人祸"的不断，赋予了慈善和救济机会。但是，由于本土慈善救济机构能力的先天不足，慈善救济理念的落后，特别是四川经济基础已经遭到极大的破坏（参见第一章第三节之四川社会服务机构的状况），当西来的传教士在强大的经济支持下，带着"博爱"要"做光做盐"时，

---

11 李文海：《纪年续编》，长沙：湖南教育出版社，1993 年版，第 402 页。

12 言心哲：《现代社会事业》，北京：商务印书馆，1946 年 6 月版，第 48-50、152-174 页。

慈善和赈灾的机会就自然摆在他们面前了。这正如美国传教士明恩博指出的，"社会之说，华人初不之知，自圣教来华，晓然以社会之义大矣，因传教士于灾区，无论大小，必思赈济，如 1878 年间，华北被灾，不惟传教者亲施救济，即海关亦有人襄助办理。凡江河两岸，被灾者皆施赈焉，近又有以工代赈之法，诚为良善，惟此乃中国之要事，不应常依外人，自为仿照，岂容缓哉。" [13]

第二节　基督教慈善机构和孤儿（老）院

一、慈善机构 [14]

从 1877 年基督教进入四川，到 1949 止，与基督教新教有关的慈善机构屈指可数。在川的慈善机构中，唯一与基督教新教有关的慈善机构是成都中西组合慈善会（1921-1940）。中西组合慈善会由"博爱团"、"互助团"合组而成，教会人士为其创办主体，以"博爱互助"为宗旨，以募捐的方式筹集经费兴办了孤儿院和养老院，大约有 20 年之久。

1911 年后，成都许多靠官粮的旗民迫于生计而抛溺子女，基督徒杨少荃等于包家巷箭道旧址创设孤儿院来救济那些被抛溺的。院长由沈问梅担任，收留了 30 多名。孤儿院没有固定资产，经费由信众负责，或者募捐解决。1914 年，沈问梅离职，由陈维新继任。经费通过征求会员收取会费，请求地方政府每年资助 3000 元而得以解决。1915 年后，因为成都各界人士都认为孤儿院是社会事业，加上 1917 年的军阀混战导致贫民增加，基督教人士与成都社会人士一道协商，并于 1921 年发起组织中西组合慈善会，在同年 10 月立案正式成立。1922 年，因孤儿院经营不善，被并入中西慈善会，包括地方政府的资助也一道并入。1928 年补行立案，1929 年成都社会局同意立案。从 1929 年到 1940 年，中西慈善会的职员任免、财产和收支状况和会员办理等等，都由成都社会局监督。

---

13 明恩博：《圣教来华流行之进步》，载《中华基督教会年鉴》，1915 年第 2 期，第 9 页。

14 资料来源：成都市档案馆馆藏资料：《成都中西组合慈善会》；谭绿英：《民国时期基督教在华慈善事业——以成都中西组合慈善会为例（1921-1940）》，宗教学研究，2003 年 01 期，文中不再注明。

中西组合慈善会，作为联合形式的慈善机构，不仅通过善举帮助了四川的部分人士——老弱孤幼等，也解决了少量社会人士的就业问题。善会的影响不仅仅在于具体的慈善行为上，而更在于包括机构运行、管理等等全方位给与四川社会的影响。它不仅具备了 19 世纪二三十年代在华基督教办理慈善事业的一般特色，更可以说它开启了近代四川慈善的大门。所以，中西组合慈善会成为了成都慈善业中办理成绩的"最显著"者。

二、孤儿（老）院

基督教新教进入四川的时候，已经是 19 世纪晚期。在这个时间段，清朝封建政府的保息之政"五曰养幼孤"，[15]仍然存在着，但是，形同虚设，弃婴问题还是一个非常严重的社会问题，也是中国传统的社会问题。弃婴的原因主要为三种："曰私生，曰贫穷，曰轻女"，[16]而"清代是我国历史上溺女问题最严重的时期"。[17]四川地处中国西南边陲，在传统"重男轻女"思想的影响下，加上近代四川地区的政治、经济等各个方面的状况，弃婴状况便可想而知了。

当传教士遭遇"窗户边"、"门口外"、"路边"等的弃婴时，他们该如何做的呢？当他们看到溺婴时，又该如何做呢？……传教士不可能未卜先知，能够明了还有"弃婴"的存在。或许是出于人道主义，或许是在他们遇到文化壁垒的时候，在传教走入死胡同的时候，孤儿院等慈善事业便开始了。孤儿院、养老院兴办的真实缘由无从考据，但这种事业同基督教的博爱和仁慈教义却是非常吻合的。当传教士们兴办了孤儿院和养老院后，社会的确对基督教有反应了，从而兴办孤儿院和养老院也就成为了教会扩大影响的手段了。正如传教士们自己所说："我们的慈善事业，应该以直接达到传播基督福音和开设教堂为目的……因此，作为一种传教手段，慈善事业应以能被利用引入入教的影响和可能为前提。要举办些小型的慈善事业，以获得较大的传教效果……"。[18]

---

15 筹济编：《杨景仁辑》，台北：文海出版社，1990 年版，第 42 页。

16 汪滔：《中国育婴所现状之一斑》，李文海主编：《民国时期社会调查丛编（社会保障卷）》，福州：福建教育出版社，2004 年 12 月版，第 309 页。

17 周秋光、曾桂林：《中国慈善简史》，北京：人民出版社，2006 年 2 月版，第 159 页。

18 《美国与加拿大基督教差会会议记录，1899 年》，第 47 页。

从 1896 年，英美会女差会的代表福吉丽医生（R. Gifford）在成都收养弃婴，创办了四川第一所育婴堂起，此后，基督教各差会在四川的阆中、巴安（今巴塘）、梁山（今梁平）、万县、达县、雅安、南充、成都和重庆先后创办了 9 所孤儿（老）院。在这九所孤儿（老）院中，除了阆中女孤院成立于民国之前，以及达县孤老院和雅安明德孤儿院成立时间不明外，其他的都是于民国期间兴办。情况如下：

表 5-1：九所孤儿（老）院一览表[19]：

名　称	创办时间	地　点	所属教会	经费来源	备　注
阆中千佛场女孤院	1904	阆中县千佛场	圣公会		1915 年停办
梁山县基督教孤儿（老）院	1917	梁山县（现梁平县）东门外高朝门外	圣公会		1949 年停办
巴安县孤儿院	1919	现巴塘县			
成都中西组合慈善孤儿院、养老院	1921	成都市永兴街		捐赠、自筹	1950 年停办
南充福音女社孤儿院	1922	南充小北街			1930 年后渐不再收养
万县布道会孤儿院	1928	万县			
重庆中正福幼村	1946	"黄山官邸"	卫理公会	捐赠、自筹	1953 年由重庆救济总会接收
圣公会达县孤老院		达县城关滩头街			
雅安私立明德孤儿院		雅安县城外东朝阳街	浸礼会		

民国之前和不确定兴办时间的有：

1. 1904 年，澳大利亚圣公会女传教士贝永光（R.J. Pemberton）在四川阆中县千佛场办起福音女孤院。收容人数曾达 200 多。收养的儿童以从事农业，纺纱等为主，还学习文化和家事。贝永光主持该院，1915 年停办。2. 圣公会孤老院设在达县城关滩头街福音堂内，有小房五间，为信徒中的孤寡老人提供免费居住处所。3. 雅安县私立明德孤儿院由浸礼会创办于雅安县城外东朝

19 资料来源：四川省地方志编撰委员会：《四川省志·宗教志》成都：四川人民出版社，1998 年，第一版；刘吉西等，《四川基督教》，成都：巴蜀出版社，1992 年 11 月版。

阳街。尹保乾任院长，女教士倪爱德（美国人）和孙玉如作指导。1948 年收孤儿 43 名。院内设备齐全，孤儿到学龄时，送往雅安明德小学读书。

民国期间兴办的有：

1. 梁山县基督教孤儿（老）院于 1917 年，由英国圣公会牧师陈敬修夫妇（G. F. Denham）在县城东门外高朝门建起一所孤儿（老）院，收养当地孤儿和无依无靠的孤寡老人。1919 年陈敬修归国，由 1918 年来梁山的任兴荣牧师（T. E. Robinson）接办。1925 年寒病流行，任兴荣不幸染病身亡，其妻任冰心遵嘱将其遗产捐赠孤儿院，作为教养孤儿（老）费用。1938 年日本飞机轰炸梁山县县城，该院迁至乐都寨。1945 年迁回县城东门福音堂，于 1949 年停办。另外，梁山县基督教孤儿（老）院是在现在重庆市的梁平县，作为当时川东地区的一个教会所办的孤儿院，其经济来源应该是比较充足的，办院也非常有成效，影响也比较大。据载，查得刘子如曾于孤儿院捐助巨款，杨文光汤子敬等，亦曾于平二院捐给经费，共数皆在数万以上……。[20]

2. 巴安县（1951 年改为巴塘县）孤儿院成立于 1919 年。最初收养孤儿约 40 名。孤儿多系留守在巴塘的国民党军队与藏族妇女通婚弃留的。人数最多时曾达七八十人。《华西教会新闻》中对该院的记载为：有新院的状况和安排，即迁去新院有 50 名孤儿，男生 21 人，女生 29 人；女生住新院，男生仍然住学校操场。另外，还介绍了孤女成人后的处理办法。比如孤女结婚而娶孤女的必须签订一个有 4 条原则的合同，即单身、妻子（孤女）的宗教信仰必须自由、不准离婚、婚后不能指望教会扶持该孤女。最后，还评价了该院的影响，效果不错。[21]

3. 成都中西组合慈善孤儿院、养老院。其开展情况如下：[22]

孤儿院自成立以来，收养的孤儿大约有孤儿 80 人。孤儿院的经费和应运状况大致为：1923 年得华阳县三教庵捐赠田 50 余亩，每年可收租米 20 余石。1924 年，增设工科，先后开办了织工、缝纫、羊毛、药棉等，实行半工半读，因年龄小不能工作只能全日上课的除外。1925 年，因经费困难，罗天文辞职，

---

20 《民生局请褒扬刘子如等》，《弘道》第 28 期，1928 年，第 1-2 页。

21 Marion H.Duncan, "The New Orphanage, Batang". *The West China Missionary News*, No.5, 1931, pp.22-23.

22 资料来源：《成都市档案馆馆藏资料——成都中西组合慈善会》；刘吉西等：《四川基督教》，成都：巴蜀出版社，1992 年 11 月版，第 481 页；谭绿英：《民国时期基督教在华慈善事业——以成都中西组合慈善会为例（1921-1940）》，《宗教学研究》，2003 年 01 期。

冯懋卿负责。到 1934 年，孤儿院照常管理和运营外，设立了小学，分高初两级，教养兼施，开国语、常识、艺术、音乐和体操等课。到 1940 年下半年，因日本空袭而迁到灌县。工科不曾停止，照旧雇佣教员负责教学。另外，在 1939 年，因接办黄绍苹的女子自治布厂，更其名为女生工业院，开始招收女生，有 30 人。小学不仅招收孤儿，还招收附读生；有时也招收艺徒（1934 年 3 名），同孤儿的待遇一样。毕业后，有的转入他校，尤其是中学学习，经费由孤儿院负责或由捐助解决；有的被推荐到商号或银行去工作，有的留校服务。学生人数为 20 到 80 不等，除了经费不足的原因外，也有毕业、疾病、死亡、被亲属接回等缘故，极少数是因违规而被辞退。葛维汉专门介绍了该孤儿院，从教师到孤儿，从管理到教学，以及孤儿院的硬件改善状况，最后评价该院是"模范"孤儿院。[23]

养老院初由范萍卿、冯必霞、陈志理、鹿善贞（美国人）负责筹办，收养老人 5 位，鹿善贞任院长。从 1922 年至 1940 年，养老院人数多保持在十几名以内，状况不太好。1927-1928 年只有 10 名，1938-1939 年有 15 名就为最好，最少的年分仅有几名。1941 年因美华儿童福利会捐助孤儿院款项，养老院与孤儿院分开，由冯碧霞继任院长，并代理照料老人。抗日战争时期该院随同孤儿院一道搬迁至灌县，后同时迁回。抗战后收养人数逐渐减少，到 1949 年时只有两人。

在经费方面：孤儿院的经费来自于善会田地租米收入的三分之二，养老院的为三分之一。养老院经费占善会总支出的 10%，最多的年份也不超过 13%，最少只占 6%。所以，养老院的经费相当不足，至少同孤儿院的相比来看。此外，善会也负责养老院孤老的饮食起居，还让他们做一些简易手工，如编织、缝补等。

总的来说，成都中西组合慈善会的善举成绩不错。

4. 南充福音女社孤儿院于 1922 年，由德国女教士安静峙、万德邻（S. Welldort）在南充小北街福音女社内开始收养孤贫穷人遗弃的孤儿。收养的孤儿一律按收养教士的姓氏取名。1930 年后，渐不再收养。

5. 万县布道会孤儿院于 1928，由美国人李美丽（女）开始收养孤儿，半年后收养了 28 个女孩和一个男孩。最大的 14 岁，最小的 7 岁，从事放牧和刺绣等。产出的羊奶和被单以慈善机构的名义到市场出售。

---

23 D. C. Graham, "The Chengtu Orphanage", *The West China Missionary News*, No.5-12, 1943, pp.75-76.

6. 重庆中正福幼村是卫理公会于 1946 年，在重庆南岸蒋介石的"黄山官邸"处，开办的孤儿院。开始筹办时无经费。1948 年由教会在重庆发动捐款，加上教会自筹共有美金 3000 元。十月开始招收第一批儿童。张君慈女士主持工作，同时约请在广东创办孤儿院的美籍传教士山德士来负责筹划及设计村务。到 1949 年 11 月，三年多的时间，福幼村先后共招收了七批儿童，人数总计 162 名。该院的教育收养儿童完成小学文化教育，指导儿童学习织袜、缝纫手工技术。福幼村的经费主要来源于捐赠，蒋介石曾为该院捐助当时价值 2.5 万元美金的法币；1949 年该院妇女工艺社开办时，又捐赠银元卷一万元。此外，该院还得到卫理公会华西区、香港、东南亚等地以及美国各界的捐款。人民政府接管"黄山官邸"，福幼村于 1950 年元月奉命迁移，一部分迁至江北正街福音堂内，更名为"习艺所"；一部分迁至璧山丁家坳。江北"习艺所"有高、中、低各年级儿童 69 人。丁家坳有中、低年级儿童 25 人。均以半工半读形式维持。1953 年"习艺所"由重庆救济总会接收而迁出江北福音堂。

从上述材料可以看出，尽管基督教会在川兴办的孤儿院和养老院数量不多，但是，兴办孤儿院和养老院的影响对于近代四川确实不小。一方面直接地救助了部分孤儿和老人，为社会减轻了负担，在一定程度上弥补了社会保障的不足，有利于社会的和谐；另一方面，作为承载着西方慈善理念的机构，无论从管理还是运营过程，相对于中国传统慈善事业，都具有明显的先进性，从而，四川的慈善事业就有了可以借鉴的"典范"，这也有利于促进四川慈善事业的近代化。

第三节　基督教的赈灾活动

清末民国时期，四川的灾难主要是两个方面，一是自然灾害，一是战时救济。囿于史料，本文主要侧重于抗日战争期间的事迹。

一、应对自然灾害

根据这一时期的报刊杂志的记载，四川所发生的自然灾害主要有火灾、水旱灾、饥荒、瘟疫和地震。其中的火灾可以分为人为火灾和自然火灾，但为论述方便，本文不作区分，统一归类为自然灾害。

1. 火灾：

对于火灾，基督教传教士和教会的记载首先就是一种"服务"。他们对于当时发生的火灾一般有所记述，"我听说松潘发生了大火灾，有 1300 多个"壁炉"

留在现场可说明火灾状况。"[24]当时的传教士和教会们在面临火灾来临之际，也做了许多的工作。不仅参与到了救火之中去，"同时，我们医院的许多中外员工都已来了，并依井迅速组成一线桶队，开始送水上已经着火的楼层"[25]；还分析火灾的原因，"打箭炉的地理地物导致了火灾容易扩散：狭窄的山谷，被陡峭的山脉所封闭，带有螺旋气流，这里经常有干燥的强气流穿过。再加上，这里主要是手工建造的木房子，沿着狭窄街道紧派一线，以至于一旦一个房子着火，火灾就随时都可能扩散"[26]。此外，传教士们还分析救火的方法，"这里的救火方法是相当的简单而又无效。"[27]最后，对于当时发生的火灾，无论是在教会资产内还是外，从当时的一些感谢的言词，我们也可作一分析。比如，"我不打算占用您们的媒介空间，只是想通过它，向所有的传教士朋友和教会人士在我们危难之时给予的慷慨援助致以衷心的感谢。"[28]说明了传教士和教会人员在参与到救灾中去后，所起到的作用。另外，"医院当局想对给予这场火灾极大帮助的人，特别是城市救火队和第一批救援人员，以及那些给病人提供食宿的外国朋友和照顾人员，致以衷心的感谢和诚挚的谢意。对于我们全职和非全职员工、医疗和护士学生，因为他们在火灾中显现出的基督爱精神，对此，我们也想表达我们深深的感激和衷心的感谢！"[29]说明了大灾面前，教会人士和教会以外的社会人员一致的无私精神。此外，《弘道》中也有所记载。如，"惨矣哉重庆火警：烧了八九点钟，灾民有数十万"。[30]

2. 水旱灾

四川沿江沿河地区是多灾多难的。每年都有水灾或旱灾来临，当旱灾发生期间，火灾又随时可能发生，并且有的地方更是水灾、旱灾和火灾连续不断。"在所有人的头脑中，缺乏雨水是最显著的因素。在早夏，大火光顾了河

---

24 J.Hutson, "Kwan Hsien Notes", *The West China Missionary News*, No.3, 1902, pp.39-41.

25 W.S., "The Fire at the Educational Building", *The West China Missionary News*, No.9, 1928, pp.32-35.

26 Austin J.Clements, "A disastrous Fire in Tatsienlu", *The West China Missionary News*, No.4, 1915, pp.16-21.

27 Lilian Holmes, "The Chungking Fire", *The West China Missionary News*, No.6, 1928, pp.38-40.

28 J.Darlington, "Notes From The Front Wanhsien", *The West China Missionary News*, No.8, 1910, pp.22-23.

29 Jean Millar, "Disastrous Fire Women and Children's Hospital, Chengtu", *The West China Missionary News*, No.5, 1940, pp.259-260.

30 《惨矣哉重庆火警》,《弘道》第 22 期，1928 年，第 1-2 页。

两岸，留下了好几百无家可归的人。然后，他们建造好临时的住棚不久，所有河流的河水又超出预期的高，卷走了他们的住棚和家私。"[31]所以，人们除了积极地参与到救助中去，基本别无他法，教会人士也不例外。对于水旱灾害，传教士和教会除了捐钱捐物以外，还以其他的方式进行救助。比如，"成都水灾于8月21开始，而教会学校和公办学校在8月23日就都开学了。"[32]

此外，对于四川少数民族地区，教会人士也给与了极大的关注，若遇灾情，积极地参与了救助。以1946年汶川大旱为例，该年遭灾之重，历史罕见，尤以羌寨索桥寨最为严重。寨民"没有一点收成"，多半寨民只能以挖药材或以山萝卜度日；并且，寨上大凡有力气的壮年人，都外出谋生糊口，所能留家者均为老人和小孩，对付灾害的能力很低。有的人家将小孩卖出，以换几斤粮食的情况时有发生。[33]这种状况一直到中华基督教会全国总会边疆服务部开展灾害边疆运动后才有所改善。

3. 饥荒

饥荒一般都是因自然灾害如水旱灾害，导致粮食欠收或无收，老百姓没有吃的，从而，出现大面积的饥民。在四川地区，饥荒随水旱灾害时有发生，基督教会和传教士在面临这种情况时，力所能及的采取了些办法来帮助饥民。

首先就是呼吁，号召募捐。如雅州（现雅安）发生饥荒时，请求《华西教会新闻》中登文呼吁救灾。

> 华西教会新闻：
>
> 请刊载雅州饥荒救济呼吁。数万民众受灾，需三万或四万美元来缓解灾情。
>
> 非常感谢您们及时刊载，捐款请给我。
>
> 思恩（J. C. Jensen）[34]

其次是直接参与赈灾。如，1931年荣县五宝镇发生饥荒，教会人士发起的救灾，"荣威富本富庶之区，连年旱荒，政府一年三征，民不聊生，饿莩在道，老幼饿死者多。余见心不忍，祷告主云，求主在我身上表现出爱来，是

---

31 A. C. Hoffman, "Luchow news", *The West China Missionary News*, No.12, 1936, p.23.

32 "Station Notes-Chentu", *The West China Missionary News,* No.9, 1907, pp.19-21.

33 范文海：《羌区旅行记——杂谷河下游两岸》，《边疆服务》第25期，1948年7-8月，第6页。

34 J. C. Jensen, "Famine Near Yachow", *The West China Missionary News*, No.7, 1922, p.29.

以约集赵巨仙、蓝心悦发起募捐册，设一孤独粥厂，开办费由发起人担任，速募捐学农工商以组织之。开设地点，在禹王宫马房，时间正月二十六日起，至五月二十六日止，以不至饿死为宗旨，所收者无依孤儿，无靠之独老，十五岁以下，五十岁以上，每日工作，识字、扫街、捞柴、捡粪。余在露天学校教授格言，以作识字运动……。"[35]五宝镇的救济会是教会人士带头成立的，即荣县五宝镇农村救济会，目的是兴办慈善事业。[36]1936年，荣县因干旱无雨造成庄家颗粒无收，饥民遍布并出现了流行性的皮肤和眼科疾病等，传教士采取的措施是："我们拜访了一些重要人物并邀请他们到我们家来详谈。我们提出了一个用于清理救灾聚集地的计划，发现他们很乐于合作，并共同协调。天花到处都是并且没隔离，因此我们为所有人提供免费接种疫苗。我们感到我们可以照顾好儿童，但现在只有一个聚集地的儿童。天花和其他疾病，营养不良的儿童由教会医院照顾。孩子们被洗得干干净净，治疗了皮肤问题，剃光头，穿干净睡衣，睡干净的垫子，烧掉旧垫子，新买的也清洗过……。"[37]

除了这种直接的投入资金或资本参与赈灾，传教士们还参与到了地方政府或组织的赈济活动中。如"政府拨款5.1万美元赈灾，忠州地区的传教士和基督徒已被召集去做分配之前的调查工作。"[38]"过去几天中，在四川省的北部和东北部发生了因干旱而来的饥荒。已经造成上千人因饥饿而死亡。城市中募集的资金已经为传教士分发下去，以减轻饥民的痛苦。"[39]

另外，基督教会、传教士和信众除了关注四川本省的灾荒外，还积极地参与到赈济他省的活动中，如四川基督教协进会募款赈济东三省和上海等地灾民，"自日冠侵我以还，吾国东三省以及上海等处同胞受暴日之蹂躏，可云已极，室破家毁无地可归，饥寒交迫，嗷嗷待哺，此种景况，今人目观心伤。此间，四川基督教协进会有鉴于此爱，于今春岁首，约集同人开会议决发起

35　黎良能：《荣县五宝镇教会赈荒》,《希望月刊》第9卷第2期，1932年2月，第20-21页。

36　《荣县五宝镇农村救济会》,《希望月刊》第10卷第11、12期，1933年12月，第40页。

37　"Famine Relief Of Junghsien District", *The West China Missionary News*, No.7-8, 1937, p.79.

38　Ernest Hibbard, "Famine Relief – Chungchow", *The West China Missionary News*, No.7-8, 1937, p.81.

39　J. Peat, "Chungking Notes", *The West China Missionary News*, No.6, 1905, p125.

一国难储蓄会，拟定章程分送全川各地，教堂牧师转知教友热心捐助，以资集腋成裘汇往各地受害区域，分别赈济。兹探得该会此种办法深获各地教友人士同情，乐予捐助。现由布理士君收得各方捐款约二百余元，交夏君时雨特汇上海全国基督教协进会，赈济一般受难同胞云。"[40]

4. 地震及其他

四川地区地震，可以说是比较常见的。在此时间段中，就有两次大的地震，即炉霍—道孚7.3级大地震（1923.3.24）和叠溪7.5级大地震（1933.8.25）。传教士对此也非常关注。"毛牧师和任牧师最近来信说明了惨重的损失。山边一个超过40个家庭的部落村庄被掩埋，仅有3个家庭逃脱。在"Tieh Chi"村庄滑向山脉边造成极大的灾难，数百人死亡，并且峡谷被阻塞造成河水回流、大坝和堰塞湖。如果最近夜晚发生溃坝，洪水将造成从威州到万县一线更恐怖的生命损失。据估计会有超过3000人被淹死。"[41]当然，由于当时的交通和信息流通状况，地震发生后，传教士无法开展实际的救助行为，但能够记录并呼吁，也算是一种服务了。

另外，当传教士们来到中国，来到四川后，还注意到了鼠患，因为老鼠可能造成的疾患是相当严重的，如鼠疫。他们不仅宣传老鼠的危害，还积极介绍了防鼠灭鼠的方法：

一个最重要的措施就是预防，但这恰恰在中国是最难应用的。很难想象，中国所有的房子有能防鼠的，包括排水系统、门、窗、地板、墙壁和屋顶都都密封起来，事老鼠无法进屋。而外国房子虽然也难以防鼠，但也不是不可能。然而，必须记住的是，任何地方不允许有大于半英寸的空隙。门离地不得超过半英寸，以及网格孔隙不大于半英寸的网保护所有的通风孔和其他孔隙。任何老鼠洞都应用水泥、沙或碎玻璃或碎瓷器塞住。

一个重要的事实是，如果老鼠来寻找食物。如果他们找不到，就没有被感染的危险。一个最有价值的阻止老鼠的方法就是，把谷物、坚果和其他食物放进金属容器或用金属包裹容器门或风柜中，

---

40 《四川基督教协进会募款赈灾》，《希望月刊》第9卷6期，1932年6月，第36-37页。

41 A.J.Brace, "Open Letter to the Mei Tao Huei Members on Home Mission--Earthquake Sufferers", *The West China Missionary News,* No.12, 1933, pp.36-37.

并盖紧盖子或关紧门。同样，所有的垃圾都应烧掉，或存储到盖紧盖子的金属容器中。

还有就是狩鼠，布陷阱，投毒药，用毒气等。[42]

二、战时救济

1937 年日本发动侵华战争后，随着战争的发展，中国遭受了越来越大的灾难和损失。地处西南偏僻的四川也同样遭受了极大的损失，尤其是重庆大轰炸造成的后果。"老重庆已经遭遇了太多的灾难，在其悠久的历史中，战争、火灾和骚乱早就不是一两次了，但是，她从未接近过如此的混乱，即 5 月 3 号星期三遭到的轰炸，接着是 4 号和 5 号的。日本的炸弹呼啸着落到了毫无防备的重庆城及众多的平民身上。[43] "仅仅华西协合大学遭受的损失就可见一斑，最新轰炸灾难报告：死亡 146 人，伤 437 人，1242 座房子被毁；估计修复大学被损坏部分的价值大约要 N.C.$500，00。"[44]除了这种直接而又明显的损失外，还有很多不太明显的损失。如 "两个炸弹落到图书馆附近的结果是，炸死了所有在蛋壳里的小鸡，但是，那些在炸弹爆炸前已经破壳而出的都活下来了。十只都活下来了并且很好（一周之后）。我妻子说："未孵化的小鸡死于'弹震症'。"[45]

中国各界人士纷纷奋起抗争，展开了各种救援工作，四川基督教会同四川民众也参与到了这场抗日救亡的援助活动中。本来，基督教会和传教士在其宗教教义的影响下，一直都比较关注人类的灾难，更何况关注灾难，参与慈善和赈济事业等都能够给他们的宣教事业带来好处。正如大多数传教士的看法一样——他们并不讳言赈济事业带给他们的宣教事业以相当丰厚的收获，因为在他们看来，人世间的救济正是上帝信仰的拯救的一部分。"灾区人民都十分欣喜并且感激，相信这种工作有益于消除偏见，为接受基督教准备道路。"[46] "因为我在灾民中发放赈款，对于广大民众是一个可以使他们

42　Wm.G.Sewell, "More Rats", *The West China Missionary News*, No.3, 1931, pp.19-22.

43　"Death and Destruction By Bombig In Chungking", *The West China Missionary News*, No.5, 1939, pp.264-266.

44　Harold D. Robertson, "Bombing of Chengtu", *The West China Missionary News*, No.7-8, 1939, pp.339-340.

45　Frank Dickinson, "Shell-shocked", *The West China Missionary News*, No.7-8, 1939, p.316.

46　Hhlen Nevius, *The Life of John L.Nevius. for 40 Years a Missionary in China*, Sanford Press, 2008.11, pp.328-329.

信服的证据，证明我传的宗教是好的。"[47]所以，明恩博在总结传教工作时说："赈灾给传教事业带来了转机"，"灾荒结束后，事情变得很明显，我们进入了传教的新时期。许多反对外国的偏见消失了，或是被压下去了。"[48]在四川，1918年，R. G. Kilborn 也指出："时局的新变化给我们校园带来了又一批难民，众多的妇女和儿童。这是向从未听说过福音的人传福音的又一良机。"[49]

四川基督教会及信众、传教士和教会团体积极参与了救援活动，主要在呼吁抗日、慰劳捐献、难民救助和战时救护等方面做了不少工作。

1. 呼吁抗日。据《华西教会新闻》载，"我们所能做的就是我们国家同日本交易，但鼓励我们的人民抵制日货"，教会及信众对日本开始了抵制和打击的活动。[50]

2. 慰劳捐献。抗日战争期间，华西坝教会"五大学"（基督教会所属的金陵大学、金陵女子文理学院、齐鲁大学、燕京大学和华西协和大学）师生生活极不安定，经济状况十分紧迫，尤其是成都也遭受了日本的轰炸，但师生们仍然纷纷解囊捐献和积极慰军劳军。华西大学中成立有战时救济基金组织。[51]在华西协和大学，公共卫生系主任高文明教授（Wallace Crawford）的倡导下，开设急救和护理学习班，有92名学生参加，准备在遭遇飞机轰炸时参加急救工作，全部女生都选修了护理课程。华大师生还募集裹衣400件，毛巾400打，印有"矢忠政府"四字于其上，以期激发将士忠勇之心。[52]齐鲁大学在成都的女生去访问前线军人的家属，帮助他们写信及其他工作，带花生及糖果给孩子们等。虽然她们中大部分都经济困难，但都捐钱给伤兵之友社。[53]教会及信众也是积极地捐献和慰问，"成都区郫县1940年9-12月：

47 Timothy Richard, *Forty-five Years in China: Reminiscences*, Cornell University Library, 2009.6, p.105.
48 Harold. S.Mathews, *Seventy five Years of the North China Mission*, American Board of Commissioners for Foreign Missions, 1942, pp.26-29.
49 R.G.Kilborn, "Union University", *The West China Missionary News*, No.4, 1918, pp.37-38.
50 "Notes", *The West China Missionary News*, No.5, 1939, p.198.
51 "The Community War Relief Fund", *The West China Missionary News*, No.9, 1940, p.380.
52 《基督教大学校闻》,《中华基督教教育季刊》第14卷第2期，民国二十七年六月，第15页。
53 《齐大女生在成都》，山东省档案馆藏，齐鲁大学档案全宗，J109-05-27。

何仲舒、张玉堂、王学传等人捐一元二角，宴奋庆二元、钟醒吾和林奇动九角、无名氏一元二角、钱惠安五角、何正学四角，以上共捐法币五十六元三角。"[54] "服装、食品、床上用品、旅行用品和其他的东西都尽可能准备了。缝纫战时儿童服装占用了好几个星期。圣诞将给受伤士兵 760 双袜子，以及200 多条裤子给孩子们。"[55]

3. 难民救助。据 1939 年《华西教会新闻》载："成都五个大学的师生进行一些难民服务、修路等工作。"[56] "今年夏天，30 多个大学生难民都在成都及周边的教堂工作。他们受雇于各种事业，如日常暑期圣经学校、社区需要的社会调查、布道、帮助主日学校和一般的推广工作。"[57]这种给予难民工作以获得生活资金的帮助方法非常值得推广。

此外，一些教会学校还充分利用自身优势展开救助活动。"寄宿制学校搬到乡村去后服务机会减少了。自流井女中在乡村家庭和学校已经组织了 7 或 8次主日学校。在与有 200 多学生小校的第一次会议是在星期五下午举行。几周后，有超过 100 名学生同意，在星期日的早上以利于更好组织主日校，去他们的老寺庙学校。这项工作完全是由加拿大女传教士汉正礼（L. H. Hambley）领导下的中学完成的。"[58]加拿大联合教会医疗组在重庆的工作则更显特色："在这里看到穿着白大褂面带微笑的医生、药房内训练有素的服务人员、每层楼都有白衣护士。看到她们进出，这里提个合适的建议，那里说一句安慰的话语，以及必要时的忠告……战争孤儿，给予了充足休息之后干干净净并笑容满面，准备为我们唱歌。无力支付费用的白喉患者在气管被切开后也受到良好的照顾。监督病人的问题由一位专门的护士处理：肺炎患者站在屏幕前，结合患者在门廊，成排的婴儿放在托儿所，那里除了护士不允许任何人进去。"[59]

54 《难民捐报告》，《希望月刊》第 13 卷第 1 期，1941 年 1 月，第 25 页。

55 C. Wellwood, "Canadian Hostel for Refugees", *The West China Missionary News*, No.5, 1939, pp.241-242.

56 Editor, "Affirmations in Disaster", *The West China Missionary News*, 1939.No.7-8, p.309.

57 "A Good Use For Refugee Money", *The West China Missionary News*, No.7-8, 1941, p249.

58 Gerald S Bell, "Impressions of Szechwan Today", *The West China Missionary News*, No.1-2, 1941, pp.20-22.

59 Grace B. Rape, Edna M. Veals, "Medical Work in Chungking", *The West China Missionary News*, No.5, 1939, pp.220-224.

4. 战时救护。为了应急民族战争对医护救治人才之急需，教会学校也纷纷专门加授一些医、护知识的课程。在成都华西坝的华西协合大学在抗战爆发后，通过其附设的医院进行救助，照料伤员。[60]华西协和大学女生黄孝速，因参加救护工作身负重伤而致命。[61]

---

60 余子侠：《抗战时期教会高校的迁变》，《抗日战争研究》，1998 年，第 2 期。
61 《震旦女子文理学院课程》，《公教学校》第 4 卷第 17 期，1938 年 6 月 13 日。

第六章　基督教在四川的其他社会服务

第一节　反鸦片工作

鸦片（英语 opium 阿拉伯语 Afyūm），又叫阿片，俗称大烟、烟土，源于罂粟植物蒴果，其所含主要生物碱是吗啡。鸦片在公元前 139 年张骞出使西域时，就传到了我国，历来都被用作药品或毒品使用，只是未完全分清而已。到明朝，万历皇帝还给鸦片起名"福寿膏"。鸦片作为药物使用，长期或过量使用，会造成药物依赖性；作为毒品吸食，对人体产生难以挽回损害甚至造成死亡。据史记载，鸦片是在清初传到民间，至少在 1729 年雍正皇帝就下令禁止鸦片，此后多位皇帝一直强调禁烟；中国人民一直持续不断地与之斗争，坚决反对鸦片，直到建国后的 1950 年代才禁绝。当然，戒毒禁烟的成果中也有国际反鸦片的组织和有良知的基督教传教士等的功劳。

中国之所以反鸦片，就在于鸦片的危害作用，"东亚病夫"是为典型。但是，反鸦片运动的发起却是始于传教士对鸦片危害的深刻认识。鸦片战争前后，不少传教士就开始关注鸦片问题；而随着大批传教士深入中国内地，观察到了鸦片给中国人造成的伤害。因此，他们不断地撰写文章，发表在各种报刊杂志，尤其是在教会主办的杂志上，揭露鸦片给中国人身体、道德造成的伤害，严厉指责罪恶的鸦片贸易，反对吸食鸦片，探讨戒除鸦片的办法，大力宣传戒除鸦片。从基督教的教义看，鸦片吸食不仅危害人的身体和道德，同时也违背了上帝的旨意。"瘦肌肤，耗神气，减饮食。""绝养育，荒生业，死病痢。""转瞬之间，形骸消损，直同鬼类，荡产倾家，死于途路。"[1]"毁

1　《分见悯世要言》，《上海新报》，1868-10-13；录中国教会新报，《上海新报》，1869-08-28。

灭了数以千计的中国人的身体"，"将他们引入坟墓"。[2]身体走向了死亡，道德更是趋向堕落。"迷人之心，惑人之性，使人舍正路而不由入于歧途者，尤莫甚于此。"[3]由是，"鸦片在中国，无形中破坏了宪法，摧毁了健康，缩短了吸食者的寿命，瓦解了每一个家庭的和睦与兴盛，并且正逐步地促使这整个民族身心以及道德的堕落。……这项贸易是不道德的，是英国的一种污点。"[4]因而，来华传教士就把帮助中国人戒绝鸦片说成是上帝对他们的拯救，并大力宣传"信仰福音""灵魂得救"才是戒绝鸦片的根本途径。很多传教士明确表示，对那些吸食鸦片的中国人，只有依靠"神的手"才能加以拯救。"中国人接受了基督，鸦片的危害也就自然会消失"。[5]从而，传教士开展了大量的反鸦片活动，并逐渐成立了不少的反鸦片团体，还加强了反鸦片力量的联系。在传教士的带动下，在国内外舆论的压力下，不仅清政府开始反对鸦片，于 1906 年下令在十年内完全禁止吸食鸦片，并奖励提前禁种，严禁新吸，吸食者限六个月戒瘾，烟馆限六个月停歇改业；中国普通民众也投入了反鸦片运动；中国的基督教团体及信众也积极参与了这场运动。传教士在中国发起的禁烟运动，其工作主要在两方面，即一方面大力疾呼反对鸦片贸易，一方面宣传禁烟，并组织各种形式的禁烟社团，还为吸食鸦片者提供禁烟服务。

在四川，因为气候条件很适合种植鸦片，从唐朝就开始种植罂粟以产鸦片了，名为"阿芙蓉"。当时的人已经知道服用过量的话有毒，到明朝时期它仍然是一种贵重的药品。到清末，随着禁烟运动的发展，尤其是当传教士深入内陆地区后，四川的反鸦片运动也逐渐走向高潮。值得指出的是，因为基督教在川发展的特殊性，即当基督教在中国东部衰落的时候，基督教在四川正处于兴盛时期，也就是说，当基督教在中国东部兴盛时，基督教在川才刚开始起步。从而，当传教士来川的时候，他们已经积累大量在中国传教及相关知识；对于反鸦片活动来说，应该也不例外，即，传教士在川开展禁烟活

2 Benjamin Broomhall, *The Truth about Opium Smoking,* 林治平：《近代中国与基督教论文集》，台北：宇宙光出版社，第 325 页。

3 艾约瑟：《吸烟无趣》，《万国公报》，1879-12-06。

4 Benjamin Broomhall, *The Truth about Opium Smoking,* 林治平：《近代中国与基督教论文集》，台北：宇宙光出版社，第 320 页。

5 摩利生：《马萨诸塞州海运史》，顾长声：《传教士与近代中国》，上海：上海人民出版社，2004 年版，第 47 页。

动时，至少经验是具备的了。分析史料，我们不难发现，世界反鸦片活动已经取得了一定的成果，而中国从清朝道光年间就开始反鸦片，也取得了一定的成效。所以，在四川的基督教会和团体，以及传教士开展禁烟活动时，首要的是大力宣传鸦片的危害，其次是宣传相关的禁烟政策，包括国际动态和中国官方的政策，以及成立戒烟协会反对鸦片；第三是调查四川鸦片的状况，主要是鸦片吸食、种植和交易情况；最后是医治烟瘾，主要是积极治疗鸦片吸食者，以及寻找治疗烟瘾的药物和方法。

一、宣传鸦片的危害

　　鸦片的危害是众所周知的。布伦特主教说："鸦片是全世界的威胁。鸦片及其制品使人类精神变异：摧毁意志、损伤身体；上瘾者主动吸食，变成奴隶、工具和自我弱点的被害人，以及社会的危害之一；吸毒祸害国家，腐败政体。国家和吸毒者需要相互保护，以抵制鸦片。[6]传教士何体道（Spencer Lewis）说："成千上万的人种植鸦片，而吸食鸦片诅咒了更多的人。所有的人都知道鸦片有害并且也承认这一点，但在他们的实际行为中却没有区别。鸦片是一种黑色的狡猾的毒品，引诱吸食者走向死亡；导致精神颓废、道德沦丧和肉体毁灭。坚强不屈变成卑躬屈膝，诚实守信成为众叛亲离，不仅仅是怀疑！他们注定不值得信任。有强壮体魄能轻易支撑家庭的，吸食鸦片后变成呆头呆脑行动迟缓的人。"[7]

　　在四川，宣传鸦片的危害，以在基督教会和传教士等共同努力之下，四川总督锡良发布《远离鸦片、远离裹足》[8]最为知名，传教士将其发表在《华西教会新闻》上以作宣传：

> 鸦片是天然的毒品。当鸦片的毒药成分进入吸食者的肺部时，他便渴望毒品了；随着这种欲望的持续，无论多重要的事情，他首先考虑的都是满足其欲望。如果得不到鸦片，吸食者就会流泪，流鼻涕，全身出汗水，口吐泡沫，陷入无意识的状态。在那些鸦片瘾较强的人中，情况会更糟。

6　"Bishop Brent on Opium", *The West China Missionary News*, No.5, 1926, pp.5-7.

7　Spencer Lewis, W.A.D.D., "Opium Growing Near Chengtu", *The West China Missionary News*, No.1, 1925, pp.16-18.

8　H. E. the Governor General of Szchuan, "An Exhortation to Desire from Opium Smoking and Footbinding", *The West China Missionary News*, No.8, 1904, pp.174-176.

到晚上，当所有人都睡觉时，鸦片吸食者必须超负荷的工作；当天明时，其他人都起床忙事业时，鸦片吸食者从上午 7 点到 12 点都在恍惚的睡眠中。你能想象对于事业来说还有比这更有害的了吗？

学生吸食鸦片会忽略其学习，损害其名声，并逃学。店员吸食鸦片肯定懒惰，没有人会雇佣他。吸食鸦片的农民、手工业者和工人只能干半天活，能走百里路的也只能走一半，能背一百斤的也只能背五十。鸦片吸食者挣钱也比不过不吸的人，不吸的人挣一百元，他们只能挣五十；鸦片吸食者必须有每天吸鸦片的钱，因此，花费比其他人高，别人两天的费用还不够他一天花。这样，有钱人吸食鸦片会变成穷光蛋，变成乞丐。

父子争吵，妻儿歧视，亲朋指责，百无一用。这值得吗？

再就是，也有可怜的穷人吸食吗啡或把鸦片与水或酒混和并吞咽的。这种吸食方式的后果更严重，事前他们肯定知道他们是在剥夺自己的生命。难道这些鸦片吸食者不是可怜虫吗？上述事例是吸食鸦片导致的部分苦难。

在《华西教会新闻》中，还引用清政府反鸦片的政策条文，指出鸦片危害巨大，显示清政府限期禁绝鸦片的决心，作了重要的宣传：

自从引入中国以来，鸦片被过度使用，造成了时间浪费、商业损失、体质削弱和家庭贫困。因为鸦片的原因，国家在过去的几十年内走向了贫困。说到这点，我们感到极大的痛心。现在，政府决心图强，个人也因应努力提升自身。因此，我们决定十年内禁绝鸦片。至于如何处置过度吸食鸦片者，以及鸦片种植者，我们任命陈武楚制定合理的规则。进一步的决定是，在十年内，逐渐减少鸦片种植和进口直到禁止。法令生效之前给予三年的准备时间。[9]

进入民国时期，民国政府的主张是：

鸦片之祸，开外交失败之先河，种不平等条约之祸根，清末既因烟禁，酿成中英之战割地赔款，创剧痛深，几经朝野上下，苦心孤诣忍辱求全，始订中英禁烟条约。我国烟祸，或以萧清，年来烟

---

9 "Chungking Notes", *The West China Missionary News*, No.11, 1906, pp. P265-268.

苗遍地，外土充斥，麻醉药品，流毒无穷，不图铲除，国亡种灭，此种羞辱，久以暴露全球，为世人耻笑。值兹革命告成，北伐完毕，全国统一之局已成。恢复国际地位，为最急之务，而鸦片麻醉毒品为我国外交史上大耻辱，尤应急起直追从速铲除以拯救、民命，而维国体。[10]

四川民间反鸦片组织也提到：

吾国开创最早，文化特优，汉唐之后，尤复威震四裔，灿然史册；降及近世，转受强邻压迫，及不平等之待遇，致将我中华古国，沦于半殖民地之位，推原祸始，则以前清中业，鸦片输入，外交失败，政府受其恫吓，人民为所愚弄，积习相沿，垂百余载，遂将我庄严灿烂、地大物博、最强盛、最文明之中华民族，造成一奄奄欲绝，积弱不振之东亚病夫，致为外人所轻视侮辱而不惜，是则鸦片流毒，实有胜于猛兽蝎蛇！言其至极，势必将亡吾之国，灭吾之种，而危害尚堪言耶！故鸦片之为物，吾人不能不认为吾华之劲敌，吾民之仇对，输种愈多，仇敌愈众，吸食愈广，祸患愈深。凡有血气之伦，稍具爱国思想者，莫不引为奇耻大辱，痛切骨髓，同人等所以寝室不忘，汲汲思筹，而有此拒毒会之发起组织。[11]

此外，《华西教会新闻》还发表一位中国政治家的言论，他说："70 多年来，鸦片已经给我们的民族带来了极大的灾难：摧残身体、毁灭意志和沦落道德；削弱了生产力，使我们的工业力量变得贫瘠；造成了饥荒，折磨了成百上千，或许，成千上万的家庭，要不是因为它，这些家庭可能正在享受阳光和幸福的家庭生活；停滞了国家兴旺的增长，并仍然是阻碍我们国家占据适当国际地位的最有力的因素之一。"[12]

另外，值得指出的是，基督教会和传教士等以诗歌等文字作品宣传鸦片的危害。如，1907 年 3 月《华西教会新闻》上以中文形式刊载的《拒烟歌》[13]：

10　《积极应付国际禁烟大会之吁请》，《弘道》第 32 期，1928 年，第 1-2 页。

11　《四川民众拒毒会缘起》，《弘道》第 30 期，1928 年，第 1-3 页。

12　"The Fight Against Opium-A Chinese Statesman on Opium and China", *The West China Missionary News*, No.3, 1911, pp.25-28.

13　"Anti-Opium Ballad", *The West China Missionary News*, No3, 1907, p15.

> 一
>
> 愿我本国得福，又望我民富足，威严自由，人人皆蒙大恩，与各大族无分，各国平等相称，陆地海外。
>
> 二
>
> 羞哉一朵黑云，遮蔽我国荣名，鸦片残害，恶俗捆绑我民，壮汉梦睡不醒，烟毒钻入骨筋，疲弱无力。
>
> 三
>
> 孔圣若再复醒，游历华国必惊，遍街烟管，因见我辈自贱，怒气显满面，又向我等必言，做大丈夫。
>
> 四
>
> 将烟捆绑解脱，又将流毒涂抹，在我华国，我民协力同心，攻击必能得赢，皆称好善子民，坚固稳立。
>
> 五
>
> 如今实力攻击，视烟为我恶敌，谁敢退回，日后我国复兴，因将烟害除净，华国复见尊敬，于各邦邻。

还有传教士编写的，如《华西教会新闻》中刊载的英国女传教士巴克的《力戒鸦烟歌》[14]：

> 一
>
> 不拘什么人都当除旧习，爱国必合力大家抵仇敌；鸦烟凶魔鬼缕害我庶黎，我们要得胜全仗主能力。
>
> （副歌）：中国福日！中国福日！中国福日！中国福日！快除鸦烟害，靠我主扶持。这就是中国得了的福日。
>
> 二
>
> 儒释道三教士、农和工商都觉吸烟苦，身魂皆受伤；由此败家国，软弱不兴旺，今日设妙法要灭这魔王。
>
> 三
>
> 田不种罂粟，禾稼满八垓；年年收成好，全国都生财；十八省举人同心把烟戒，脱离这捆绑，祸去福自来。

---

14 L.S.Parker, "Anti-Opium Ballad", *The West China Missionary News*, No.7, 1907, p10.

苏武牧羊调的《戒鸦片烟歌》[15]：

（一）鸦片 印度传中原 奸商靠赚钱 贪官赖抽捐 船靠水 水靠船 合伙以为奸 努力铲除它 救人脱锁链 大家齐同心 立志定要坚 包你戒掉老瘾新瘾幸福在眼前

（二）鸦片 害了我中原 良民吸上瘾 犹如坐大监 流泪水 打哈欠 实在真可怜 革掉瘾君子 身体要锻炼 万众同一心 一齐向前干 志在铲除各省各县害人鸦片烟

此外，传教士也翻译中国的一些反鸦片歌谣和诗歌。如，如 1902 年第 6 期刊登了在川西的内地会传教士巴明道英译自中文的一首反鸦片诗（英文略）。[16]另外，在《田家半月报》中还刊载有《戒烟歌》："劝人莫吸鸦片烟，许多英雄汉倾家又荡产，海洛英与金丹另外有料面，实行机器泡，害人真不浅，如果吸上瘾，万事全不管，买卖家业儿女，财产一时全抽完。"[17]

二、宣传相关的禁烟政策

到 1949 年，国际上反鸦片的政策主要是：《海牙禁烟公约》（1912 年）、《日内瓦禁烟协定》（1925 年）、《日内瓦禁烟会议公约》（1925 年）和《限制制造及调节分配麻醉药品公约》（1931 年）。在中国主要是：《钦定查禁鸦片章程》（18939 年）、《筹拟禁烟章程》（1906 年）、《稽核禁烟章程》（1908 年）、《续拟严定禁烟查验章程》（1911 年）、《中英禁烟条约》（节录）（1911 年）、《中华民国刑法·鸦片罪》（1928 年）、《禁烟法》（1929 年）和《禁烟治罪暂行条例》（1936 年）。基督教会和传教士不仅口头宣传这些政策，还在一些教会主办的杂志上刊印宣传。此外，他们还及时地宣传国际反鸦片的动态。

宣传国际反鸦片政策。如，宣传万国拒土会的《决议》，成立了万国拒土会上海支部，这是国际反鸦片运动延伸到中国而产生的机构；还发布了《万国拒土会上海支部简章》[18]，记载如下：

---

15 湖北陈士海：《戒鸦片烟歌》，《田家半月报》第 2 卷第 11 期，1935 年 6 月 1 日，第 11 页。

16 H.Parry, "A Free Translation of A Native Tract Against Opium Cultivation", *The West China Missionary News*, No.6, 1902, pp.86-88.

17 中华国民拒毒会山西分会：《戒烟歌》，《田家半月报》第 2 卷第 11 期，1935 年 6 月 1 日，第 13 页。

18 "Constitution International Anti-Opium Association of China", *The West China Missionary News*, No.8, 1919, pp.39-41.

一、定名万国拒土会上海支部。

二、本支部之宗旨如下：

（甲）凡鸦片吗啡可卡因与同类之药物除合法律之医药所必须外，一概禁绝。

（乙）订严禁中国境内私植罂粟之法律与相当法律之历行方法。

（丙）联合万国惩治私带前项药品之人。

（丁）与中国本会各支部及其他相似团体联络实行前项宗旨。

三、甲、凡赞助本支部宗旨者不论男女均得为本支部会员，会员分两种：1.普通会员，岁纳会费国币一元。2.永久会员，入会时一次纳国币二十元以上。

乙、凡愿加入本支部者须填写志愿书，注明姓名、职业和住址，经本支部会员一人签名，交中文或英文书记后，交干事部认可。

四、本支部职员如下：

会长一人、副会长二人、书记二人（中英各一人）、会计一人、董事八人。

五、本支部每岁开大会一次，由干事部召集。

六、本简章经到会会员三分之二之通过得修正。

又如，宣传 1924 年 1 月 9 日亚特兰大会议关于鸦片决议——《鸦片交通及其相关衍生物》："1. 除医疗和科学研究目的之外，使用鸦片必须确认，否则则为滥用鸦片，是为非法的。2. 为控制滥用鸦片及制品，必须控制鸦片的初加工，以便除医疗和科学研究目的使用外，鸦片几无剩余。"[19]

关注国际动态，及时地反馈给中国的民众。

如，"下议院已经通过西奥多 C. 泰勒（Lib., S. E. Lancashire）的鸦片贸易谴责。约翰莫利先生（东印度公司秘书）表示，如果中国严格限制鸦片吸食，东印度公司和英政府同意不惜代价彻底地执行计划。"[20]又如，"世界各进步国家都在反鸦片，如鸦片削弱军队的战斗力；若发现鸦片，尽快根除。比如美国，于 1880 和 1903 年同中国的条约中，都禁止鸦片买卖，禁止向中国输入鸦片。另外，1908 年开始禁止输入鸦片进菲律宾，医疗除外，并且鸦片种植

19 "The Traffic in Opium and Its Derivatives", *The West China Missionary News*, No.5, 1924, pp.42-44.
20 "The Opium Question in Parliament", *The West China Missionary News*, No.7, 1906, p.163.

为非法。日本也反对鸦片及种植。澳大利亚因中国人吸食鸦片，带动澳大利亚年轻人吸食，而奋起抵制，禁止吸食鸦片，禁止输入鸦片，并于 1906 年颁布了反鸦片的法律。英国也认识到把鸦片引入中国的罪恶，开始反鸦片。"[21]再如，《与罗马天主教会的通信》中也说道："事实上，在全中国境内，净化灵魂和维护社会秩序的反鸦片工作是我们 71 个差会一致致力的，以至于经常提及古老经典记载的精神惩罚，来反对基督徒滥用、搜集和交易鸦片。在任何情况下，目的都是一种，即，革除中国的这种恶毒习性。尽管所有运动都有区别，但他们是朝着相互理解和共同美好的愿望的。欧洲的天主教徒也是这样，即，天主教国际联盟（瑞士弗里堡）给日内瓦第二次鸦片会议主席送去了他们关于这个问题的决议和目的，以便在适当的时间打击祸害社会的鸦片。"[22]

宣传中国官方政策。

如，清朝政府反对鸦片种植和销售的圣谕，"给了（传教士）纯粹来自内部的对鸦片问题的观点"[23]。从而，《华西教会新闻》的一篇《社论》指出："中国清朝政府开始采取激烈措施反对鸦片：圣谕——《筹拟禁烟章程》，将在十年内停止种植和销售鸦片；限种罂粟以净根株、分发牌照以杜新吸、勒限减瘾以苏痼疾、禁止烟馆以清渊薮、清查烟店以资稽查、管制方药以便医治、准设戒烟会以宏善举、责成地方官督绅董以期实行、严禁官员吸食以端表率和商禁洋药进口以遏来源。[24]

在此政策的指引下，曾楚齐（Tsen Chu-hsuen）总督派代表魏源到台湾（Formosa）学习鸦片垄断体系，锡良总督通过垄断销售的办法，表达了中央政府限制吸食鸦片的决心。[25]"清王子受到命令，立即采取措施镇压吸食鸦片，提议国家垄断销售鸦片；政府将颁布法令强制戒烟，40 岁以下的鸦片吸食者一年内戒掉，超过 60 岁的遵循自愿，但凡戒不掉的剥夺所有官衔。[26]

民国政府发布反鸦片政策。

21　John Parker, "The Anti-Opium movement", *The West China Missionary News*, No.12, 1906, pp.277-280.

22　E.C.Lorenstine, "Celsa Costantish , Correspondence With Roman Catholic church", *The West China Missionary News*, No.1, 1926, pp.19-21.

23　H.Parry, "Correspondence", *The West China Missionary News*, No.8, 1905, p.159.

24　"Editorial", *The West China Missionary News*, No.12, 1906, pp.269-271.

25　"Chungking Notes", *The West China Missionary News*, No.5, 1906, pp.124-126.

26　"Chungking Notes", *The West China Missionary News*, No.10, 1906, pp. 240-242.

军事委员长蒋介石深恨鸦片害国，决议彻底禁绝，以前会打电报给江苏、浙江、福建、安徽、江西、湖南、湖北、河南、陕西、甘肃十省的主席，叫他们严严的禁种鸦片，现在恐怕有人虽然口头答应，却不认真去办，又重新打电报给他们，问他们是不是已经按照去年十月五日的电报叫各乡区具结永不种烟，叫个县长具结认真查禁，省政府派人查过没有，如果将来查出有的地方有烟苗，那个地方的县长和担任禁烟的人，一定要按军法严严的处罚。[27]

发布《国府关于烟禁之决议》：

国民政府常务委员会第四十六次会议，据上海中华国民拒毒会呈请取消鸦片公卖办法，组织禁烟委员会，整饬烟禁，以固国本，决议：（一）委派参事赴沪调查，并呈中华国民拒毒会意见；（二）令催财政部速开禁烟会议；（三）公推张委员之江起草禁烟委员会条例。"[28]并向世界教会求助，即《拒毒会请世界教会协助拒毒》："世界基督教大会，定于本年三月二十四日，在耶路撒冷举行，上海中华国民拒毒会，特乘该会常务委员罗运炎博士游历欧美之便，托向大会提出拒毒建议，同时并请我国教会出席代表援助，兹将提案之办法三项列左：（一）世界各国基督教教会重申对于禁染鸦片及麻醉毒药之规约以及拯救反对之太多；（二）世界各国基督教会（对于种植运贩吸鸦片及麻醉毒药之各国尤须注意）各信徒应联合一致造成坚强之拒毒，舆论推行剧毒教育，创办戒烟医院；（三）世界各国基督教会应直接或间接向国际禁烟大会促进限制鸦片及麻醉毒药制造，及出产至科学和医药用度为止，为公约之实现。[29]

还发布《反鸦片条例》[30]：

1. 凡生产、运输、销售或为销售目的而储藏吗啡、可卡因、海洛英及其复合物或者由他们制成毒药丸的人，以及为盈利而为他人

---

27 《蒋介石再电十省禁种鸦片》，《田家半月报》第 2 卷第 2 期，1935 年 1 月 15 日，第 4 页。

28 《国府关于烟禁之决议》，《弘道》第 23 期，1928 年，第 3 页。

29 《国府关于烟禁之决议》，《弘道》第 23 期，1928 年，第 3 页。

30 Mr. Hsiao Wen Ron, "Notice of the Anti-Opium Committee of the Military Council of the Natioanl Government", *The West China Missionary News*, No.7-8, 1936, pp.40-41.

注射吗啡，或者提供吸食鸦片地方的人，都将被处以死刑，甚至不完全冒犯者都将被处罚。

2. 民国二十五年以前，有注射海洛英、吸食鸦片或有其他任何毒品行为的，处以 3-7 年的劳役处罚，强制执行，或者由可靠医生戒除毒瘾；当年再犯者，劳役惩罚加至 7 年；当年再犯并到期未愈者，以及还有其他犯罪行为的，将数罪并处。

3. 民国二十六年后，即使前一年已经数罪并罚的注射海洛英和吸"毒"再犯者都将处死；当然，生产、运输、销售或为出售而储藏"毒品"者，一样处死。

4. 凡是帮助他人注射或吸"毒"的，无论是初犯还是再犯，都将处以 3-7 年的劳役惩罚。

5. 自本法令生效起，凡制造、销售或为盈利保留注射或吸毒工具的，处以 7 年以下的劳役惩罚。

6. 上述罪行以外的，所有涉"毒"犯罪的都将剥夺 1-10 年的民事权利，财产充公。

三、调查四川的鸦片状况

四川鸦片的历史比较悠久，吸食者也众多。传教士说，"在四川，人们还不明白我们走很多里去看鸦片吸食的好奇心。现在，四川政府高官告诉我们有超过 5%的妇女和多于 50%的男人使用鸦片。购买鸦片自然是要很多钱的，这极大地降低了购买力。这对世界各国来说，都是一样的。[31]他们不仅注意搜集四川的鸦片吸食情况，还关注四川地区的经济状况。因此，他们的做法就是，调查鸦片种植、吸食和交易情况。如《华西教会新闻》专设栏目，要求各地传教士报道所处地的鸦片情况，还提出了一些调查的要求。

据《鸦片肃清了吗？》一文载，"贵州的消息，德斐士(Davies)报道情况是尚未禁止，仍有种植。传教士任子瑞（Thos. E. Robinson）说，在四川广安临水，鸦片与庄家混种。该地对鸦片也是公开地征税。传教士 A. G. A. 道，在遂府很容易买到鸦片，目前价格是每两 16,000 元。在遂府边远的地区价格更低。军队分三成，农民或生产者得七成。当然，最出名的是当地山区的'蛮子'在种植和销售鸦片，而其他地区没有。当地人说，因为云南的部队驻扎

---

31 J.L.Stewart, "Uncle Sam and Opium", *The West China Missionary News*, No.9, 1904, pp.195-197.

于此，所以偏僻地区种植鸦片很安全。传教士别其厚（W. H. Birks）报道了四川忠州的消息，贩卖鸦片仍未绝迹。在崇州，贩卖鸦片刚开始。今年因鸦片种植情况不好，价格从每盎司 10 美元下降为 3 美元；而 10 美元也几乎买不到鸦片了，除了极好的，3 美元能卖的又几乎无人问津。有部分鸦片来自于其他极为边远的地方，大部分鸦片看起来是来自于垫江北有四天路程的锦江镇，或许那里的传教士能告诉我们更详细的情况。"[32]

提出的要求是：以《鸦片和其他毒品在中国的真实情况》[33]一文所载来看：

1. 调查的主要内容。从 1925 年 5 月到 1926 年 5 月的，关于鸦片种植的图片、海报或印刷品，为国家反鸦片协会匿名使用。

2. 毒品状况。有关鸦片种植和吗啡丸的制造等、国外鸦片和其他毒品的输入（若有）、鸦片交易（如运输鸦片的方式等），以及鸦片和其他毒品的使用。

3. 当地反鸦片的情况。反鸦片的组织及其工作、治疗鸦片瘾的机构和效果、当地政府镇压鸦片种植、吸食和交易的有效方法等。

另外，《华西教会新闻》为获得华西鸦片有关的信息，希望各地传教士邮寄明信片，报道各地鸦片的种植情况、所在城市鸦片馆的数量、地方政府反对鸦片交易的宣传和所在教会信徒吸食鸦片的数量。"[34]

四川各地的鸦片状况的确是令人担忧的。传教士鹿依士（S. Lewis）说："成都附近种植了大片的罂粟，特别是邛崃地区。"[35]美国传教士夏时雨（H. J. Openshaw）谈到："据说雅安的田村（Tienchuen）地区鸦片丰收，当地官员尽力消除鸦片种植，但边远地区无法触及。"[36]美国传教士德斐士（Davies）更是说道："当地政府禁烟，但农民冒着被枪毙的风险，仍然疯狂地毁坏粮食作物来为种植鸦片腾出空间。"[37]

32 "Is Opium dead?", *The West China Missionary News*, No.8, 1918, pp.43-44.

33 T.H.Lee, K.T.Chung, "Subject: Gathering facts About Opium and other Narcotics in China", *The West China Missionary News*, No.10, 1926, pp.24-26.

34 "Inter Alia", *The West China Missionary News*, No.1, 1935, pp.39-40.

35 Spencer Lewis, W.A.D.D., "Opium Growing Near Chengtu", *The West China Missionary News*, No.1, 1925, pp.16-18.

36 H.J.Openshaw, "Bibles, Opium and Samllpox", *The West China Missionary News*, No.5-6, 1912, pp.18-20.

37 C. H. Davies, "Correspondence-A Correction", *The West China Missionary News*, No.2, 1919, pp.34-35.

此外，根据《华西教会新闻》对四川各个地区反鸦片的报道来看，成都和重庆两地的报道最多，达 10 条以上，而除了这两城市外，还有万县、乐山、自贡、丹陵、宜宾、泸州、绥定、南部、仁寿、营山、遂宁、彭县、宁月府、广安、巴塘、崇州等，以及一些不太确定的地方，如 Tzebow、Tienchuen 等。可见，除了成都平原地区外，其他地方，特别是边远地区，利用地理地势和气候等条件，大肆地种植鸦片。

四、治疗鸦片吸食者

针对鸦片的危害，基督教会和传教士主要开展了两个方面的工作。

第一，在相关政策的指引下，介绍反鸦片的方法：成立反鸦片协会，例如中国反鸦片同盟；在学者和学生群体中成立本土的反鸦片团体；使用各种方式提升中国人反鸦片的共识。[38]

第二，介绍医治烟瘾患者的情况，并积极寻找药物治疗。

> 在雅安，"我们（传教士）首先拜访了三个村庄，展开了日常诊治，处理了几百个有瘾君子；同时，通过演讲宣传健康知识，并强调药物抵制毒瘾。等到我们回到汉源街是，已有 48 人记名要来治疗毒瘾，这些人中包括了社会的各个阶层，如官员、教师、商人、农民、艺术工作者和苦力者等等。……我得提及我们的第一个病人，一位有 23 年鸦片吸食经历的，现在每天吸食一盎司半的老人。他口腔中，牙齿几乎全黑了，通常的疾病对他来说都能是极大的风险。然而，他坚持请求我们治疗，考虑到耶稣无与伦比的爱邻舍精神，最后我们妥协了。结果是，他是我们治疗的病人中最好的病人。因为没有其他合适的工具，我使用手术刀和挖耳勺艰难地清洁了他的牙齿，再用瓦刮刀和肥皂把牙齿彻底擦亮。后来，这位感恩的病人给予了我们极大的回报，使我们度过了噩梦般的日子。[39]

在《华西教会新闻》中连续载文，介绍寻找戒除烟瘾的药物，以及使用的情况。

1907 年 4 月《华西教会新闻》还专门刊载了英国反鸦片贸易协和秘书亚历山大的《马来亚烟瘾治疗》一文，介绍了马来亚治疗鸦片吸食者的情况。

---

38 John Parker, "The Anti-Opium movement", *The West China Missionary News*, No.12, 1906, pp.277-280.

39 "An Opium Retreat", *The West China Missionary News*, No.4, 1935, pp.25-28.

马来人治疗鸦片瘾的药物，是大量生长在马来半岛热带丛林里的一种爬山虎的叶子，用来煮汤喝便可治愈。在马来西亚，"治疗初期，病人仍然服用平常的鸦片量，但不能重复。一般病人用两个瓶子盛汤，回家按一定的剂量服用，吸食鸦片的量就会逐渐减少直至为零。如果再来，病人就不需要鸦片了。"据介绍，治疗的效果是，"有 7 个鸦片吸食者来要再次的汤（药物量），其中三个年青人已经不再吸食；其中一位说他 40 天之前就拿了药，服用了两周，已经 26 天既没有吸食鸦片，也没有服用药物了。另一位吸食鸦片 35 年的可怜的家伙，年龄为 60，现在正处于极端的戒治状况中，他已经放弃了泥瓦匠工作来治疗。他真诚地说，'肯定上帝会救我的。'我没有听到一例失败的病例。"又，"这种治疗方法已经被香港政府采官方评估，该方法无害不含生物碱。"此外，"在广州、福州和上海，我也看到有人开始使用这种新方法，但是，也有人不太愿意使用；在四川受到了极大的欢迎。"[40]

1907 年 6 月《关于医治鸦片瘾的草药》[41]一文载，伦敦会医院的英国传教士医生樊立德听说一种中国草药能戒掉鸦片瘾，便开始搜集有关信息，还号召华西的传教士找到这种草药，并学会使用。

1908 年 9 月的《遂宁的马来鸦片药》[42]一文，记载并介绍使用马来鸦片药的情况。

> 5 月 12 日，马来鸦片医治药在遂宁制成并发放，这一天应是遂宁人永久纪念的喜庆日子。许多吸食鸦片的人来领取药物，戒除鸦片瘾的效果是，"有 14 人为免费医治。库诺（Curnow）先生的六个瘾君子是挑选的，每人要求缴纳保证金 500。我的八个是随意选择的，他们是自愿来医治的前八人，不需缴纳保证金。他们是五老三中年，其中一个是知名的小偷、乞丐。左右资深的吸烟者，至少不低于十年，其中一位，烟龄至少超过 30 年。最后一个是叫唐的一名基督徒，因为其鸦片瘾无法治愈，曾被拒绝医治过。他曾尝试过其他治疗措施，没有成功，因而认真又快速地减少吸食剂量。他于第十天戒掉了烟瘾，是第二名，第一名早他一天。在第十二天，第三

40 J. G. Alexander, "The Malayan Opium Cure", *The West China Missionary News*, No.4, 1907, pp.3-6.
41 Richard wolfendale, "On the Track of A Vegetable Antidote for The Opium Habit", *The West China Missionary News*, No.6, 1907, pp.4-6.
42 W. A. Waw, "The Malay Opium Medicine at Suiling", *The West China Missionary News*, No.9, 1908, pp.1-3.

个戒掉烟瘾，有两个以上的是于第十四天，其中一个就是那个乞丐。从这一点看，当马来鸦片药似乎能够治愈所有的八个人时，有两个放弃了治疗。一个据说是离家出走了，另一个不相信我而离开了，或许我应该坚持提供药物给他。我听说他现在每天仅吸食以前每天鸦片量的三分之一，即药物帮他少用了三分之二的鸦片。其他吸烟的，以前每天要9两鸦片的，现在也只需3两了。事实是，想抽烟但没钱买每天的9两，3两是在其能力范围内，并且，他也不想完全戒除；这种人是无药可救的。第八个最后在3-4周内戒掉了。头两周后，他不吸食鸦片了，但是，因为害怕完全戒掉，他减少了药物的剂量，直到战胜自我，从而他25年的烟龄才得到根治。因此，八名患者的情况是，因为太多的困难，很容易再吸食鸦片，药物能够治愈六人，毫无疑问也能治愈所有的八个人，要不是他们自己愚蠢地放弃治疗，成功就在望了。在10-30天内，库诺先生的六个吸食者都戒掉了，因此，总的来看，只有两例失败。在看到对鸦片的渴望毫无痛苦地逐天减少时，瘾君子们的惊讶和喜悦是无法形容的。治疗期间没有严重的疾病出现，唯一抱怨的是疟疾、消化不良、风湿痛、牙痛和发呆，这些通过简单的医治，病人就完全好了。我发现疟疾和消化不良是戒除鸦片的两个主要原因，当烟瘾减弱时它们渐渐地出现了。我曾免费医治过这些有小毛病的鸦片吸食者，这得到了认可，我们发现，无论何种情况，鸦片吸食者坚定地戒除烟瘾，直到戒掉。

第二节　反裹足工作

裹脚也叫缠足，即把女子的双脚用布帛缠裹起来，使其变成为又小又尖的"三寸金莲"；缠足是中国封建社会中的一种习俗，对妇女特别的不公平。在封建社会中，女性没有社会地位，经济上必须依赖于男性，女性所有的一切都是以男性为目标和目的。女性裹脚，尤其是从小开始，就是为了顺应男性的审美。所以，反缠足的任务是相当艰巨的。有评论说到，"反裹足运动，反鸦片、反奴隶等运动在华西有超过40年了"[43]。传教士自进入四川后便开始了反缠足的宣传和抵制活动，到20世纪初期更是大规模地展开了活动。分

---

43 "Editorial", *The West China Missionary News*, No.4, 1924, pp.1-3.

析史料，在四川的基督教会和传教士主要对缠足之害和放足之法进行了解说，并以反裹足协会，如天足会、天理足会等为重要手段展开放足活动，同时，还致力于解决放足后女性在生存和婚嫁等方面的后顾之忧，促进华西地区妇女的放足工作，促进妇女的身心健康，增进社会的公平性。

一、宣传缠足的危害

传教士反缠足的活动，首要的就是宣传，宣传缠足的危害。传教士亲身讲述缠足之害，如玛丽恩·奥尔德回忆了她讲过的，其中之一就是裹足的危害。[44]这种亲自讲述的办法，尽管影响的范围面较小，但其效果非常明显，不仅有助于放足，还提升了传教士的影响力。据 1923 年《华西教会新闻》载："在我们中间，龙从云夫人通过在当地人家庭中组织的几次成功的鼓动反对缠足的会议，增加了她的影响力。"[45]这对于放足来看，是比较有利的。此外，传教士撰写文章反对缠足，宣传放足，介绍缠足的严重后果。如，1904 年 8 月《华西教会新闻》以英文刊载了四川总督锡良的《远离鸦片 远离裹足》一文。

> 缠足带来的痛苦本来就严重。所有人的四肢都是不可或缺的，一只脚走路的被称为瘸子，两只脚不能走路的叫作残废。拥有完整身体的人谁自愿成为残废呢？不幸的是那些冷酷无情的人把他们女儿的脚缠小，从而使她们成为了残废。忍受痛苦的大烟鬼是他们自愿吸烟而来的，但是缠足之痛苦却是孩子们父母给予她们的。吸食鸦片的人纯粹是那些不爱惜自己的年轻人，而缠足的痛苦是从婴儿期开始的。想想那是多残忍啊！

> 女性的职责是处理家务。在富有的阶层中，女性干更多的家务工作可能是不必要的，然而他们避免不了身体的消耗。裹足的女性没力气，走路困难，必需有墙壁的支撑，因此经受不起任何的折腾。对于那些必须干农活或做其他工作的贫穷妇女来说，在农田中需要她们站立但又站不稳，需要她们走又走不得，如果不能跪着干，她们也就只能匍匐做了。因此，女性的痛苦比起男性的就深重多了，想想紧紧缠住的脚吧！血液无法循环，那痛就像用刀割一样，或是

---

44 Marion Auld Longley, "Improvement Club for Women", *The West China Missionary News*, No.7, 1923, pp.30-33.
45 "Chentu Notes", *The West China Missionary News*, No.6, 1904, pp.135-137.

无法治愈伤口的悸动似的，持续不断永不停息。真愚蠢啊！从孩提时期经受了这种痛苦到成为母亲之时，她们却又让她们的女儿们遭受同样的苦楚！通常当痛苦成为习惯之时，她们也就变得冷漠了；但是，当水灾、火灾或强盗光顾之时，她们就难以逃脱，要挽救其生命也有不小的困难。作为父母，为什么要伤害你们的孩子到如此的程度呢？[46]

二、反对缠足

1. 争取地方政府的支持

在传教士的宣传和鼓动之下，四川反裹足运动获得了当时清政府——四川地方政府的支持。据1905年《华西教会新闻》记载：

我们所有传教士都应该注意反缠足运动中已经采取的另一个行动。记得去年总督发布的反缠足反鸦片的强烈宣言，遭到地方组织反对后，但在总领事戈夫斡旋之下，终于接见了我们两位成员恩迪克特和比奇先生，总督表达了自己的看法：

1. 全省官员必须重视此事，通知他们要务必注重先前的公告。

2. 在对学校的指令下施行的一些措施有负面影响。

3. 让本地的官方公报连续发表文章阐述这一改革的需要。对于这些要求中的第一和第三项，总督表示同意。而对于第二项，因学校不属他管辖，总督不能授权，尽管如此，他仍会利用他可能的影响力来给予支持。[47]

此后，传教士在此政策的支持下，更是展开了大量的反缠足工作。据《华西教会新闻》载，1904年6月成都消息提请四川传教士注意总督反裹脚和鸦片的公示、组织天理足会合作和提供反裹足布道。[48]

2. 加强反缠足的工作

反缠足的工作，不仅为传教士重视，也被各差会所重视。"我们强烈希望在四川的传教士关注总督发布的反缠足反鸦片的公告。我们可以要求每个传教士注意公告是否按时张贴在他或她所在的区域。如果我们同本地乡绅和那

---

46 H. E. the Governor General of Szchuan, "An Exhortation to Desire from Opium Smoking and Footbinding", *The West China Missionary News*, No.8, 1904, pp.174-176.

47 "Chentu notes", *The West China Missionary News*, No.11, 1905, pp.240-242.

48 "Chentu Notes", *The West China Missionary News*, No.6, 1904, pp.135-137.

些赞成反缠足运动的人考虑周全，这也许不失为组织反缠足机构合作的一个好时机。我们至少得举行几次公众会议，如果反对的话，用最近公告文本开展一次反缠足布道也是可以的。反缠足反鸦片公告刊载于"四川官报"第三期上。"[49]

教会有专门的工作计划。如，

> 充分利用去年的公告，在所有城镇成百上千的家庭中引导不缠足……本地社会到处都兴起了反缠足，最重要的是，公众的观点也转向反对这一习俗。然后，这里的反缠足之事成为了人们一大潮流。
>
> 建议如下：
>
> 1. 必须调查人们在做什么，以及为他们制定适当的课程。
>
> 2. 友好访问当地官员，以便讨论敦促当地人成立地方组织的事务。
>
> 3. 十一月的上周星期天应被视为特别的十字军东征日，因而所有感兴趣的人应该在下周一举行一次大会。
>
> 4. 宣言副本应保存好，不能分散传播。
>
> 5. 为了充分利用官方公报的影响，所有运动进展的消息都应送往《华西教会新闻》处或者直接送往这里的官方公报。[50]

反裹足工作。

据《成都消息》一文在"在最近的一个星期天，专门的反缠足服务工作在教堂展开了，以及接下来的一周举行了群众聚会；数千册的总督公告和其他一些文学作品也分发了。一位中国高层官员估计这个城市（成都）中每十个就有两个女孩子的脚是自然长大的。[51]此外，举行会议。据1907年《华西教会新闻》载，"在当地的反缠足协会的组织下，于内地会(China Inland Mission, C. I. M.)的一个教堂专为妇女举行了会议。大多参加者都是妇女和女孩，她们希望拥有自然脚。但是，许多人显然需要给予劝告。致辞的是中国妇女，水平较高。分发了不少的宣传作品。在成都自然脚越来越受欢迎，尤其是在官方家庭妇女中，无论老幼。但是，在商人和劳动阶层中，则需要更多的劝勉和开导。"[52]

---

49 "Chentu Notes", *The West China Missionary News*, No.6, 1904, pp.135-137.

50 "Chentu notes", *The West China Missionary News*, No.11, 1905, pp.240-242.

51 "Chentu Notes", *The West China Missionary News*, No.1, 1906, pp.27-29.

52 "Station Notes – ChenTu", *The West China Missionary News*, No.2, 1907, pp.8-9.

差会反缠足的工作。如，中华圣公会女子会议的决议之一是反裹足[53]，高隆信（D. A. Callum）在《华西教会新闻》上发表了这一裹足主题[54]；《华西圣教书会的出版物2》一文中，提出第二大类道德：反鸦片、反裹足等，其中关于反裹足方面，提及了重庆廖先生写的"劝止裹脚歌"和"莫包脚歌"[55]。《加拿大英美会印书局》印刷了不少的反裹足运动的小册子。[56]

可见，教会和传教士采用了各种各样的办法来加强反缠足工作，促进四川女子放足。值得指出的是，除了宣传讲解之外，他们还免费发放宣传资料，如加拿大卫理公会说，"有一些反裹足运动书籍，免费发放，不新是因为放久了，有九种不同书籍，申请者付邮费即可。"[57]更为重要的是，传教士还从思想观念的角度对四川妇女及民众进行了启发，促进反缠足运动：

> 改变潮流，提出裹足过时。"如果女传教士愿意加入，她们可以花更多的时间向中国的女士朋友展示国外订做的流行服饰。对于她们的"金莲"怎么办呢？只需增加搭配衣服的国外产的鞋，只要明确成都的女士朋友不要只买半只，缠足将不会存在，因为一个原因——她们为了穿外国鞋。并且，缠足因多种原因已经不流行了，加上这个城市中未缠足的，以及许多的人已决定不再裹其女儿的脚了，这样，新一代将在我们周围成长，她们不会知道缠足的痛苦了。[58]

挖掘缠足的思想根源，寻求放足的最佳良策。"同时，我看到一个巨大的危险。许多中国妇女在谈论反裹足时，说得最多的是解除她们及其女儿的裹脚，但不是真正地解放自己的双脚。现在，在第一次反裹脚后，她们又准备裹紧绷带了。如果她们确信中国男子不欣赏裹脚，她们会更大胆。为了说服她们，我一直希望所有想娶未缠足妻子的男人，或曾经取过，或正拥有未缠

---

53 "C.M.S. Women's Conference", *The West China Missionary News*, No.11, 1904, pp.230-231.

54 D.A.Callum, C.M.S., "Notes", *The West China Missionary News*, No.1, 1905, pp.15-20.

55 J.Vale, "West China Tract Society Publications", *The West China Missionary News*, No.8, 1906, pp.177-181.

56 Historical Outline, *Canadian Methodist Mission Press*, Adapted from,Dr.G.J.Bond, "Our share in China", *The West China Missionary News*, No.6,1916, pp.5-13.

57 "Canadian Methodist Mission Press，成都，Free Literature", *The West China Missionary News*, No.12, 1918, p28.

58 "Chentu notes", *The West China Missionary News*, No. 1, 1905, p.13.

足妻子的，戴上一个特别徽章，让全世界人看看他们有多少。"[59]

3. 参与反缠足协会的工作

四川地区反裹足运动中，成立了不少的协会，如天足会、天理足会等等。因为他们的目标都是一样的，本文以习惯的"天理足会"来涵括所有的反裹足协会。

据《天理足会年度报告》载，"我们和他们自己的共同努力，改变了他们对缠足的态度，这体现在各个方面。通过在茶馆的谈话，以及许多家庭的实际情况，我们也了解到他们彻底地不缠足了。当然，我们也不能忽视女校学生不缠足的行为给许多家庭带来的强烈影响。……奇立总督首先解除了他女儿的裹足并颁布了一个反缠脚的小册子。"[60]天足会主席艾莉西亚·利特尔介绍了天足会在印刷、出版方面的工作，建议在有天足会女子学校开设健美操为必修课，呼吁人们注意男性对妇女放足的态度。[61]

作为团体模式开展反缠足工作，有传教士参与的，尤其是领导的反缠足组织，观念不僵化，关注四川本土反缠足的动向，宣传、借鉴本土的反缠足组织的工作。"大约两个星期前，一场激动人心的'反缠足'大会在该市（宜宾）一个大寺庙举行，完全由中国人自己主办的。府县官员都出席了，县官还作发了言。会议结束时，发放了大量的免费小册子。反缠足会议得到了多方的支持，当地领导人和其他方面的，包括从皇帝来的指令、总督、道台、府和县。在这一改革活动中，该县是最积极的。"[62]

另据《华西教会新闻》载，绵州本地乡绅在没有外国的帮助和影响下独立撰写了反裹足协会规定。《华西教会新闻》的记者，希望在富裕的本地朋友中组建这样的协会的传教士也许可以参照这些条款。绵州反裹足协会的规定：[63]

　　1. 难于嫁出不缠足的女儿是父母的悲哀。因此，我们成立一个
社团，婚姻简约为女孩有天然脚无需悲伤。

59 Alicia Little, "Tien Tsn Hui", *The West China Missionary News*, No.6, 1906, pp.143-144.

60 "Annual Report of the 天理足会", *The West China Missionary News*, No.3, 1904, pp.60-61.

61 Alicia Little, "Tien Tsn Hui", *The West China Missionary News*, No.6, 1906, pp.143-144.

62 C. E. Tommkins, "Suifu Notes", *The West China Missionary News*, No.1, 1906, pp.31-32.

63 "Anti Foot-Binding", *The West China Missionary News*, No.10, 1905, pp.211-212.

2. 居住者的名单和职业，子女的数量和年龄，以及男女性别都将保存下来以便于社团中年轻人结婚。

3. 社团中的文人、农民、修理工和商人都一样，富人和穷人也无差别。

4. 要进入社团必须先订约，根据自愿原则，如果不愿意，我们不会强求，但是，不认可任何不定约之人。订阅费都由司库处理，钱将用于印刷书籍、小册子和海报，以及将来给一所女子学校。

5. 如果社团成员有不缠足的女儿，社团会出一笔嫁妆钱，数额不菲，并保证她不会被歧视（被外面的人）。

6. 在城市内保留一个总表，但是每个人都拥有自己的名单，并劝人加入社团。如果有人辱骂，我们不会回应；而如果在农村或市场，被劝加入社团的人，其名字将首先被写在列表上；为了便于参考，每个月的名单将首先被带到总部记录在总表中。

7. 如果有十岁及以上女儿，未能解除缠脚（已经订婚）的，如果他们承诺将来得到女儿并不再缠女儿脚的人，可以加入社团。

8. 社团成员之间可通婚或者取[娶]社团外有不缠足的女子。

9. 本社团成员缠裹其女儿脚的，社团将处以高额罚金并给予开除。

10. 若有劝50人加入本社团并记录他们名字的，将获得最近出版的书记或报纸的回报，或若有征集了100名的，将得到一大笔钱的回报（计划中）。

三、反缠足的效果

在教会和传教士的努力下，以及四川民众的参与下，反缠足运动取得了不小的成果。

内地会川东谷桂香罩（F. H. Culverwell）报道到，"迄今为止，本市（南部）还没有开展过反缠足运动。不过，现在女基督徒树立了好榜样，在过去的几个月里几乎所有的人都没有缠过脚。这项活动多亏倪倜（Ni Ti）的努力，他一直热衷于这项活动，是我们的帮助人。在绥定府（Hsuting-fu）看到不信教的人都没缠脚，他立即敦促他妻子放弃缠足，然后认真劝勉基督徒抛弃这项又残忍又愚蠢的习俗，然后还使他们认可在这件事情上落后于不信主的人是基督徒的耻辱。"[64]传教士托马斯·温莎公爵（Thomas Windsor）报道丹陵的情况是，"成立了一个天足会，并据传闻，已有成员 200 或 300 人"。[65]传教士倪维新也说到，"我们被邀请到一些富有的家庭里去，都会讲到缠足这个话题。听说有个妇女从未缠过她女儿的脚，就是因为一个我们的传教士在暴乱之前说过一些话语。"行善！"这真是常见的遭遇促使这个家庭放弃了裹足之陋习。……传教士斐焕章报道，在新津有三百个家庭已经停止了缠足习惯，成立了他们自己的社团，并选取了一个特殊的日子，到时他们都穿上特别的服装以证明其决心。"[66]《成都消息》一文载，"强烈感谢总督法令和类似公告，至少每五个小姑娘中就有一个不缠脚了。"[67]

由上述可见，教会和传教士反缠足的工作，获得了四川民众的认可，取得的成效也不小。从而有评论说到，"另外一方面，基督教精神的成果——慈善工作受到了欢迎，并影响了中国人生活的很多方面。学校和医院的建立、反鸦片、反缠足、女奴、科学方法和视野的引入、对男女机会平等的强调，所有这些都深深影响了这个发展中国家。"[68]

第三节 反其他陋习的工作

在四川的基督教会及传教士除了对反鸦片、反裹足的外，还针对四川传统中的其他陋习，比如赌博、酗酒和吸烟（非鸦片）等陋习行为开展了大量的工作。

一、反赌博

赌博是一种拿有价值的东西做筹码来赌输赢的游戏，是人类的一种娱乐方式，是一种不正当的娱乐活动。"十赌九病，久赌成疾"，赌博本身是一种刺激，常常在输赢之间使人容易上瘾。赌博时，因为神经高度紧张，对人的身心健康非常有害。此外，赌博对社会、家庭也有极大的危害。有的人因为染上了赌瘾而走上了偷盗、抢劫等犯罪道路；有的因为整天沉醉在赌博活动

---

64 "Station Notes-Nan Pu", *The West China Missionary News*, No.6, 1907, pp.17-18.

65 "Tseni Notes", *The West China Missionary News*, No.5, 1905, pp.103-104.

66 Maud Killam Neave, "Something Encouraging in Regard to the Anti-footbinding Movement", *The West China Missionary News*, No.8,1904, pp.172-173.

67 "Chentu Notes", *The West China Missionary News*, No.3, 1905, pp.57-60.

68 F. Olin Stockwell, "A Christian Program for China Today", *The West China Missionary News*, No.2, 1939, pp.41-48.

中，而影响工作和事业，败坏形象；有的因参与赌博长期夜不归宿，而影响夫妻感情、家庭和睦，有的甚至闹离婚、弄得妻离子散；有的因长期浸泡在硝烟弥漫赌博小屋子里，而染上疾病，严重摧残身体……总之，对社会的稳定和和谐起到了巨大的阻碍作用。

清末民国时期，赌博在四川非常的盛行，不仅赌博方式多，而且赌博点更可谓"遍地开花"。以四川成都为例，"民国时期，成都赌博方式有四五十种，成都及郊县赌博之风非常盛行，据不完全统计大约有大大小小的赌场近两千个，其中有 1500 多个为袍哥开设的。"[69]

西来的传教士注意到了四川的这种状况。传教士斐焕章（J. Vale）介绍说，"中国兴起的一些恶习，鸦片为第一毒害，第二为赌博，第三为香烟。并希望有人愿意分发反鸦片、反读博和反吸烟的小册子。[70]传教士西姆金（R. L. Simkiny）的调查，"在七个月之前，我完成了为其近一年的心理访谈调查。在中国，我没有听到公开论及赌博的危害。步行不到一里的路程（从成都南门到圣他启教堂），有 51 家商店在销售彩票。我相信销售点的分布比例在整个成都都是类似的。自那时起，我仔细地观察，但是，在所有的公众会议上从未听到抗议的话语，哪怕一句彩票赌博的。在这种巨大邪恶面前，中国的基督教会没有良心吗？"[71]

可以想见，四川地区赌博的"盛况"了。基督教会和传教士不仅加强宣传力度，并依据中国政府的一些政策，加强反赌博的工作。

介绍赌博的危害。如，《再说说赌博的害处》一文载，赌博的害处有十样："1. 耗费光阴，耽误正事；2. 和不好的人来往，脾气容易变坏；3. 不分白黑的赌，吃饭睡觉都无定时，身体容易受伤；4. 人在赌博场中，最容易胡吃滥用，不知不觉就养成好花钱的习惯；5. "赌博场中无父子"，至亲好友，往往为一文半文，大家翻脸；6. 常因赌博，惹得家庭不和；7. 赌博场中最容易学会吃鸦片，打吗啡，抽白粉，这些杀人的习惯；8. 男女杂处，容易出伤风败俗的事；9. 赌棍多，盗贼也必然跟着多；10. 越输越红眼，越想捞本越输得多，结果是破家荡产。"[72]

---

69 李英：《民国时期成都的赌风》,《成都晚报》, 2008 年 10 月 26 日。

70 J.Vale, "The Latest Evil Habit", *The West China Missionary News*, No.2, 1909, pp.14-15.

71 R.L.Simkiny, "A Query", *The West China Missionary News*, No.3, 1930, pp.31-32.

72 孙恩三：《再说说赌博的害处》,《田家半月报》第 2 卷第 4 期, 1935 年 2 月 15 日, 第 9 页。

宣传介绍反赌博的政策，如，"限八月一日禁绝赌博及赌具，限九月一日取缔卜筮星相及娼妓——国府以革命的市民，特限令八月一日禁绝一切之赌博行为，及售卖赌具，至于卜筮星相更属荒诞不经，且足启一般愚民侥幸之心，不求上进，养成社会之恶习，限令九月一日一律禁绝，取缔娼妓本府早经申令在案，亦限于九月一日禁绝云。"[73]

以文字作品宣传反赌博，如毛宅三劝戒赌时，写道：

> 劝教友，莫赌钱，免得社会有繁言；近日闻，我听见，赌博传染教中贤；
>
> 打麻将，最普遍，男女都要打几圈；祷告文，口在念，心里总以赌为先；
>
> 这赌鬼，很凶险，想方设计来牵连；十条诚，末一件，上帝命令本威严；
>
> 犯了赌，何能掩，虽为世上光与盐；赌害了你，光不显，盐也失味反讨嫌。
>
> 教外人，见你面，毫无感化他心田；基督徒，大缺点，枉自礼拜于神前；
>
> 从今后，快改变，休与赌结不解缘；闲暇时，要消遣，宜把圣经看几篇；
>
> 回头来，立志愿，永远不到赌场边；灵修上，都无歉，教友资格揽保全。[74]

这种白话形式的戒赌歌谣，不仅信徒很容易记住，非信徒看了也容易理解其意义和价值。此外，教会的一些报刊杂志还进行反赌博的征文比赛。如在《读者来信：反赌博征文消息》一文中，斐焕章说道，"在四川征集反读博的文章，并给予奖励。共收到69篇，选出了一二等奖。获奖者都是成都人，至少是居住在成都的。第一名的文章作些修改后，将免费发放。"[75]

二、反酗酒

酗酒是指饮酒超出适量饮酒或一般社交性饮酒的标准，并且对酒精依赖达到一定的程度，从而导致明显的精神紊乱或干扰了身体和精神健康，影响人际关系及其社会经济功能。一般来说，酗酒会导致酒精中毒、损害食管和胃黏膜、营养失调、诱发脑卒中、危害社会等等。从历史角度看，四川民众酗酒的人数应该不在少数。因为四川地区的气候和地理条件造成的生活和工作状况，民众需要甚至喜欢饮酒；事实上也是如此，四川地区历来就存在众

---

73 《首都最近之三大取缔》，《弘道》第39期，1928年，0页。

74 毛宅三：《毛宅三劝教友戒赌》，《希望月刊》第6卷第10期，1929年10月，第37-38页。

75 J.Vale, "Anti - Lottery Literature", *The West China Missionary News*, 1908, No.12, p.10.

多的小酒窖，特别是众多的家庭还自行酿酒。此外，再加上文人雅士对四川酒文化的津津乐道，四川酒文化源远流长就不足为奇了。尽管在我国封建社会时期，实行过禁酒令，但四川从明清以来就少受政府禁酒政策的影响，酒业发展迅速；到晚清开放就业后，四川酒业发展得更快；进入民国时期后，四川的酒业走向了建国前的辉煌。

传教士到了四川之后，看到了酗酒这种现象，便开始向四川民众介绍酗酒的危害。

传教士弗雷德里克爵士说："酒精是一种非常明显的毒药，尽管它有一定的用途，但在使用上应该像其他毒药，如砷、鸦片和士的宁一样有严格的限制。作为药物，酒精有一定的作用，但在过去的 25 年里其作用被医学界逐渐弱化了。酒精影响消化，即使饮用少量。酒精很神奇地调节着身体的营养成分，并大大减少碳酸的输出——一种非常重要的物质——因此酒鬼必然是营养不良的人。使用任何酒精都不可能使身体达到舒适的极致，其刺激作用是短暂的，当酒精作用消失时，工作能力急剧下降。"[76]

宣传国民政府的政策——《内政部令禁未成年者吸烟饮酒》[77]：

国民政府内政部令，兹制定禁止未成年者吸纸烟饮酒规则公布之，此令，（禁止未成年者吸纸烟饮酒规则）。

第一条，凡年龄未满二十岁之男女，一律禁吸纸烟，并禁饮酒，但经医士证明，确为治病饮酒者，不在此限；

第二条，违反前条规定者，处五元以下之罚金，但未满二十三岁人免除之，仍告知其行使亲权人或监督人，令其自行管束，所持之烟或酒及烟具酒具，均没收之；

第三条，行使亲权人、监督人，知未成年者吸烟饮酒而不加制止者，处五元以下之罚金；

第四条，明知未成年者系供自用而以烟或酒及烟具酒具卖与者，处十二元以下之罚金；

第五条，本规则执行机关，为市县公安局或县政府，区村自治机关并负协助查禁之责；

第六条，本规则自公布日实行，如有未尽事宜，得随时修正之。

---

76 Sir Frederick Treves, "Sir F. Treves on Alcohol", *The West China Missionary News*, No.5, 1905, p165.

77 《内政部令禁未成年者吸烟饮酒》，《弘道》第 36 期，1928 年，第三版。

倡导戒酒，并提出戒酒之法。

　　传教士瑟维斯说："许多中国人，尤其是年轻的一代，开始意识到酒精的危害作用。知道实质的我们这些外国人应当点化他们，并帮助他们对抗这种威胁其国家福利的祸害。我想提出几点建议：

　　1. 华西顾问部在西南三省设立一个年度的节制星期日。

　　2. 所有传教士都应采取措施观察今年重阳节这一天。

　　3. 为了这一节制日，主日学校不仅要有专门的讲授课程，我们所有的传教点和分站的常规服务都应有节制日这样的话题。

　　4. 应该为这些会议做好专门的准备工作，以便系统地彻底地介绍酗酒各阶段的危害事实和最新研究成果。

　　5. 我们所有的外国工人都将在夏天对这一课题进行专题研究，到九月九日之前，尽快让中国的布道者、助手和学校教师到中心传道点深入研究这一重要问题。

　　……

　　10. ……所有差会在各个地方庆祝禁酒日，在禁酒宣传的伴随下，这种定期福音布道会将给人留下深刻的印象。[78]

再如："去年十二月，伯克斯开始使用他生理学博士班的一套节制图，该图是笔者从加拿大带过来的。节制图是酗酒者的大脑、胃、肝、肾、心脏和肌肉与戒酒者的比较。节制图精确展示了酒精的危害作用，给人以非常深刻的印象。伯克斯开始谴责把酒精当作饮料，并在我们街道布道点展开禁酒演讲，还用图表向学校教师和其他人展示以激发他们的热情，并给学校的孩子们上专门的介绍课。大约在同一时期，定期的主日学禁酒课深入开展了，以满足总禁酒的需要。"[79]

宣传戒酒效果。"我们的"年轻人戒酒团"成立的时间虽不足以证明其自身，但最初制定的几条规定能够在更大的规模上引起其他人建立相似的组织。……这种小团体的建立对于我们基督徒有良好的效果。理论上讲，不可能根本不饮酒，但是少喝一点，至少在节假日是可以考虑的。当然，在目前这种潮流下，拒绝饮酒就是自然又很容易的了。我们希望这种状况持续下去。

78 Chas. W. Service, "A west China Temperance Sunday", *The West China Missionary News*, No.8, 1917, pp.39-40.

79 W.J.mortimore, "The Chungchow Temperance society", *The West China Missionary News*, No.9, 1917, pp.24-25.

这里学校孩子们坚持禁酒的勇敢榜样已经影响到了他们的父母，我们希望到秋季时，在年轻人学会会员中成立一个类似的组织。[80]

三、反香烟

四川省有悠久的烟草种植历史。据清代四川地方志记载，烟草在明末（17世纪中期）已传入四川，并开始种植和加工，至今已有 350 余年的种植历史。从清初至清末，因为低下的生产水平、高要求的烟草种植技术和"重农抑商"的政策，以及四川恶劣的交通运输状况等原因，四川烟草种植业发展缓慢。不过，在这一时期，四川的烟草种植分布较广，遍及整个四川盆地及盆周山区；晒烟生产零星而分散，以自种自吸为主，产量及商品量最大且最为集中的地区为成都平原。到民国二十年左右，四川的烟草生产开始迅速发展。据1934 年《经济年鉴》统计，当年四川烟草种植面积达 12 万公顷，约占全国种植面积的 23%以上；年产烟叶 12 万余吨，约占全国总产量 26%以上。在1920-1930 年代，四川手工业卷烟开始批量商业化生产。到抗战前夕和抗战中期，由于四川人口骤增，对烟类消费的需求大涨等原因，四川烟草农业获得了迅速发展；同时，四川的卷烟业开始迅速发展，机制卷烟工业也开始起步。随着战时烟类专卖实施后，财政部为广辟税源，放宽对手工卷烟制造业的限制，四川手工卷烟业进入鼎盛时期。据财政部烟类专卖局统计，1942 年四川省共有手工卷烟厂 85 家，年产卷烟 3000 箱，其厂家、产量名列全国第三位；至 1940 年代中期，四川手工卷烟年产量大致约占卷烟总产量的 1/3。[81]

可以想见，四川的"烟民"为数肯定不少了。众所周知，"香烟"点燃时释放的化学物质，主要是焦油和一氧化碳等，它可能诱发多种疾病，对个体健康危害极大。因此，烟草对四川民众的健康来说，是一种极大的隐患了。在这里需要指出的是，香烟是烟草制品的一种；制法是把烟草烤干后切丝，然后以纸卷成圆桶形条状；吸食时把其中一端点燃，然后在另一端用口吸出产生烟雾。本文反香烟本应指反对这一种，但是，因为四川地区的民众，尤其是种烟草地区的人，把烟叶晒干后，直接卷成纸烟状而吸食，即吸食烟叶，数量也是不少。所以，本文反香烟就是指吸食烟草并包括以烟草为原料的产品。

---

80 W.J.mortimore, "The Chungchow Temperance society", *The West China Missionary News*, No.9, 1917, pp.24-25.

81 烟草在线据网络编辑整理，《四川烟草史话》，http://www.tobaccochina.com/culture/history/wu/20114/2011421113843_460056.shtml，2011 年 4 月 22 日。

基督教教会和传教士注意到了四川民众吸香烟这一不良习惯，首要就是介绍香烟的危害，例如，以歌谣形式的文字作品介绍香烟的危害，并劝止。

《香烟》[82]：（求耶稣调）

> （一）香烟毒，香烟毒，香烟是个害人物；
>
> （二）香烟毒，入肺腑，烟熏火燎肠胃枯；
>
> （三）钱数枚，烟一根，如同拿刀来自刎；
>
> （四）无一利，有百害，劝你早把香烟戒。

外国来的传教士们更是极力反对香烟，"冒着被称为'怪人'的风险，我们打算写篇关于中国吸香烟的简要报道。当然，因为几乎所有华西的医疗传教士都不抽烟，并且我们也不知道谁会抽，所以，我们不是被当作唯一的怪人。……如果中国传教士不制止这种邪恶的潮流，谁来做呢？但最重要的是我们其余的同工，作为个体并有极大力量的中国医学传教士，在中国许多地方正尽一切努力制止这种邪恶，并且还非常乐意与医疗传教士合作；而且他们很高兴邀请我们参与这件事。……"[83]还推荐西方反香烟的书籍——《吸烟的习惯：历史和病理学》，不仅介绍了西方反香烟的历史和知识，还介绍了香烟的危害以及办法。"在詹姆斯国王发布他著名的反烟草法令之前，就已经存在了强烈指控使用这种令人安慰的杂草。……不幸的是，反香烟的一个严重缺点是，所有医疗人员应该知道反香烟更宽泛的范围，从而，才能做得更好。读了本书后，任何理智的人都不会再抽烟。……作者证明了使用烟草会导致记忆退化、心律不齐、英国海军诈病和阳痿；丈夫吸烟甚至引起妻子流产和孩子低能，无节制地吸烟也会导致女孩超过男孩；癫痫和动脉脂肪变性是进一步的后果，并且遗憾的是，因为吸食烟草而无法挽救。在本书中，所有"反香烟"的人都会得到安慰，并找到反香烟的办法。[84]

此外，关注中国政府反香烟的动态。"南京讯，禁烟委员会主席张之江，最近在国府会议席上，发表意见，谓鸦片固宜禁止；谭延闿深迎其说，孙科则谓我国每年消耗于香烟者，约在三万万元以上，非禁绝不可！"[85]

---

82 前人：《戒鸦片烟歌》，《田家半月报》第 2 卷第 11 期，1935 年 6 月 1 日，第 11 页。

83 O.L.Kilborn, R.Gifford Kilborn, Chas.W.Service, "Medical Notes", *The West China Missionary News*, No. 11-12, 1912, pp.19-21.

84 O.L.Kilborn, R.Gifford Kilborn, Chas.W.Service, "Medical Notes", *The West China Missionary News*, No. 11-12, 1912, pp.19-21.

85 《纸烟吃不成了》，《弘道》第 49 期，1928 年，第 1 页。

综上所述，在川教会及传教士对于四川本土的习惯，尤其是上述陋习的观察是相当深入的。而在观察后，他们也提出了相应的一些措施，开展了一些活动，帮助民众提高健康意识，促进民众身体的健康。

第七章 基督教在四川的社会服务的评价

第一节 基督教社会服务的问题

基督教自传入四川以来，教会团体、传教士和信徒个人都在积极地开展社会服务工作，尽管取得了不菲的成绩，在教内外产生了一定的影响，但是，这些工作距离其最初设定目标——"中华归主"，仍然是遥不可及的。通观四川基督教社会服务，的确存在着一些问题，下面分别加以论述。

一、社会服务资金不足

纵观上文所述，四川基督教会的社会服务工作主要是医疗卫生服务、学校教育服务、慈善赈灾和其他方面的一些服务。这些服务工作开展所需的资金都主要来源于基督教会，尤其是在开展之初，其中，像慈善赈灾和其他方面的一些服务，更是需要得到教会的极大，甚至是全力支持，否则是根本不可能的。所以，四川基督教会社会服务工作的开展情况同教会整体的经济基础和收入来源是密切相关的。但是，因为教会经济基础和收入来源的限制，加上四川残酷的社会现实和羸弱的经济现状，教会用于开展社会服务工作的资金存在着严重不足。此外，基督教会开展的社会服务工作所涉及的面又过宽过广，分散了资金，加剧了服务资金不足的现实状况；从而，在实际的服务工作中，导致了教会服务的对象在事实上仍然只能以四川地区的弱势和边缘群体为主，并且，其服务的效果距其初衷也就相距甚远了。

1877-1951 年期间，四川基督教的经济来源主要是：

1. 差会津贴。"总体来说，传教差会在母国募捐筹款，这是基督教会经济来源的重要组成部分"。[1]四川基督教会毫不例外，并且，四川基督教会兴办诊所、医院和学校等最初经费的来源更是如此。

2. 国内外捐赠。四川基督教会接受国内外的捐赠，有的直接给与了教会，有的则直接投入了教会的社会服务事业中去了，如华西协和大学的兴办就接收了来自国内外各界的捐赠，美国人毕启，华西协合大学校长（1913-1930，后为教务长）为了办好华西大学，从 1913-1942 年先后 15 次横渡大西洋，在美国为该校募集资金近百万美元。各地修建教堂时中国教徒自愿捐款和捐赠地皮的不少，外籍传教士也捐款资助。如开县圣公会（先属内地会）。从 1901 年至 1939 年间，先后在乡镇兴建分堂 17 处，教徒和外国传教士捐白银 1000（两）。银元 5860 多元。中华基督教会四川大会于 1918 年，由中国教徒捐款开发边疆布道工作，建立理番县自养布道区。[2]

3. 房产和田地产。"房租和地租收入是基督教会最稳定和最主要的日常收入来源"，[3] 即"争夺土地与资源是全国各地教案频繁发生的重要原因"[4]，而四川教案频发，也大多与这种敛财方式有关。

4. 教徒奉献。教徒的奉献直接增加了教会团体的财力，为教会社会服务事业的资金保障提供了一些可能。如四川重庆著名企业家基督徒刘子如率妻儿，"效博爱精神服务社会为挽救世道人心之微意"，将生平积蓄的财产，"实计动产不动产约十万元悉照连年账据点交捐送与重庆孤儿院、青年会和美道会接收"，作为永久基础，贡献社会。[5]

5. 某些基督教会兴办慈善福利事业的收费和有偿服务收入，例如教会学校的学费收入，教会医院的医药费收入，杂志出版物的销售收入，慈善福利事业由免费到收费等等，部分地增加了教会的收入，也对教会的社会服务事业起到了维持的作用。

---

1 顾长生：《传教士与近代中国》，上海：上海人民出版社，1995 年版，第 298 页。
2 四川省地方志编撰委员会：《四川省志·宗教志》，成都：四川人民出版社，1998 年版，第 473 页。
3 刘继同：《生存战略或文化交流：近代中国基督教会慈善福利事业概览》，赵建敏主编：《天主教研究论辑》（第 1 辑），北京：宗教文化出版社，2004 年版，第 278 页。
4 顾长生：《传教士与近代中国》，上海：上海人民出版社，1995 年版，第 298 页。
5 《刘子如捐产文约》。

当然，由于接受差会津贴的教会，经济权均由传教士掌握，保存资料很少，无法统计四川基督教的实际经济状况。并且，差会津贴也只见零星的记载，差会对医疗卫生、学校教育和慈善赈灾等社会服务事业的津贴也无详细数字。所以，下面再看看部分差会房地产和津贴情况：

房地产方面。

1. 中华基督教会。据不完全统计，1949 年有房屋 1463 间、1 幢（仅在成都市区就有房屋 792 间，占地 12647.24 平方米），有田地 226.191 亩，还有公墓地和少量熟土，是房地产最多的教派。2. 卫理公会。据不完全统计，1949 年有房屋 920 间、18 幢、1 院，39383 平方米，仅在璧山县有房屋 169 间，有田地 532.3 亩，主要集中在永川、荣昌、内江，每年约收租谷 382.5 市石、21000 斤。3. 中华圣公会。据不完全统计，1949 年有房屋 653 间、30 所、11 院、7 幢，仅在绵竹县有房屋 134 间，占地 30150 平方米，有田地 227.73 亩。4. 华西浸礼会。据不完全统计 1949 年有房屋 326 间、2 座、22 幢、3 院，有少量地、茶山和墓地。[6]

津贴方面。

1877-1951 年，四川基督教各教派，多数靠接受外国差会津贴维持教务。设立在上海的各国差会联合会计处（United Mission Treasury），负责把各差会提供给各地教会的经费按季汇往各地省一级组织。然后各地省一级的救会组织的差会会计又将钱分拨到下属各教（牧）区、各分（支）堂，和各教会所办的事业机构。

1949 年前后，四川省部份教派接受外国差会的津贴数额如下：中华基督教会四川大会 1949 年接受数额为 45933 元（银元）。其中加拿大合一教会款额为 20928 元（银元），加拿大女布道会为 25005（银元）。中华基督教卫理公会华西年议会 1949 年接受的款额为：904813162 元（旧制人民币）；内地会川西南联合 1949 年接受款额为：28800 万元（旧制人民币）；公谊会四川年会 1949 年年接受款额为 700 英镑。[7]

值得指出的是边疆服务的经费来源。边部成立之初，行政院曾通过赈济委员会拨款 4 万元（法币）。同时与国外一些援华组织和团体国际救济委员会、

6　四川省地方志编撰委员会：《四川省志·宗教志》，成都：四川人民出版社，1998
年版，第 474、477、479、481 页。

7　刘吉西等编：《四川基督教》，成都：巴蜀出版社，1992 年 11 月版，第 514 页。

美国援华委员会、国际红十字会等取得联系，这些团体和组织先后在经费、医疗器械和药品方面给"边部"以援助，还有部分国内人士的捐助。抗战胜利后，国民政府和美国政府共同组织的中国农村复兴委员会也曾应"边部"的要求，向"边部"先后提供4万美元的补助。1948年后，"边部"的经费来源主要靠中华基督教会全国总会筹措。[8]

所以，就四川基督教会的经济来源看，算是多样化的，既有国外的募捐，又有国内的来源，既有基督教会的渠道，又有教徒个人的捐献。单就上述四川基督教经济来源方式看，以及教会的房产和地产等，可以说是比较乐观的。另外，值得指出的是，1920年代以来，中国基督教会的自立和自养趋势日趋明显，资源构成和资金来源本地化色彩日趋浓厚[9]。四川的一些基督教会积极响应，开始自立自养。四川基督教除了真耶稣教会、中国耶稣基督教自立会和少数地方教会实行自养外，多数教派接受差会津贴，但接受津贴的教派，也有一些教堂实行自养。抗日战争爆发后，由于大量的外省基督教会和信徒的涌入，又不仅直接壮大了基督教在川的人力，还增加了基督教在川的物力。这说明了四川基督教会的经济情况是处于变动化、多元化和本土化几种趋向中的，这有利于教会增加教会的经济收入。

但是，由于四川基督教各差会母会，即母会之本土、本国经济状况的限制，以及教会自身没有能够持续增加收入的稳定的渠道，导致了教会津贴的短缺、不充足；再加上由于四川地区政局不稳，战争频繁，经济落后，工业不发达，并伴上不断的天灾，这样就导致了四川本土经济的极度匮乏，从而最终影响到了来川基督教的发展，如传教布道和日常运作，以及教会服务事业的开展等。

教会经费不足的问题经常被提及。

英美会传教士李德良介绍了《教务杂志》中关于中国基督教会中的自养问题的讨论，提到："李先生认为，教会的成功依赖于经济的独立。灵性的生命和自养对双方都重要，大革命对自养的实现有阻碍，基督教团体的财政实力增强弱于平常年。他建议：逐渐减少西方资助关闭目前工作，一

---

8 四川省地方志编撰委员会：《四川省志·宗教志》，成都：四川人民出版社，1998年版，第469页。

9 张西平，卓新平编：《本色之探：20世纪中国基督教文化学术论集》，中国广播电视出版社，1999版，第248页。

些地方的教会联合可能能带来好效果，将来外国来源的资金用于非布道领域。惠特克认为，灵性与经济独立紧密相连。他认为旧教会独立不可能，但新的团体实现自养有可能，他认为要将用于布道工作的钱放在医院和普通教徒训练学校，让平信徒布道员成为领袖，每年削减来自外国的资金的15%或 20%。"[10]

可见，经费不足成了普遍的比较严重的问题。华西公理会联合会议提及，"面临财政和人员短缺的情况"。[11]公谊会的报告说，"鉴于来自祖国报告的差会账目的严重赤字，我们决定，在多处削减花费，并拒绝开辟显得有压力的新工作。"[12]贝尔在《今日四川》一文中强调说："四川仍可旅行外出，但人多、价格飞涨。现在战乱，许多人涌到乡村和小城镇，城市教会工作减缓，但乡村工作比以前有趣。我们传教站遭轰炸，财产损失有，医院的财政也困难。这使得给穷人和需要的人免费或减免费用的治疗越来越困难。"[13]英国圣经会在成都的代理人法于众在报告中写道："我们面临的最大问题是财政问题。生活成本涨得如此高以至我们的一些人员发现依靠我们能支付给他们的薪水很难维持生活。他们也报告说，乡村中许多人发现很难得到购买食品的钱，自然也没有钱买书。……如果我们要继续目前的同工团队的话，今年就必须向地方教会呼吁专项资助。"[14]《华西教会新闻》的《社论》也评论说："还有就是财政问题，在不考虑内部的支持和其他需求的情况下，不少差会发现很难从成员中募集足够支付日常工作的花费。"[15]这样，传教士和教会就不得不寻找新方式来解决这个问题。

加拿大英美会总干事海布德（Hibbard）致信四川美道会时提到母会经费紧张，希望中国教会加强自养能力，"母会要维持国家安宁，没有好多余款帮助外国。那些热心教徒乐捐的款不过只能补足各地欠缺而已！……我们在中国作教会工的人，回本地劝人捐款，很不容易。希望各处的教会，慢慢要

---

10 R.O.Jolliffe, "Read this Letter!" *The West China Missionary News*, No.10, 1928, pp.5-13.

11 S.H.L., "Re-Union and Beyond-More Unon--West China Methodist Joint Conference, Jan 11-18,1936", *The West China Missionary News*, No.3, 1936, pp.18-24.

12 "Magazines", *The West China Missionary News*, No.8, 1906, p.194.

13 Gerald S Bell, "Impressions of Szechwan Today", *The West China Missionary News*, No.1-2, 1941, pp.20-22.

14 W. N. Fergusson, "British and Foreign Bible Society, Szechwan", *The West China Missionary News*, No.6, 1916, p.22.

15 "Editorials", *The West China Missionary News*, No.11-12, 1922, p.2.

将自养实行起来。"[16]浸礼会安齐尔（女）在年会中说："动荡的环境和经费的紧张使过去两年无法召开大会。……其中之一是明确的自养运动，一些学校秋天就可实现，一个教会在三年内实现，其他跟随。"[17]浸礼会周忠信在《差会十年》一文中也说道："教会工作"的经费已经捉襟见肘了，开支能削减的地方都尽可能地削减了——不同级别的教牧人员大量失业，各处教会中那些一度慷慨乐捐的教友们的捐赠量已经大打折扣……这一切将消耗和啃噬着海外传教运动的同情心和利益。"[18]而黄靖寰提出了解决之法："数月前接坎拿大英美会来电，略谓本年之差会来款，尚欠二万八千余元，无法募集。以协合执行部，第七次记录，第一四二项载：关于明年财政减少问题，估计分配如下：布道组——二万三千五百元。……1. 停止年会不开，可节省中西会员之路费三千余元；2. 各级传道者概不进年，不加薪，不更调；3. 关闭不进步的支堂；4. 助师薪水由连环负责；5. 取消传道者之子女，在高级小学暨初中肄业时，应得之助费；6. 劝勉信徒捐输，以补助其牧师扣折之薪水；7. 设法弥补而犹不足之款，仍在各级传道者之薪水上折扣；8.催促各连环自养。"[19]

所以，四川基督教自身的经济状况是比较令人担忧的，在维持自身运转都存在困难的情况下，他们开展社会服务工作的难度就可想而知了。本来四川基督教的资金就不足，再加上其服务对象的实际情况，这就更增添了教会服务资金的困境。

此外，四川基督教社会服务，如在医疗卫生服务中，教会诊所、医院在很多时候开展义诊，尤其是对贫苦穷人免费施诊施药，这不仅增加了教会医院的负担，给医院持续发展添加了困难，也削弱了社会服务资金的作用。很多诊所或医院无法继续开办，就是最明显的例子。在学校教育服务中，四川教会学校招生困难一直都是一个较为头疼的问题。兴办之初的学生主要来自四川教会工作人员、信徒子弟和贫苦家庭，有的还提供粮食给那些贫困的学

---

16 海布德（Hibbard）：《四川美道会教育、布道、医务全体会员先生公鉴》，《希望月刊》第 6 卷第 8 期，1931 年 8 月，第 39 页。

17 Lettie G. Archer, "Report of Annual Conference of the F. F. M. A.", *The West China Missionary News*, No.3, 1937,pp.34-35.

18 Joseph Taylor, "A Decade of Missions", *The West China Missionary News*, No.6, 1932, p.4-7,

19 黄靖寰：《读协合执行部估计明年布道组的财政减少案后》，《希望月刊》第 9 卷第 12 期，1932 年 12 月，第 14-17 页。

生，以保证其来校，所以，教会的经济状况是可想而知的了。尽管后来有所变化，但总体上的生源不足，造成了教会和教会学校亟需大量的资金以供运转。在慈善服务中，比如孤儿（老）院事业中，尽管采取了像"教养兼施"等方法，但还是需要教会提供大量的资助。而赈灾和一些其他方面的服务，则更是需要教会的"奉献"式支出，所以，四川基督教社会服务资金存在着严重不足的问题。

二、社会服务组织不健全

四川基督教社会服务事业中，大体上都是以教会组织为主，传教士和教徒为辅的服务提供组织体系与模式，当然，其中也有个别信徒，尤其是来川的西方信徒提供社会服务的。在川的各教会组织，如美道会、内地会、圣公会、浸礼会、美以美会和中华基督教男女青年会等，各自兴办社会服务事业。专门的教会社会服务机构几乎没有，唯一的并与基督教相关的是成都中西组合慈善会。

四川基督教会社会服务事业中，这种"多样化"的服务提供者的模式，削弱了整个教会的服务能力。而更为重要的是，本来教会社会服务具备一定的优势：在理念上具有先进性，即"现代化"；并且，采用的是一种"积极"的方式，即"教养兼施"，从根本上进行服务，使接受服务者将来能够自谋生路。但是，因为教会社会服务资金不足，再加上教会开展社会服务的宗旨——"中华归主"和传教士的个体原因，导致了教会社会服务事业的问题。因而，四川基督教社会服务事业中的这种"多样化"服务模式，说明了教会社会服务组织具有不健全、不完善的一面。

首先，因为四川基督教社会服务工作的开展一般是在教会组织的领导下进行的，教会负责人就是社会服务工作的负责人，即是说"领导"人才的数量太少。本来，来华来川的传教士一般都具有某个领域的专业知识或技能，在社会服务工作中，也大都能够利用并发挥自身优势，把服务工作做得非常好。但是，由于来华，尤其是来川的传教士毕竟有限，如果出现教士自身的原因，如死亡或离开等，就会出现人才不继的问题，从而，也就会导致社会服务中断或停办的现象。有些教会社会服务的机构停办的原因之一就在于此。比如彭县仁济医院 1926 年因藤之春（P. S. Tennant）离开后停办。[20]乐山仁济

---

20 刘吉西等编：《四川基督教》，成都：巴蜀出版社，1992 年 11 月版，第 424 页。

医院在 1926 年曾停办 1 年，1927 年由中国人乐以篦恢复。[21]这就需要教会完善其社会服务组织的模式。

其次，就具体的服务机构的组织结构来看。以重庆宽仁医院和华西协和大学为例。重庆宽仁医院院内设院长一人，下设医务、护理、总务三个部门。人员精炼。1948 年，院内有医师 17 人，护士 29 人，药师 4 人，检验员 6 人，事务处 13 人，共计 69 人。[22]这样，人员上的"精炼"就会导致组织管理上的不足，特别是院长"独揽大权"，而院务等工作又需要更多的人手。华西协和大学的管理机构，在筹建时叫临时管理部，到 1910 年正式开学时改称理事部（Senate of West China Union University）。这个理事部起初相当于校务委员会的作用，设主席一人。理事部是校内最高决策机关，由基督教各差会推举代表二人，教授若干人和毕业生代表组成。最初成员多为外国人。[23]不仅人手缺乏，加上外国人不了解四川的情况，特别是学生的情况，管理中更容易出问题。

此外，在教会学校和慈善赈灾等机构中，其负责人基本上都是"一人身兼数职"的现象，孤儿院中是最为典型。从而，这种既是教会负责人或之一，又是社会服务活动的负责人的管理模式，说明了教会没有专门的社会服务机构，在开展社会服务工作时是以上级领导机构为主，上级领导机构全权负责。当然，尽管教会在管理模式上也的确是引进了近代西方的管理制度，如，华西地区著名的华西协和大学医院就是以"企业"形式出现的教会医院，但是，考虑到四川地区的贫穷状况，四川民众传统的落后观念和一些不良习惯，以及四川基督教会的经费严重不足的状况和传教士个体的差异，具有一定先进性的近代西方管理制度在四川进行推广，还是存在着一定困难的，或者说它还处在摸索和尝试的阶段。所以，四川基督教社会服务组织是不健全，不完善的。

第二节　基督教社会服务的特点

一、"传播福音"的手段

众所周知，基督教入华传播福音，兴办慈善福利事业的动机与目的是个

---

21 乐以篦口述、余又清整理：《解放前乐山城区教会医院和社会卫生情况》。
22 刘吉西等编：《四川基督教》，成都：巴蜀出版社，1992 年 11 月版．第 414 页。
23 刘吉西等编：《四川基督教》，成都：巴蜀出版社，1992 年 11 月版．第 349 页。

充满争议的历史议题，教内教外、国人洋人、不同时期与不同群体的看法迥然不同，甚至针锋相对，截然相反。基督宗教西方国家开拓海外市场的殖民征服侵略扩张与基督宗教的征服侵略传播密切交织在一起。而且伴随近代中国屈辱痛苦的历史发展进程，这种宗教侵略与宗教扩张的色彩越来越浓厚，精神战争与文化征服的本质愈益暴露无遗[24]。但是，基督宗教在近代中国的总体性状况与宗教侵略性质并非一成不变、铁板一块，而是在不同历史时期，尤其是在不同的地区，更有所不同和有所变化。一般来说，社会服务事业是基督教会传统的布道手段，而非最终目的。

根据四川基督教的发展情况来看，华西基督教史可分为晚清（1868-1911）、民国前期（1912-1937）和民国后期（1937-1949）[25]，与这三个时期相对应，华西基督教的发展也有：缓慢发展、快速走向鼎盛和由鼎盛转急衰三个阶段。四川基督教社会服务事业的状况同基督教的发展基本是一致的，同基督教的发展之间存在着密切关系。

细究基督教在川的发展，以及基督教开展的社会服务工作，我们不难发现，四川基督教社会服务事业是作为传教事业中的一个重要的组成部分而出现的，不可避免地带着浓厚的宗教色彩。教会社会服务事业的目的是"传播福音"，力图达到"中华归主"的最终目的。这正如美国传教士司胁尔所指出的："我们的慈善事业，应该以直接达到传播基督福音和开设教堂为目的。……因此，作为一种传教手段，慈善事业应以能被利用引人入教的影响和可能为前提。要举办些小型的慈善事业，以获得较大的传教效果，这要远比举办许多的慈善事业而只能收获微小的传教效果为佳。"[26]传播福音是传教士心目中一切活动的源泉和动力，其他所有活动都是以传教和传播福音为目的和指归的。但是，我们也应当注意到，基督教社会服务事业的开展有时也是为了谋求自身生存和发展而开展的，即为了站稳脚跟，消除民众的怀疑、疑虑和抗拒等，这在基督教刚进入四川地区时是非常明显的。此外，还有部分或个别传教士和基督徒的社会服务工作则是为了个人得救，以身作则，忠实践行博爱世人和服务社会的理念，等等。尽管存在这些"个别"差异，但就四川基

---

24 顾长生：《传教士与近代中国》，上海：上海人民出版社，1995 年版，第 2 页。

25 陈建明：《近代基督教在华西地区文字事工研究》，巴蜀书社 2013 年 2 月版，第 11 页。

26 顾长声：《传教士与近代中国》，上海：上海人民出版社，1995 年版，第 275 页。

督教社会服务工作的效果来说，尤其是基督教在川的发展情况来看，教会的社会服务不管是直接还是间接地都在"传播福音"，并且效果不错。所以，"传播福音"是四川基督教社会服务的首要特点。

医疗卫生服务事业是"福音的牌女"，教会和传教士借助兴办诊所或医院，免费施诊，或免收药费，或给与其他优待，破除人们对传教士的抵触心理，提供一个接近民众的机会，创造好的传教条件。原伦敦会医院，后英美会医院的传教士沃分德（R. Wolfendale）引用南京的加勒特（Garrett）的话来证明医药工作对宣教的价值："多年来在布道工作和医院工作显示，医药工作作为将福音传播得广的方法的伟大价值。在我心中，它也强调了增加与有我们的医药工作的来的机遇的后续工作目的的机构相关联的更多的传教士的重要性……作为一种打开人们的心灵向福音的方式，我可被允许说，我们的经验，已经明白地显示，一个医院，有效的传福音传得好的医院，足够为许多茶会打开大门，为许多传福音的——无论中外——工作者进入。"[27]事实证明也是如此。启尔德医生就认为，"外国医药传教士的生命会很好地被用于每年治疗成千上万的病人；他接触巨大的痛苦，延长生命，在许多情况下他挽救生命；在他的药方和医院，福音被忠实地布道，撒了许多种，交了许多朋友，到处都有个人在被治疗时坚定地归信。医药差会工作是爱的福音的实际的解释；他是具体形式的福音；它利用'眼门'和'心门'，也用'耳门'。"[28]早在1888年，英国内地会传教士章悟道经阆中到广元传教，就带着西药金鸡纳霜、山道年等为人治病，就是为了接近当地民众，以便传播教义。1897年，阆中瘟疫流行，仁济医院又施药又施饭。三台仁慈医院除了规定看病不收费外，还用一次挂号有效期半年等办法优待病人。绵竹仁泽医院还派人随访病人。[29]这样逐渐获得了群众好感，并使群众接受了西医西药，为传教打下了基础。此外，随着教会医疗卫生事业的发展，尤其是医院规模的壮大，不仅为四川乃至中国培养了医药人才，还在教会医院所兴办的护士学校中培养了护理人才，这些教会医院和学校培养出来的人才，即使不加入信徒队伍，至少也不反对不排斥基督教。不少的教会医院还有专门的"院牧"，即成立宗教部，教会派

---

27 R.Wolfendale, "Corrdespondence-Making Medical Missions A Success", *The West China Missionary News*, No.12, 1910, pp.14-15.

28 O.L.Kilbors, "Chinese Medical Missionaries", *The West China Missionary News*, No.5, 1911, pp.5-6.

29 刘吉西等编：《四川基督教》，成都：巴蜀出版社，1992年11月版．第411页。

传道员或牧师到医院传教，直接在来院的人群中宣讲教义，传播福音，比之在街头宣教更为有利更为有效。如重庆仁济医院就设立了宗教部——由牧师向病人宣传福音，以拯救病人的灵魂来达到治其肌体的目的。院内有崇拜会，每礼拜一晨举行，由牧师主领选读圣经、诗歌等。[30]有的医院若有宗教活动，门诊使用的处方笺上还印有经文以宣传福音。[31]

　　教会学校是传播教义的重要场所。在传教士看来，"偌大之中国，不可以少数西人而广收其效也。况以同种传同种易，异种传异种难。不若收天性未泯之儿童，培之以真道，启之以实学，复结之以恩义，以其学成致用，布散国内，其收效之速当不止倍徒。"[32]更为要紧的是，初到四川的传教士遇到的困难是极大的，正如建立上海清心书院的美国北长老会传教士范约翰回忆，他来华之初"苦于风土人情之不谙，语言文字之隔膜"，试图"访求同志于华人之中"，然而"当时非惟无可用之传道人，即寻常教友，亦不可得"，因此不得不"集多数童子，使之受教会学堂之教育"。在传教士看来，这些孩童不仅可以作为他们布道的对象，"其间也不乏可任教之人"，即可作为传教助手，乃至布道人，"所以兴学之不可一日缓也"。[33]教会学校就是"仅仅作为诱导学生前来的一种手段而已，其真正的目的不是教育他们而是让他们皈依基督"，即作为宣道的辅助手段。[34]因此，教会学校十分重视宗教教育。

　　1906 年，在四川的基督教各差会联合成立了管理教会学校的机构——华西基督教教育协会（West China Christian Education Union），该会规定之一便是，初期，学校的校长由外国人担任，宗教课被列为必修课。学生在学校的组织下参加早晚礼拜及星期日礼拜。校内有查经学习、祷告会、圣乐班及宗教团契活动。尽管 1925 年立案后，学校不得传播宗教，但宗教活动自由参加，团契组织活跃。[35]这样，在教会学校中，传播福音就成了非常方便的事情了。

---

30 重庆市卫生局：《仁济医院情况》，《建国前市级医疗机构沿革》。

31 刘吉西等编：《四川基督教》，成都：巴蜀出版社，1992 年 11 月版，第 432 页。

32 宋家珩：《加拿大传教士在中国》，北京：东方出版社，1995 年版，第 154 页。

33 （美）范约翰：《清心中学滥觞记》，陈学恂主编：《中国近代教育史教学参考资料》下册，北京：人民教育出版社，1988 年版，第 207 页。

34 Calvin W. Mateer, "The Relation of Protestant Missions to Education", *Records of the General Conference of the Protestant Missionaries of China held at Shanghai*, May 10-24, 1877, p.172.

35 刘吉西等编：《四川基督教》，成都：巴蜀出版社，1992 年 11 月版，第 342-343 页。

而更为重要的是，很多教会学校的教职员和学生本来就是基督徒，对非基督徒的影响就可以想象了。另外，教会学校在立案之前有专门的宗教科，而立案后有些教会学校就成立了宗教组之类的，仍然宣传基督教知识和教义教理。如华西协和大学就在文学院内设立宗教组，由美国人费尔朴（Dryden L. Phelps）任主任。该宗教组旨在给大学一年级文科学生进行基督教知识教育，《为人师的耶稣》一书曾作为学生的比读本。[36]

教会学校内都有宗教活动，以及基督徒团契的存在。如20世纪40年代中期，费尔朴在华西协和大学主持修建一座礼堂，作为每周礼拜日的崇拜地点。校内团体名目繁多，人数不等。从1945年到1948年，大小团契约50个，这些团契大多从事一些宗教活动，如崇拜、查经、灵修，以及文娱活动、乡村服务等社会服务。[37]重庆求精中学中，主要团契有嘉陵团契、求精教职员团契和思恩堂突起。各团契人数几十或上百人不等，以查经、演讲、歌咏等为活动内容。成都华美女子中学也有基督徒团契，每周礼拜三下午活动两小时，学生自由参加。每周一有一小时查经活动，每天早晨有早礼拜，星期日学生自由到学校对门礼拜堂做礼拜。该校学生还在礼拜堂和孤儿院担任教授儿童主日学。[38]

可见，教会学校，从体制构建到学校的实际主体——师生，可以说是完全有利于传播福音，或者说他们本来就在传播福音。而且从教会学校走出的人才，分布在社会各个领域，对传播福音更可能作出较大的贡献。值得指出的是，在抗日战争时期，教会学校面对国难，积极主动地参加到救亡运动中去，积极参与到支援的队伍中去，教会学校师生不仅作出了自己的贡献，也展示了自身素养，同时也让更多的人了解并理解了基督教。

在教会开办的职业教育机构和特殊教育机构中，传播福音也是常见的和必然的。在特殊教育机构中也有系列的宗教活动，如容县私立华英女子中学的宗旨就是培养教会传道员，校内每天早晚要读圣经，作祷告，星期日要到礼拜堂作礼拜。涪陵明德妇女学校每日早晨都有灵修活动。成都市私立盲哑小学开设课程有圣经，另外给学生安排有宗教活动，每晚做崇拜，每周二、三、五均有传教士来校布道，礼拜由教师带领礼拜堂作礼拜。[39]

---

36 李连克1988年口述，李栋记录整理。

37 《华大校刊》，民国35年12月版，第3页。

38 刘吉西等编：《四川基督教》，成都：巴蜀出版社，1992年11月版，第355、357页。

39 刘吉西等编：《四川基督教》，成都：巴蜀出版社，1992年11月版，第400、403页。

　　最后，贩灾救荒、瘟疫，以及战时救济等，都被视为传播福音的重要途径。传教士和基督教会团体对天灾人祸的关注，存在着宗教教义的影响，也有现实状况对他们的影响，人道主义精神使得他们在大灾难面前能够积极主动地参与到赈灾的队伍之中去。当然，这种行为也给他们传播福音带来了好处。正如大多数传教士的看法一样——他们并不讳言赈济事业带给他们的宣教事业以相当丰厚的收获，因为在他们看来，人世间的救济正是上帝信仰的拯救的一部分。李提摩太说："因为我在灾民中发放赈款，对于广大民众是一个可以使他们信服的证据，证明我传的宗教是好的。"[40]明恩博指出："赈灾给传教事业带来了转机"，"灾荒结束后，事情变得很明显，我们进入了传教的新时期。许多反对外国的偏见消失了，或被压下去了。"[41]加拿大传教士启尔德（R. G. Kilborn）提到："时局的新变化给我们校园带来了又一批难民，众多的妇女和儿童。这是向从未听说过福音的人传福音的又一良机。"[42]

　　由上述可知，基督教教会的社会服务事业诸如医药卫生服务、学校教育服务、灾荒救济服务和慈善救助行为等，都是有助于传播福音的。因此，在社会服务活动中，他们就是在践行信仰，传播福音。

二、社会服务的"本土化"

　　基督教社会服务是因为基督教的教义和四川积贫积弱的现实状况，才有了开展社会服务的契机。事实上，基督教的传播不仅遇到了困难，而且其社会服务事业也遭遇到了"传统"的障碍。"偌大之中国，不可以少数西人而广收其效也。况以同种传同种易，异种传异种难。不若收天性未泯之儿童，培之以真道，启之以实学，复结之以恩义，以其学成致用，布散国内，其收效之速当不止倍徒。"[43]可见洋人传教之困难，但他们也意识到了让本土人士传教的作用和价值。此外，本来"中国人特别注重身体的尊严，中国妇女往往不愿意脱掉衣服来接受身体检查。西方医生使用的外科手术器械也令中国人

40 Timothy Richard, *Forty-five Years in China: Reminiscences*, Cornell University Library, 2009.6, p.105.

41 Harold. S. Mathews, "Seventy five Years of the North China Mission", *American Board of Commissioners for Foreign Missions*, 1942, pp.26-29.

42 R. G. Kilborn, "Union University", *The West China Missionary News*, No.4, 1918, pp.37-38

43 宋家珩：《加拿大传教士在中国》，北京：东方出版社，1995 年版，第 154 页。

感到害怕，只有在药品治疗失败的情况下才会选择手术治疗"[44]。可见，不仅需要男传教士，也需要女传教士，更需要本土人才的参与。不顾习俗地传播福音，其结局是可想而知的。

所以，内地会则要求传教士同中国人尽可能地"打成一片"，在生活、起居、衣着等方面尽可能地"中国化"。[45]20 世纪以来自立运动和本色化运动兴起，直接促进了教会社会服务的本土化进程。教会社会服务事业不可避免地向本土化方向前进。到抗战时期，教会和传教士积极支援抗战，全身心地投入到救亡事业中去，教会社会服务则沿着本土化方向飞速前进。

四川基督教社会服务事业本土化表现在以下几个方面：

第一，社会服务机构中本土人员增加，并且其作用和地位不断提升。

教会医院中不仅有中国医生，而且还呈增加的趋势。据统计，1918 年，四川全省教会医院有外国医生 44 人，中国医生 19 人，外国护士 11 人，中国护士 12 人。[46]1920 年，四川全省已有医院 26 所，药房（诊所）28 个，病床 1041 张（女病床）348 张，中外医生 63 人（中国医生 19 人），护士学校 3 所。随着医疗卫生服务事业的发展，教会医院中的中国医生的地位不断获得提升，如 1928 年以后，各院逐渐有中国人任医院院长，尽管差会仍实际掌握着医院的大权[47]。并且，中国医生的数量也是越来越多。据 1950 年华西协和大学医院的统计，该院就有医师 39 人（外国医生 1 人），护士 38 人（外国护士 1 人）。[48]值得指出的是，教会医院和教会医院兴办的护士学校，不仅培养了大批的医护人才，而且随着他们的成长，也增加了教会医院本土人才的力量。所以，教会在医疗卫生服务事业中，有了适当的人才，即本土人才，其医疗卫生服务才取得了不错的成绩。

教会学校同教会医院的情况基本相同，不仅培养了大量的本土人才，而且更是充分发挥他们的优势。华西协和大学历任校长中很多都是中国人。在创办初期，该校仅有 10 名教师，2 名中国清代学者和 8 名外国人。1920 年后，

---

44 G.H.Choa,*"Heal the sick" Was Their Moto-The Protestant Medical Missionaries in China*, Hong Kong; The Chinese University Press, 1990, p.23.

45 邓卫中：《基督教对近代四川的影响》，《社会科学研究》，1999 年第 1 期。

46 《中华归主》（1901-1920）中册，第 474 页。

47 刘吉西等编：《四川基督教》，成都：巴蜀出版社，1992 年 11 月版，第 412、413 页。

48 四川省地方志编撰委员会：《四川省志·宗教志》，成都：四川人民出版社，1998 年版，第 462 页。

该校开始在各科毕业生中择优留人任教。1949 年，该校有教员 263 人（包括院长和系主任），其中中国人 233 人，外国人 30 人。有职员 129 人，其中中国人 123 人，外国人 6 人。[49]重庆求精中学从 1926 年开始，由中国人肖吉人任校长，1932 年到 1950 年是杨重熙，其间洪恩博曾代理过校长。著名国画家张大千曾就读于该中校，著名军事家刘伯承曾于民国初年在该校担任军训教官。成都华美女子中学 1927 年前，掌管该校的均为美国传教士，之后，都是中国人。[50]四川地区的很多教会兴办的中小学的情况同重庆求精中学和成都华美女子中学的情况都差不多，而更为重要的是，很多学生在教会学校受到教育和培养后，无论是继续深造还是直接就业，无论"留洋"还是"原地不动"，他们都对四川地区作出了贡献，为"本土化"添光添彩。据统计，1946 年，成都私立华英女子中学创办 50 周年之际，毕业学生 751 人，已就业 212 人。其中，120 人从事教育，占 16%；32 人当医生，占 4%；24 人做护士，占 3%；26 人从事邮政，占 3.2%；10 人从事宗教工作，占 1.2%。[51]

此外，在孤儿（老）院等慈善机构中，尽管兴办之初是由"洋人"负责，但随着发展，很多中国人开始掌权甚至负全责。如梁山县孤儿院、成都中西组合慈善孤儿院和养老院等。另外，除了四川地区本土的基督教会参与的社会服务事业是由本土人才负责，在各差会参与的赈灾等社会服务事业中，本土人才作出了更大的贡献。所以，本土化是基督教社会服务事业的一大特点。

第二，社会服务事业的经费越来越依赖于中国社会。

上文已经提及，基督教会各项事业的经费主要来源于母会，尤其是国外教会，而母会的经费状况却日趋紧张。如，加拿大英美会总干事海布德致信四川美道会提到母会经费紧张，希望中国教会加强自养能力。信中说："母会要要维持国家安宁，没有好多余款帮助外国。那些热心教徒乐捐的款不过只能补足各地欠缺而已！……我们在中国作教会工的人，回本地劝人捐款，很不容易。希望各处的教会，慢慢要将自养实行起来。"[52]随着各差会母会的资金减少，中国教会也开始增加对社会服务事业经费的筹措。事实上，基督教

---

49 《华大校刊》，民国三十八年第 1 期，第 9 页。

50 刘吉西等编：《四川基督教》，成都：巴蜀出版社，1992 年 11 月版，第 354、356 页。

51 刘吉西等编：《四川基督教》，成都：巴蜀出版社，1992 年 11 月版，第 364 页。

52 海布德（Hibbard）：《四川美道会教育、布道、医务全体会员先生公鉴》，《希望月刊》第 6 卷第 8 期，1931 年 8 月，第 39 页。

社会服务事业的经费大都有本土的来源。如华西协合大学医院，"流动资金，据医院称在经济上依靠业务收入维持开支，每月不足之时，由该院通知请求先进作为捐款之补助，此外华西协和大学医学院还拨给该院物资及药品。"[53]华西口腔病院，"医院收支：医院以培养建设牙医人才为主要目的，大部分的职工薪俸都由大学支付。因战争造成的财政紧张，加上昂贵的医疗器材负担，医院的后期出现了入不敷出的局面。[54]"重庆宽仁医院，"医院的经费、设备和医药物资来源，主要靠美国美以美会捐助。随着业务的发展，在一般情况下可以自给，不足部分由美国教会捐助。"[55]

部分教会学校经济收入情况如下：据华西协和大学早期校刊记载，该校的经费由参加联合办校的各教会共同负担。大学筹款事宜由董事部（托事部）负责。每年经费不足之处或校舍扩建等项目，主要由校长出面筹款。1943年，成都华美女子中学蒙四川省教育厅转发教育部补助费3000元和奖励教职员费一万元。时有募捐活动。另外，该校有平房三栋，旱地15.86亩，用于出租。[56]内江大洲中学建校初期成立校董会，由卫理公会人士与强华学会（地方人士组成），双方各负担建校二分之一的经费。[57]其他教会兴办的中小学的经费也大抵如此。

可见，四川基督教社会服务事业在发展中，其服务经费的状况同本土社会的经济状况是存在着密切关系的，并且，它还依赖于四川社会经济的发展状况。这一点在很多的教会学校，包括护士学校，以及孤儿（老）院中，特别是实行"教养兼施"的机构中，其发展和经济状况同四川的经济状况是紧密联系在一起的，也就是说教会社会服务的经费日益依赖于本土社会。

第三，教会社会服务事业与本土民间及官方合作。

四川基督教社会服务事业本土化除了表现在大量中国本土人士的参与和地位提升，以及经济支持外，就是他们与本土民间和官方的合作方面，表现为地方对教会的经济援助和双方共同管理等方面。

---

53 《华西协和大学医院》，《四川省·宗教志》第92卷，第4-5页。

54 《华大校刊》，民国三十五年十二月三十日，第13页。

55 刘吉西等编：《四川基督教》，成都：巴蜀出版社，1992年11月版，第415页。

56 刘吉西等编：《四川基督教》，成都：巴蜀出版社，1992年11月版，第350、357页。

57 张敏思：《内江求精中学成立时的情况》，内江市中区《文史资料选辑》第二十七辑，1989年5月，第169-170页。

　　医疗卫生服务事业方面，很多教会医院加强与地方和官方的联系，不仅得到人力方面的支持，还寻求到援助资金。1905 年，成都仁济医院得到地方政府补助的 1500 多两黄金，修建了四层楼医院大楼，1907 年建成。1939 年，泸州仁济医院遭日本飞机轰炸，后靠地方绅士求助捐款和教会的津贴，于 1945 年在原址重新修建。1939 年，梁正伦（Alexander Stewart Alledn，加拿大人）被派到重庆仁济医院任院长。该院被陪都空袭救护委员会作为重庆第五重伤医院，专收城区和南岸地区被日本飞机炸伤的人。梁正伦被委任为重庆救护对第八中队队长，左立梁（华西协和大学毕业，基督徒）医生为副队长。1941 年 12 月 31 日，川北盐务管理局与三台公谊会商定，增聘内外科医师联合筹办三台县联合医院，1942 年 1 月 1 日联合医院成立，直到抗日战争胜利后才撤销，公谊会恢复三台仁慈医院。1942 年，内江体仁医院建立，由重庆求精中学校长杨熙主持，得到基督教卫理公会内江教会与重庆宽仁医院的支持，在筹建资金上得到地方各界人士及各乡镇的大力支持。[58]抗日战争期间，自流井仁济医院由于经费困难，医院成立董事会，由川康盐务管理局局长、自贡市市长、地方绅士和医院负责人组成，川康盐务管理局给与经济资助。[59]此外，还有本土教会加强自立自治，如 1947 年，武汉疗养院重庆分院的中国职工曾就中国人自办自管医院，维护主权、财产等，拟了"医院及护校组织原则"12 条，反对安息日会华西联合差会对医院的控制。[60]中华基督教会边疆服务部的社会服务则是在中国人的领导下开展的，在四川地区，则不仅与四川地方政府合作还与四川民间力量的合作。

　　学校教育方面，教会学校不仅加强与四川民间的合作，还积极响应国民政府的政策。教会学校响应国民政府的政策，最典型的是"立案"，即 1925 年，国民政府教育部颁发关于教会学校立案条例，其中规定所有校长应由中国人担任，校董事会的中国人名额应在半数以上；学校不得传播宗教，宗教科目不得列入必修课等等。教会学校积极响应，如 1931 年华西协和大学向国民政府教育部申请立案，1933 年立案后张凌高担任校长。此外，华大还经常募集到本土资金。[61]四川地区的教会中学也都积极响应"立案"，如成都华美

58 刘吉西等编：《四川基督教》，成都：巴蜀出版社，1992 年 11 月版，第 419、424、422、433、417 页。

59 《仁济医院三十年服务情况报告书》。

60 高尚律：《重庆李子坝武汉分院简介（初稿）》，1963 年 4 月 25 日。

61 刘吉西等编：《四川基督教》，成都：巴蜀出版社，1992 年 11 月版，第 343-344 页。

女子中学于 1931 年 4 月经四川省教育厅批准立案，重庆私立淑德女子中学与 1937 年呈四川省政府教育厅批准立案，重庆私立求精中学则直接得到中华民国政府的拨款[62]，等等。值得指出的是，1930 年，重庆私立广益中学邀聘当时在军政、教育、财经、实业各界有威望的人士为校董，办起高中，并申请立案。1946 年，成都私立欢迎女子中学还曾受四川省教育厅的委托，办起家事班，培养家事专门人才。[63]另外，教会学校在课程设置上也都是响应国民政府的政策。与民间的合作，最明显的就是上文提及的内江大洲中学建校初期成立校董会，由卫理公会人士与强华学会（地方人士组成），双方各负担建校二分之一的经费。

此外，教会的社会服务事业，像在兴办孤儿（老）院和赈济灾荒等具体的服务行为中，教会不仅加强与四川民间力量的合作，更是非常重视官方政府政策的导引，积极主动地与四川本土民众一道展开了众多的服务工作。值得指出的是，教会在社会服务事业中，不仅注意与四川民间和官方加强合作，更是注意中西方的合作，即成立了成都中西组合慈善会。据《中西组合慈善会章程》规定，该会组织分评议、董事两部。评议员由博爱、互助两团分选，选定后成立评议部，推选评议部长 1 人为主席，评议部最初设评议员 45 人……章程还规定"对于会务热心者得推为名誉董事"，……当然，成为名誉董事的条件除了"热心"会务外，恐怕还与其身份地位较高有较大关系，如该会 30 年代的名誉董事周子龙曾任成都社会局长，赖叔钧曾任四川官产清理处处长，颜如愚曾任四川高等审判庭厅长，其较高的身份地位常有利于该会的运行。……会员只要承认"博爱互助"的宗旨并经会员两人或两人以上介绍即可入会，出席会议时每一会员有一表决和提议权，这在一定程度上反映了 20 世纪基督教人士办理慈善事业的社会化倾向，对会员本身的宗教信仰不再作严格的限制，且会员享有较大幅度的自主权。[64]

由上述可见，基督教会非常重视与四川民间和官方的合作，但是他们之间的这种合作，在某种程度上说，是一种尝试，甚至是一种不得已而为之的尝试。所以，本土化只是一种趋势，一种缓慢的趋势，尽管在特殊情况下有

---

62 郝庆福：《教会学校调查表》，1951 年。

63 刘吉西等编：《四川基督教》，成都：巴蜀出版社，1992 年 11 月版，第 373、365 页。

64 谭绿英：《民国时期基督教在华慈善事业——以成都中西组合慈善会为例（1921-1940）》，《宗教学研究》，2003 年 01 期。

过成功而又快速发展的个案，但从总体上看，直到 1949 年，这种趋势也没有完成，而之后，基督教会社会服务事业逐渐由人民政府所接管，完成了自己的历史使命。

三、社会服务的对象和内容庞杂

宗教组织社会服务的定义也有狭义和广义之分。狭义是指宗教社团和信徒个人为穷人、孤老残幼和受灾人群提供的传统服务和帮助。广义是指宗教社团和信众为服务对象提供的旨在改变观念、提升素质、改善生活状况的服务与帮助。基督徒步济时对社会服务的界定就是："社会服务就是人为计划并且完成耶稣基督专门为社会较低层所做的每一件事情。"[65]这里所谓的社会较低层应当包括依附于他人的人、身心有缺陷的人、有过失的人、非常贫穷的人和无知的人；为他们所做的事情包括对他们的救济工作和改变他们的现状以避免其遭受苦难的所有努力，还有道德和社会改造的特殊工作，就是改变人们有害的习俗和习惯，消除无知，提供有益的和健康的娱乐以及完美的和有帮助的社会关系。可见，基督教社会服务事业的范围是非常广的，内容也是非常繁多的，几乎涵括了社会生活的所有领域。四川基督教的社会服务事业也不例外。

首先，四川基督教社会服务的对象或范围在不断地扩大。基督教刚到四川之初，因为"人生地不熟"等原因，其服务对象一般都是老弱病残、鳏寡孤独、穷困之人和受灾人口。随着时间的推移，基督教会的发展，四川基督教社会服务的对象又向普通民众，社会名流、高官乡绅发展。在民国时期，基督教社会服务的对象更是逐渐向社会名流、高官乡绅发展。特别是在抗日战争时期，越来越多的人，尤其是富裕的家庭，把子女送进教会学校，把患病之人送往教会医院等等。而对于那些遭受灾难之人，则更是无论是贫贱之人，还是皇宫贵族则多多少少都曾受到教会社会服务的恩惠。

其次，四川基督教社会服务内容繁多。传教士及基督教会不仅向四川民众传播西方科学知识与现代技术，更为重要的是，他们积极主动地兴办各式各样的社会服务事业。如恤贫赈灾、社会救济、捐资助学、开办医院和创办学校等等，广施恩惠和博爱。四川基督教社会服务内容日渐增多，并越来

---

65 John Stewart Burgess, "Peking as a Field for Social Service," *The Chinese Recorder*, VOL.XLV, No.4, April, 1914, p.226.

广，基本涉及四川社会的底层民众工作与日常生活的所有领域。具体地看，四川基督教会社会服务的主要内容有医疗卫生服务事业、学校教育服务事业、慈幼养孤、救贫济困、救助灾民、赠医施药、捐资助学等等。

教会医疗卫生服务事业就是兴办医院，建立诊所，救死扶伤，向贫穷困苦的社会下层赠医施药，这既是基督教会医务传道的有效途径，也是社会服务事业的重要组成部分。学校教育服务事业就是兴办育婴堂、孤儿院、盲童学校、聋哑学校、慈幼养孤和向孤残儿童传播福音；以及兴办幼儿园、小学、中学、职业技术学校和大学，并首开女禁和创立教会女子学校，培养至少不反对基督教的人才；推动大众教育和扫除文盲，热心翻译事业和西学东渐，创办中文报刊杂志与介绍西方科学知识思想观念，出版西学书籍、传播新知与启迪民智等，都是教会社会服务事业的重要组成部分。教会救贫济困、救助灾民、服务穷人，既是基督教会传统的社会服务事业，具有悠久的历史传统，也是博得好感和赢得民心的好策略。特别指出的是，基督教会积极参与的救济灾民和各类难民，以及提供紧急援助，也是其社会服务事业的重要组成部分。如抗日战争期间，在教会组织和团体领导下，基督教会信众积极参与救治受伤士兵，分发慰问品等活动。此外，教会还在安葬亡灵、改革传统风俗习惯、禁烟禁赌禁酒禁娼、设立安老院和照顾病人等方面做了大量的工作。

第三节　社会服务的历史影响

一、推动基督教的发展

中外教会人士一致的说法，"基督教会之来华西，莫先于内地会。至若四川、云南、贵州，均于主后 1877 年为开办之始。"[66]这就是说，基督教新教进入四川地区要晚于中国东部几十年。因此，进入四川地区的基督教在传播福音，开展社会服务工作等方面，存在着更多的可以借鉴的东西，从而，基督教在川的发展便有了后来居上的基础和可能。事实证明也如此，四川地区在抗战之前受全国政局动荡的影响相对要小一些，尽管四川地方政局不太稳定，但基督教的发展基本处于比较平稳的状态。抗战爆发后，随着全国主要党政

---

66 启树滋（尔德）、邓三仕：《滇黔蜀三省教会史略》，中华续行委办会编订：《中华基督教会年鉴》，第二期，1915 年，第 111 页。

军和文化教育机关迁至华西（以重庆为中心），全国基督教协进会及许多教会团体也来到华西地区（以成都为中心），四川地区的基督教就更兴盛了，而中国东部和中部基督教则受战争的影响而处于衰微的景况了。当然，基督教会及团体在川聚集并开展各种活动，尤其是社会服务活动，就能帮助四川民众，特别是那些处于弱势或边缘群体的民众，从而，推动基督教的发展。其表现为以下几个方面：

首先，信徒人数和堂点在不断地增加。1900 年以前，基督教在川处于最缓慢的发展阶段。从 1877 年传教士开始正式进入四川地区后，有不少的传教士陆陆续续而至，他们在建立教会的同时还兴办医疗卫生、学校教育和慈善等服务事业。据统计，美以美会从 1881 年到 1901 年，全省只有教徒 252 人。基督教各项工作发展可见之缓慢了。到 1920 年，各差会在四川 51 个城镇开辟了 76 个总堂，仅少于沿海广东、江苏二省，为全国总堂数目多布道工作好的省。另外，在以这些城镇总堂中心之外，已有礼拜堂 369 个及无数的临时布道所，发展了教徒 12954 人，其中男 8230 人，女 4724 人；在教会工作的中国人有 490 人，其中牧师 35 人，传道员 455 人，其中男 366 人，女 89 人。[67]另有，教会兴办的各项社会服务事业，如医院、学校等规模都不小，数量也不少。可以说，社会服务的作用是肯定存在的，能够起到预期的作用。值得指出的是四川本土基督教会的发展。如 1921 年成立的"中国耶稣教自立会四川泸县分会"，教徒共达千余人；1928 年成立的"中华基督教改进会"，主张"收回教产教权"、"华人自主教会"，曾发展会员 260 余人，轰动成都市各教会。[68]1937 年抗战爆发后，随着中国其他地区的基督教会的迁入，基督教在川兴盛起来；抗战后，随着其他教会的迁出，特别是 1949 年后，基督教势力在川减弱了。

其次，教会社会服务事业不仅直接缩小了基督教与本土民众之间的距离，扩大了基督教在川的影响，有利于传播福音，还直接培养了大量的"现代"人才。"小型医疗工作使我们（传教士）与从衙门到乞丐的各阶层有了接触。今年春天疾病盛行，特别是在儿童中间。……官吏和百姓都非常友好，我们和平相处。"[69]"有人说，医疗工作已经破除了当地人的偏见，他们愿意听福

---

67 刘吉西等编：《四川基督教》，成都：巴蜀出版社，1992 年版，第 3-5 页。

68 四川省地方志编撰委员会：《四川省志·宗教志》，成都：四川人民出版社，1998 年版，第 366 页。

69 Emma Culverwel, "C.I.M., Ying Shan Hsien", *The West China Missionary News*, No.7, 1903, pp.106-107.

音。在集会中人们愿意坐下来静静地听，这是除了周日以外每天都能在药房的候诊室见到的情况。还说，有人不愿到礼拜堂去，但愿意到医院去听。为了更多更好地吸引人们，医药工作需要受训最好的教师和牧师。"[70]抗日战争时期，四川仁济医院全力以赴救垂危病人，收治伤残群众，阆中县政府赠送一镀金挂匾，嘉字"惠此创痍"悬于院门内庭。[71]可见，传教士的医疗行为不仅得到认可，西医西药也被接受了。华西协和大学教职员和学生中均有相当数量的基督教徒。据 1946 年 12 月统计，华大当年学生中的基督教徒有 442 人，占全校学生人数的 21.4%。1950 年方淑轩校长填写的该校情况调查表反映，当时全校有教员 270 人，其中，基督教徒有 109 人，占全校教师数的 40.4%；学生人数 1131 人，其中有基督教徒 301 人，占学生人数的 26.6%。成都华美女子中学中，学生和教职员有一定比例的基督徒。根据 1948 年统计，学生 588 人，有基督徒 85 人，约占 14.4%，教职员 53 人，有基督徒 31 人，约占 58.5%。根据华西协和大学 1943 年的一个小计：华西医牙学院 1939 年毕业的学生，一半以上担任四川各地基层医院、卫生院的院长。[72]另外，倪维思在写给美国圣公会差会部的报告里也说道："灾区人民都十分欣喜并且感激，相信这种工作有益于消除偏见，为接受基督教准备道路。"[73]

二、促进四川社会服务事业的发展

基督教社会服务工作在四川的开展，不仅仅是在单一领域内为四川乃至全中国作出了贡献，因为其服务工作的范围广、内容多，服务对象从社会底层到高层都有所涉及，所以，其影响是相当大的，是全方位的。除了教会社会服务对自身的良性促进以外，就本文所研究的来看，主要就是以下几个方面的贡献。

首先，四川基督教会社会服务事业中，医疗卫生服务事业和学校教育服务事业是教会开展的最主要的服务事业，也是规模最大时间持续最久的事业。医院、卫校和学校培养的人才最多，贡献最大。医院和卫校培养了大量的医

---

70 "S. Editorial: The best Evangelist Needed for Hospital", *The West China Missionary News*, No.5, 1911, pp.2-4.

71 刘吉西等编：《四川基督教》，成都：巴蜀出版社，1992 年 11 月版，第 430 页。

72 刘吉西等编：《四川基督教》，成都：巴蜀出版社，1992 年版，第 342、357、346 页。

73 Hhlen Nevius, *The Life of John L.Nevius. for 40 Years a Missionary in China*, Sanford Press, 2008.11, pp.328-329.

护人才，上文已有大量的论述，此处从简。教会兴办的学校，从幼儿园到大学，不仅补充或完善了国民教育的不足之处，更是培养了众多的人才。本来，最初教会学校培养学生是为了自身需要而开设的，但是，随着四川时局的发展，随着教会学校的发展，即教会办学目的转变，要培养"精英"和"领袖"，更为重要的是 1925 年立案后，教会学校享有了"国民待遇"后，教会学校教育明显地走向世俗化，宗教味趋淡。此外，教会学校的规模也在不断地扩大，培养学生的数量也是越来越多，"1920 年的学生人数是 1899 年学生人数的 4 倍多"。这样，教会学校毕业生越来越多，而教堂教会是无法完全解决他们的就业的；再加上，教会学校的专业设置，有些毕业生所学专业，根本就不适合在教堂教会工作。所以，毕业生也就只能被推向社会。从而，教会学校毕业生的去向从单一的由学校到教会，变成了还能走向社会某些领域，甚至走向社会的各个领域。也就是说，教会学校毕业生既可以专门从事宗教性工作，又可以走上社会，从事文化和教育等各个领域的工作。这些从教会医院、卫校和学校走出的学生，不仅在自己专业领域内直接作出了自己的贡献，而且还深深地影响了他们周围的人，从而为四川作出了贡献。据 1943 年的一个小计：华西协和大学医牙学院 1939 年毕业的学生，一半以上担任四川各地基层医院、卫生院的院长。华大牙科培养的人才大多成为我国各地牙科的创建者。[74]

　　值得指出的是，四川基督教会社会服务事业还顾及了四川少数民族地区。教会各项社会服务工作在四川边远地区都在进行，尤其是 1939 年创办的中华基督教会全国总会边疆服务部（简称边部）在少数民族地区开展了大量社会服务工作。边部建立了川西和西康两个服务区，建立了各类服务设施，以医疗卫生、文化教育、生计工作等服务为主，开展实地服务。医疗卫生方面：据统计，两服务区建有医院 3 处，诊所 6 处，还有护训班和助产训练班，培养专门人才；此外，还展开巡回医疗，并宣传卫生知识。文化教育方面：在两个服务区共建了小学 16 所（包括自办、与地方政府合办，协助私人办理三类）和幼儿园一所。计生工作主要是在专家学者的带领下，引导和培养少数民族人才具有初步的科学知识的人才。[75]

---

74 《牙医学院 1939 级同学出任各地院长人数多》,《华大校刊》, 民国 32 年 12 月 20
　　日版, 第 21 页。

75 刘吉西等编:《四川基督教》, 成都: 巴蜀出版社, 1992 年 11 月版, 第 454-463 页。

其次，教会社会服务事业不仅促进了人才在中国本土的流通和交流，而且促进了中西文化的交流。除了教会社会服务工作的需要而使得教会及其培养的人才得以走出去外，特别值得指出的是抗日战争期间教会人才的流入。1937 年抗日战争爆发后，全国主要党政军和文化教育机关均迁至华西（以重庆为中心），全国基督教协进会及许多教会团体也来到华西地区（以成都为中心），人才荟萃，大批国内著名的专家学者得以受聘任教，或讲学，不仅扩大了华西协和大学办校规模，增强了师资力量，而且使华大成了国内外学术交流的重要场所。

此外，在教会社会服务事业中，还有与国际友好往来的事迹。据 1943 年的一个小计：华西协和大学牙医学院牙科从 20 世纪 20 年代末期就开始接收来自苏联、匈牙利、印度尼西亚、朝鲜等国的留学生，成为中国最早接收外国学生的单位之一。[76]华大还有不少学生毕业或工作一段时间后，便有到英国、美国、加拿大等国留学深造或讲学。1946 年出国留学和讲学的有 50 多人，1947 年有 30 多人，1949 年在国外的有 90 多人。[77]

三、传播西方科学技术和文化知识

从 1877 年基督教正式进入四川开始，传教士及教会就一直在开展社会服务事业。首当其冲的就是医疗卫生服务事业，传教士带来了先进的医药知识和医药技术。随着基督教会在四川站稳脚跟，以及医疗卫生和学校教育事业的开展，不仅西方医药知识和医药技术得到进一步的传播，而且具有近代化先进性的学校教育理念和知识也得以传布，更为重要的是西方其他种种科学文化知识也开始在四川传播。到 20 世纪 20 年代，尤其是抗战期间，基督教会在川的各项社会服务事业达到了巅峰，中国本土的基督教会也在不断地发挥作用，乡村建设和边疆服务运动更是把各种科学技术和知识带到了四川各个地方，其中又以农业科学技术最为明显。此外，还有基督教会所兴办的各种报刊杂志大肆地介绍西方种种科学技术文化知识。

在医疗卫生服务事业方面，传教士及教会大量地介绍西医西药，并引进先进的医疗器械，以及研究和介绍四川的地方疾病。除了引进西医院的模式，

---

76 《牙医学院 1939 级同学出任各地院长人数多》，《华大校刊》，民国 32 年 12 月 20 日版，第 21 页。

77 《华大校刊》，民国 38 年 3 月 1 日版，第 6 页。

如医院科室的设置和管理之外，传教士和教会介绍和引进西药、西医技术和西医书籍及器械。如，1888 年英国内地会传教士章悟道经阆中到广元传教，带了西药金鸡纳霜和山道年等为人治病。1919 年美国基督会派遣医学博士史德文（又译史亚培）到巴安县在藏区建立了第一个医院，在少数民族地区开创了使用西医技术和西药的历史。西医书籍和器械是在各差会及传教士建立医院、诊所和药局开办医校之后陆续带来。如，金初锐 1924 年到重庆宽仁医院时，增设了发电设备。1932 年美国司蒂门氏及中国友人捐赠 2000 美金购得 X 光机。在阆中仁济医院，童理明（G. A. Armstrong）任院长时，有两台显微镜、电动离心机一台、爱克斯光机一台、手术台两张。此外牙科、妇产科、五官科，皆有成套设备。1946 年，马德启（F. C. Maddox）任院长时，新增钢丝床 40 张，9 千瓦发电机两部、救护车一辆、水泵一台、电孵箱一部、立式高压消毒锅一台、电动离心机两台、六孔无影灯一架、800 倍和 1200 倍显微镜各一台。武汉疗养院在理疗方面注重水疗、电疗。[78]关注地方疾病有，1935 年，著名麻风病专家马克维医生到成都参观华西协和大学，后赴西康省西昌、越西等地考查，发现当地麻风病流行，遂与华西协和大学合作筹建麻风病医疗机构。得到伦敦麻风病协会的大力支持，赠送创办麻风病医院的资金和全部设备，并承诺资助常年经费。又得到中国麻风病协会的捐助，在华大医科大楼正南面修建四川第一所齿轮型麻风病医院。[79]1949 年，中华基督教会全国总会便将服务在西康服务区罗家场三一新村兴办了碘盐试验厂，推广加碘食盐及含碘事物，就是专门针对当地流行的甲状腺肿大病症，即"颈瘤病"，俗称"大脖子病"。另外，齐鲁大学病理系教授侯宝璋和孙绍谦在川西服务区佳山寨和威州衣袋作肠胃寄生虫和回归热等地方病的研究和治疗。成都存仁医院眼科主任、专家陈耀真同汤佩清医生到川西服务区作消灭眼疾病的研究和治疗。[80]

此外，在民国时期的一些报刊杂志上还记载了大量的传教士和教会医院对西医书籍、西药和西医技术的介绍和引进，以及针对四川地方疾病的健康宣传和预防。在本文第二章医疗卫生服务中有详细的归类表格，即，《华西教

78 刘吉西等编：《四川基督教》，成都：巴蜀出版社，1992 年 11 月版，第 411、415、429、437 页。

79 刘吉西等编：《四川基督教》，成都：巴蜀出版社，1992 年 11 月版，第 440-441 页。

80 刘吉西等编：《四川基督教》，成都：巴蜀出版社，1992 年 11 月版，第 460-463 页。

会新闻》和《希望月刊》中的疾病预防类、保健知识宣传、医学知识介绍、医疗相关知识介绍。

在学校教育方面，除了引进西方先进的办学理念、办学模式和教学设施以外，就是引进先进的管理经验，并在实际的教学过程介绍西方先进的科学技术和知识。如，教会学校中普遍重视英语教学，在有条件的小学也开设英语课。音乐教育设施齐备，校内常有音乐、文娱活动。有些教会学校很早就推广体育活动，还经常举办运动会。英国公谊会在重庆办的中学，在三台办的小学都有足球场，其中广益中学的足球场堪称西南第一足球场。足球运动得到推广。外国传教士还将哑铃操、棒球、木棍操等带到当地。据 1950 年统计，成都华美女子中学有显微镜三架、生物标本 217 件、物理仪器 194 件、化学仪器 1004 件、钢琴 4 架、图书近 5000 册。[81]华西协和大学在立案后，分设了文学院、理学院和医牙学院。1949 年，文学院开设有中文、外文、哲史、教育、社会、经济、乡建、音乐等 8 个系。理学院设有物理、化学、生物、药学、农艺、家政等 6 个系以及农业专修科。医牙学院实际上已分别发展为医学院和牙学院。医学院设人体解剖、生理、病理、药理、微生物、寄生虫、生物、化学、内科、外科、妇产、儿科、五官、公共卫生等科系，加上独立招生的护士系和医事检验技术专修科共十六个专业。牙学院设口腔生理学、口腔组织病理学、口腔外科学、牙周学、牙体学、膺腹学、小儿牙科学、正牙学等 8 个系。另外，华大的组织管理按"协合"的原则，仿英国牛津大学体制实行"学舍"制，以每个参加大学组织的差会构成一个"学舍"划分地区，分担兴建一幢或数幢教学楼和学生宿舍的任务，并各自管理。学生入学除在大学注册外，还得在所在所住的学舍注册，并接收差会所派的舍长和舍监的管理。学校的管理机构，在大学筹建时叫临时管理部，到 1910 年正式开学时改称理事部。理事部起初相当于校务委员会的作用，设主席一人。理事部是校内最高决策机关，由基督教各差会推举代表二人，教授若干人和毕业生代表组成。[82]

在农业科学技术和知识介绍方面，最为显著的是中华基督教会全国总会边疆服务部和乡村建设运动中开展的服务工作。

---

81 刘吉西等编：《四川基督教》，成都：巴蜀出版社，1992 年 11 月版，第 357 页。
82 华西医科大学校史编委会：《华西医科大学校史》（征求意见稿），1985 年 12 月，第 136-139 页。

　　边疆服务部川西服务区在威州于 1945 年办了畜牧改良场，刘国士负责除吃并担任农业干事。农场利用 2.76 亩土地，发展并扩大优良牛、羊、猪、鸡、家兔等品种，并由家畜防疫及兽医设备。1943 年，川西服务区与威州岷江流域林管区合作，在家山寨、罗卜寨等地设有苗圃，就地培育胡桃、杨槐、松柏、榆、椿等树苗一万余株，并实验玉米良种。杂谷脑有果木园 4 亩。西康服务区在昭觉寺开办有农事试验场，在罗家场三一新村有金陵大学农学院毕业生张德常创办迁至此处的农场。两服务区共有农林、畜牧场 6 处。[83]金大农科研究所育成小麦新品种"金大 2905"，在川西南和川北推广万亩以上，增产约 20%，园艺新品种番茄，也是由园艺系研究部引入四川后，通过试验所研究总结出在川栽培方法，并大力推广。从此，四川才开始生产和食用番茄。[84]金陵女子大学设立的服务处工作之一就是：鸡种改良组。四川母鸡产蛋率低，经常抱窝。"来航"鸡年产蛋可达 200 多个，但抗疫力差，于是学校特派一个生物系毕业生，在仁寿试验鸡种改良工作。[85]这些都是帮助四川提高农业科学技术方面的。

　　此外，民国时期的教会期刊登载大量介绍农业科学技术的文章，主要有《华西教会新闻》、《希望月刊》和《乡村教会》。如《华西教会新闻》登载了丁疆国的《农业新闻》，介绍了华西大学农业研究所的一些成果。"这里有 1942 年夏季现金回报的三例，都来自于成都附近进口苹果树和桃子树的果实，这在 20 年前的中国是闻所未闻的。第一例出售苹果获得 100，000 美元，第二例获得 55，000 美元，而一个年轻的桃子爱好者出售他的阿尔伯塔桃子获得近 20，000 美元。"[86]

　　通过上述社会服务事业，在当时来看，比较先进的西方科学技术和文化知识得以在四川传播开来，给四川地区的民众以视觉上的冲击，不仅改变了传统的世界观和方法论，而且对打破旧的世界观、宇宙论等都是有积极作用的。正如《田家半月报》曾提出的："使教育得在全国乡村达到真正普及的

83 刘吉西等编：《四川基督教》，成都：巴蜀出版社，1992 年 11 月版，第 459-460 页。

84 中国人民政治协商会议西南地区文史资料协作会议编，抗战时期内迁西南的高等院校，贵阳：贵州民族出版社，1988 年 8 月版，第 280 页。

85 中国人民政治协商会议西南地区文史资料协作会议编，抗战时期内迁西南的高等院校，贵阳：贵州民族出版社，1988 年 8 月版，第 292-294 页。

86 F. Dickinson, "West China Union University Agricultural Research Institute Chengtu", *The West China Missionary News*, 1942. No.7-12, pp.151-152.

地步，因此可使农民大众的知识科学化，思想前进化，态度合理化，行动建设化，整个人生全部生活都能达到现代强国国民最高的水准。"[87]四川基督教社会服务事业由于这样或那样的原因，远远未能达到此目标，但传教士和教会的社会服务工作却是朝着这个目标前进的，给后来四川地区，尤其是基督教会以深刻的影响和启示。

87 《紧急启事》，《田家半月报》第 10 卷第 9 期，1943 年 5 月 1 日，第 12 页。

余　论

一、基督教传统美德的传承

　　圣经教导说，"在这一切之外，要存着爱心，爱心就是联络全德的（西 1：4）。""正因这缘故，你们要分外地殷勤。有了信心，又要加上德行；有了德行，又要加上知识；……（彼后 1：5）。""有了虔敬，又要加上爱弟兄的心；有了爱弟兄的心，又要加上爱众人的心（彼后 1：7）。"这就是基督教的"博爱"之心，即要爱人、爱他人和众人，而"爱人"也就是要"服务"人。此外，圣经中更强调"施比受更为有福（徒 20：35 下）。"可见，"爱人"、"服侍人"和"有福"等，完整地体现了基督教的核心思想，可以这样说，基督教的传统美德之一就是"博爱慈善"。西方传统慈善事业也证明了这一点，即从古至今，"博爱慈善"一直都得以延续和传承。

　　当传教士带着这份"博爱"之心，来到中国的时候，开展了不少的慈善和救济活动；而来到四川的时候，他们也展开了慈善和救济的行为。当然，基督教在到中国之时，本来是出于传播教义的需要，而开展了慈善和救济的活动。当他们面临经济文化落后，交通不便，并且远离中国政治中心的四川时，慈善和救济行为更成为了他们传播福音的重要辅助手段。自 1877 年基督教正式进入四川开始，传教士遇到的是厚厚的文化壁垒，此时，医疗卫生、教育和慈善救济等方式，就成为了他们融入四川社会，接近四川民众的最好方法。随着教会和传教士参与慈善救济等社会服务事业的增加，基督教社会服务不仅获得了四川民众的认可，基督教也得到了发展，至少是获得了四川民众的"默许"。到了民国中后期，基督教社会服务越来越具有特色，走向了兴盛；而基督教在四川的发展，相对于中国其他地区来看，可谓独领风骚。因为基督教入川时间晚于中国其他地区，大约50年，这就给基督教在四川的发展，包括教会社会服务事业的发展，提供了更多的帮助，至少是提供了可供借鉴的经验。由此，基督教在四川开始飞速地发展，教会社会服务这一重要辅助手段的作用也得以显现。到抗战爆发后，全国主要党政军和文化教育机关均迁至华西（以重庆为中心），全国基督教协进会及许多教会团体也来到华西地区（以成都为中心），基督教在四川的发展达到了最鼎盛的阶段，教会社会服务事业也是无比的繁荣和兴盛。此时，中国其他地区的基督教会则因战争正处于衰微的时期。四川地区的教会医院和诊所等医疗卫生事业、各类学校教育事业，还有慈善赈灾等服务事业的兴盛，以及对四川少数民族地区的服务活动，充分说明了基督教在四川发展的"独特"和"风骚"。

尽管传教士和教会是出于传播福音而开展了医疗卫生、学校教育、慈善赈济等社会服务行为，以期达到他们"中华归主"之目的，但是，当教会和传教士遭遇到越来越多需要帮助的人时，他们是出于宗教慈善精神，还是因为人道主义精神的作用，我们无法知道。但在事实上，社会服务事业在四川的开展，证明了基督教传统美德——博爱慈善的延续和传承。基督教社会服务的效果，不仅传播了福音，吸收了不少的信徒，建立了不少的教堂，同时，也传播了西方科学技术和文化知识，起到了开启民智的作用，加速了四川的近代化。因而，可以这样说，基督教传统美德的传承，在这一点上来看，是利大于弊的。

因此，回顾基督教社会服务的历史，就是对其传统美德的解读，这有利于当前中国教会更好地开展社会服务。考虑到近代四川的特殊状况，以及基督教在川的发展状况，尤其是教会社会服务的效果，当前四川（包括现重庆市）基督教会应该认清自身情况，坚持基督教传统美德，并以史为鉴，在党和国家政策的指引下抓住机遇，大力开展社会服务工作，为社会稳定、经济发展和精神文明建设作出贡献。

二、当前四川和重庆教会社会服务基本情况

据统计，2011年，四川全省共有信徒461579人，其中受洗278542人。有教牧人员168人：牧师41人（其中女牧师19人）、副牧师61人（其中女副牧师31人）、长老27人（其中女长老10人）、传道50人（其中女传道29

人）。义工传道 445 人：其中，小学文凭 116 人、初中 204 人、高中 60 人、中专 13 人、大学 9 人。有聚会活动场所 850 处：教堂 175 座、聚会点 675 处。全省有市级教务管理组织 16 个，县（市、区）级教务管理组织 70 个，乡村聚会活动点组织 600 余个。兴办的社会服务机构有：幼儿园 4 所（泸州、西充、简阳、荣县）、孤儿院 1 所（成都青年会）、社区医疗服务站/院 4 所（泸州、达州、南充顺庆区、西充）、福音戒毒中心 1 所（攀枝花）、瘫儿童康复中心 1 所（泸州）、养老院 2 所（广安、巴中）、针灸康复中心 1 所（广安）、残疾人托养中心 1 所（西充）和心理辅导站 1 间（绵阳），以及资助修建希望小学 5 所。[1]

2011 年初的统计，重庆市基督受洗信徒已逾 50 万，慕道友约有 5 万左右。教牧人员 90 人：牧师 26 人、副牧师 26 人、长老 14 人、传道员 24 人；男女分别为 49、41 人，少数民族 6 人；其中，女牧师 19 人、女长老 2 人、女传道 76 人；此外，学历情况为，国民教育学历：研 1，本（函授）4，大专 1，中专 4，高 47，初 31，小 1；神学教育学历：研 6，本 26，大专 43，中专 1，函授 2，无 12。另有义工 1300 人，教堂 260 所（含教堂和活动点）。[2]重庆市基督教会开展社会服务主要是由市两会在进行审查和审批，以及管理与监督。据专门负责社会服务的 Z 牧师讲，"重庆市基督教两会 2007 年以前的社会服务和公益性事业的组织和管理由两会办公室负责，2007 年开始专设社会服务部来开展社会服务工作。社会服务部现在是由一名副主席任主任，一名办公室主任兼任社会服务部主任，另一名办公室主任兼任社会服务部成员，分工、协作一起处理好社会服务工作。具体的社会服务项目都有详细的管理规定，有规章制度，并且服务项目的执行与否都要由两会联合讨论，才能决定。全市其他教会目前没有专门的社会服务和公益事业的组织机构。"主要开展的项目有重庆市开县河堰镇居民引水工程、开县关面乡农村综合项目、助学支教、白内障复明手术项目、丰都老年公寓和灾害救助等。另有部分教会兴办了招待所、幼儿园、诊所及其他社会服务项目。[3]

就四川省和重庆市基督教会发展情况来看，信众人数偏少，有待进一步的发展；就两省市基督教教会经济状况来看，因为四川和重庆地区经济整体

1 四川基督教两会：《服务人群的四川教会——四川省基督教会参与社会服务的事工介绍》，2011 年 8 月。

2 《重庆市基督教两会教牧人员简明档案》，2011 年 2 月。

3 笔者采访重庆基督教两会副主席 Z 牧师记录，2011 年 12 月，南泉礼拜堂。

情况校落后，加上其他一些原因，基督教会自养都较困难。从两省市开展的社会服务工作来看，其态度是肯定的，主要是在在扶贫、济困、救灾、助残、医疗、支教、义诊等方面发挥了有益作用，但其作用是有限的。细究四川省和重庆市基督教社会服务的问题，大概有以下三个方面：

第一，资金方面。四川省和重庆市基督教会开展社会服务的资金一般来源为：自养之余部分、国内援助和海外资助。总体上看，资金数额都不多，资金总额不大。第二，人才的需求、培训和专业技能方面。因为社会服务工作是一个具有综合性和复杂性的工作，随着社会的发展，这一工作分工越来越细，要求也越来越专业化，而参与教会社会服务的专业人才极其缺乏。第三，社会服务项目拓展方面。基于前述两个问题，本来社会服务项目拓展的问题可随着他们的解决而解决，但还是应该给予强调。

三、以史为鉴，大力开展社会服务

就本文所论及的四川基督教社会服务事业来看，当初来川的基督教会和传教士是带着激情来参与宣教事业的，在开展或参与教会社会服务事业时，其精神面目应该是可嘉的，尽管他们的初衷与社会服务事业有不一致之处。客观地看，在川的基督教会和传教士，从踏上四川领土的第一天开始，就遭遇了不少的困难，如社会服务理念的差异、语言障碍、异域文化困境和教会服务资金的不足，即教会自身社会服务资金的缺乏和四川本土经济积贫积弱的现实加剧了资金来源的不足，以及教会服务人才的匮乏，再加上四川本土落后教育的现实状况，等等，这样既存在西来教会自身力量薄弱的现实，又有本土多方面不足的客观事实，从而导致了基督教在川开展社会服务存在不少的未尽人意之处。当然，我们也不能否认的是，传教士和教会在面临这些众多的困难和困境之时，他们没有退缩，在传播福音激情的激励之下，克服了种种困难，加大教会社会服务的本土化方式，大力培养本土服务人才，利用本土资金，采取种种方式，展开了能够满足四川民众，尤其是四川边缘人士和弱势群体的各种社会服务。值得指出的是，教会和传教士在社会服务事业中，不仅尽量争取各种来源的资金，有意识地大力培养自需人才，更为重要的是利用自身优势，并能顺应时代潮流，并抓住可能的契机来开展社会服务工作，这都是当前基督教社会服务值得学习的地方。

中国教会目前开展社会服务具有前所未有的有利条件。《宗教事务条例》，把保障公民宗教信仰自由、维护宗教和睦与社会和谐作为立法宗旨写入总则；明确规定："宗教团体、宗教活动场所可以依法兴办社会公益事业"；一再强调，要发挥宗教在促进社会和谐中的积极作用，发挥宗教界人士和信教群众在促进经济社会发展中的积极作用。

我党和政府历来坚持科学的辩证唯物主义认识论，非常重视宗教，尤其是宗教社会服务的作用。邓小平同志在《人民日报》上发表文章，盛赞佛教在中日文化交流和促进两国人民友谊中的积极作用。[4]1984 年，胡乔木就提出要"引导宗教界兴办社会公益事业"的通知。1984 年 8 月，当时的全国政协副主席、中央统战部部长杨静仁在中国基督教三自爱国运动委员会成立三十周年纪念会上的讲话中提出："还应从有利于建设国家、繁荣经济、造福社会和为教会自养考虑，量力地、有选择地兴办某些社会公益服务事业。"1985 年 4 月，丁光训主教发起成立了以教育、医疗卫生、社会救助、和农村发展为主的民间社会服务机构——爱德基金会，成为新中国宗教开展社会服务工作的开端。1993 年，江泽民同志创造性地提出"积极引导宗教与社会主义社会相适应"，强调"利用宗教教义、宗教教规和宗教道德中的某些积极因素为社会主义服务"。[5]十六大以来，胡锦涛同志进一步提出"发挥宗教界人士和信教群众在促进经济社会发展中的积极作用"，[6]"发挥宗教在促进社会和谐方面的积极作用。"[7]2007 年 12 月，胡锦涛同志明确提出，要支持宗教界"挖掘和弘扬宗教教义、宗教道德、宗教文化中有利于社会和谐、时代进步、健康文明的内容，夯实宗教与社会主义社会相适应的思想伦理基督"；他还特别强调，要"鼓励有条件的宗教团体和宗教活动场所积极参与社会救助和公益慈善事业，在扶贫、济困、救灾、助残、养老、支教、义诊等方面发挥有益作用。"这一重要讲话，为我国宗教界参与社会服务指明了方向。2009 年，国家宗教

4　《新时期宗教工作文献选编》，北京：宗教文化出版社，1995 年，第 22 页。

5　《新时期宗教工作文献选编》，北京：宗教文化出版社，1995 年，第 253-255 页。

6　《中共中央关于构建社会主义和谐社会若干重大问题的决定》，《深入学习实践科学发展观活动领导干部学习文件选编》（一版），北京：中央文献出版社、党建读物出版社，2008 年 9 月，第 252 页。

7　《高举中国特色社会主义伟大旗帜，夺取全面建设小康社会的胜利而奋斗》，《社会如学习实践科学发展观活动领导干部学习文件选编》（一版），北京：中央文献出版社、党建读物出版社，2008 年 9 月，第 284 页。

局倡议创建和谐教堂，为基督教社会服务发展提供动力和空间。2012年2月，国家宗教局近日联合中央统战部、国家发改委、财政部、民政部和税务总局等部门印发《关于鼓励和规范宗教界从事公益慈善活动的意见》，为宗教界开展公益慈善活动提供政策指导。

另外，各级政府依照宗教基本方针，采取各种措施，积极引导和鼓励有条件的宗教团体和宗教活动场所充分发挥自身特点和优势，积极开展社会服务事业，在扶贫、济困、救灾、助残、养老、支教、义诊等方面发挥有益作用。各级政府宗教工作部门也积极研究探索宗教服务社会的方法和途径，制定具体政策、法规，加强引导和管理，形成稳定有效的机制，支持宗教界在这方面发挥更大的作用。

综上所述，四川基督教会应该认清自身，以史为鉴，在党和政府政策的指引下，抓住一切可能的机遇，积极主动地参与和兴办各种社会服务事业，发挥促进社会和谐和社会经济良性发展的积极作用；从而实现爱国爱教、博爱济世、服务社会、造福人群的优良传统。

附表一：四川部分教会医院的医疗活动[1]

编号	医院名称	医疗活动（摘要）
1	重庆宽仁医院	据《中华基督教卫理公会一九四八年年会记录》载：1月至12月，全年门诊挂号总计61195人次，住院病人3221人次。施行外科大手术200次，中手术212人次，小手术284次，门诊小手术1000次。住院接生543人。妇科大手术84次，小手术181次。
2	资中宏仁医院	据1948年院务报告，当年住院病人900余人次。其中完全免费的占15%。在内科、外科及眼科门诊的初诊病人7700人次，复诊27000人次。其中完全免费的占20%。手术病人300余人。
3	乐山仁济医院	1924年建成后，医院设外科、皮肤科、花柳科、妇产科、牙科等每日平均就诊20-30人。1927年，每天门诊二三十人。1949年全年门诊12240人次，住院1067人次，手术239人。
4	荣县仁济医院	据1928年统计，当年4月1日至9月30日的门诊人数为1314人次，住院病人男200人，女102人，手术局部麻醉126人次，普遍麻醉42次，无麻醉105次。
5	阆中仁济医院	每月大型手术8人次，中型手术20人次，小型手术50人次，接生6产次。门诊每月达160人次，每天至少20人次，平均60人次。1943年日机轰炸，医院全力以赴抢救垂危病人，收治伤残群众。

---

1 资料来源：刘吉西等编：《四川基督教》，成都：巴蜀出版社，1992年11月版。

6	宜宾仁德医院	据 1935 年统计：仁德男医院住院 557 人，门诊 5989 人次；明德女医院住院 457 人，门诊 2014 人次。1946 年合并后，住院 712 人，门诊 17152 人次。
7	雅安仁德医院	建院初期人员少，实行半日门诊。1947 年门诊每天约 80 至 90 人。建院 43 年间总计约近百万人次就诊，住院约 1.4 万人次，治愈率约 60%至 70%，死亡率 1948 年为 2.75%，1949 年为 3.48%。
8	遂宁博济医院	在医务人员的努力下，当地居民逐渐认可外国传教士的医术，与传教士们结成了良好的关系，一些病愈的人还介绍新的病人来医院求诊。
12	华西协大口腔病院	工作业绩：平均每月就诊病人 1000 人，口腔外科占 50%，洁牙占 10%，填补占 12%，膺复占 8%，牙周病占 10%，小儿牙病占 10%。
9	涪陵仁济医院	门诊病人一般每日四五十人次，最多达 100 多人次。住院平均每日二三十人，多时达五六十人。
10	巴塘基督会医院	对贫困的住院病人免费治疗，并补助伙食，牛奶、鸡蛋等营养津贴由教会付给。
11	绵竹仁泽医院	平均每月收住院病人 100 人。
12	武汉疗养院重庆分院	到 1950 年，平均每月 50 人住院，1500 人次门诊。收费比一般医院高。
13	威州医院	1946 年，日门诊为七八十人，住院 30 余人。
14	华西协大医院	1950 年每月平均住院 150 人，门诊 5000 人次。
15	成都仁济医院	1934 年全年门诊 24861 人次，住院病人 2221 人。

附表二:《华西教会新闻》、《希望月刊》和《田家半月刊》中卫生保健知识的宣传

主题	标 题	年卷期号	来源[1]
食物与健康	Vitamins in Chinese Tea（茶叶中的维生素）	1923. No.6	新闻
	Department of Health Education-Food Changes through Life（卫生教育系——一生中的食物变化）	1925. No.10	新闻
	Dietetic Preparations of Liver（烹饪肝脏）	1931. No.7-8	新闻
	Food Ways to Health（饮食的健康之道）	1931. No.9	新闻
	Dietetic Preparations of Liver（肝脏的烹调方法）	1932. No.5	新闻
	营养问答	1935.2, 2: 3	田家
	Potato Nests, a Recipe, Try it!（土豆碗，试试吧！）	1936. No.10	新闻
	The Milk of Goats for Human Consumption in China（中国可供人食用的山羊奶）	1938. No.12	新闻
	Sugared Walnuts（琥珀核桃）	1938. No.12	新闻
	Sweet Surry Fish（糖醋鱼食谱）	1939. No.2	新闻
	Grapenuts（人造葡萄）	1940. No.3	新闻
	Dorothy Andrew's Grape Nuts（多乐士 安德鲁的人造果食谱）	1940. No.3	新闻

---

1 对应期刊:新闻—《华西教会新闻》、希望—《希望月刊》、田家—《田家半月刊》。

	Diet in Wartime （战时的饮食）	1940. No.12	新闻
	奶与民族健康及其解决方法	1944.7, 16：7	希望
	奶与民族健康及其解决方法（续）	1944.8, 16：8	希望
	豆代乳粉	1938.1, 21：1	希望
	泡咸菜不可生吃、酱油当煮沸	1946.5, 18：5	希望
	营养与疾病	1948.8, 20：8	希望
	营养与疾病	1949.10, 21：10	希望
环境与健康	Mosquito. Notice （防蚊常识）	1910. No.7	新闻
	The Menacing Mosquito（讨厌的蚊子）	1924. No.6	新闻
	Disinfection（消毒）	1925. No.4	新闻
	The Cockroach（蟑螂）	1926. No.6	新闻
	Fly Picnic at Garbage Park A Huge Success （苍蝇在垃圾场上会餐）	1930. No.3	新闻
	Health Heroes 2-Louis Pasteur （健康卫士——路易斯·巴斯德）	1930. No.10	新闻
	Rats, Council of Health Education（老鼠）	1931. No.3	新闻
	More Rats （老鼠成灾）	1931. No.3	新闻
	Etcetera（Fleas and Other little things）（附注：除了老鼠的其他动物）	1931. No.4	新闻
	苍蝇杀人白话歌	1930.10, 7：10	希望
	传染病的传染及其预防	1931.2, 8：2	希望
	蚤之为害及其驱除法	1931.9, 8：9	希望
	人不杀蝇蝇必杀人	1932.4, 9：4	希望
	寄生虫病浅说	1932.12, 9：12	希望
	人不杀蝇，蝇必杀人	1934.8, 1：2	田家
	怎样灭跳蚤	1942.4, 14：4	希望
	预防传染病	1942.6, 14：6	希望
	预防传染病（续）	1942.7-8, 14：7-8	希望
	炭在医业上的贡献	1944.1, 16：1	希望
	水与疾病的关系	1944.7, 16：7	希望
	老鼠	1947.4, 19：4	希望
	病菌来源	1948.2, 20：2	希望

心理与健康	Healing Body and Soul （身心健康）	1933. No.11	新闻
	How to Develop a Healthy Mind（如何涵养健康心态）	1933. No.11	新闻
	Mental Health and World Peace（心理健康与世界和平）	1933. No.11	新闻
	The Development of Emotional Stability（稳定情绪的培养）	1933. No.11	新闻
	身心之健康一	1931.1, 8: 1	希望
	身心之健康二	1931.1, 8: 1	希望
	身心之健康三	1931.1, 8: 1	希望
	身心之健康四	1931.1, 8: 1	希望
	什么叫（正常）的人?	1931.2, 8: 2	希望
个人保健	Be Clean! （讲卫生！）	1917. No.2	新闻
	Physical Conditions and Sanitation（身体状况和卫生设施）	1917. No.2	新闻
	Periodic Physical Examinations（定期身体检查）	1917. No.2	新闻
	The West China Council on Health Education-The Days of Our Years（华西卫生教育会——我们的日子）	1930. No. 2	新闻
	Keeping the Human Motor Tuned up.（保持最佳状态）	1930. No.11	新闻
	Health Creed（健康信经）	1932. No.2	新闻
	养身的材料	1934.7, 试刊号	田家
	养身的材料（二）	1934.8, 1: 1	田家
	养身的材料（三）	1934.9, 1: 3	田家
	养身的材料（四）	1934.10, 1: 5	田家
	养身的材料（五）	1934.11, 1: 7	田家
	养身的材料（六）	1934.12, 1: 9	田家
	养身的材料	1935.1, 2: 1	田家
	Hetero-suggestion, of the Redirecting of Heathen Faith-An Essay in simple evangelism（重塑健康观念的各种建议：一篇布道文章）	1935. No.6	新闻
	眼底保护法	1930.4, 7: 4	希望
	考试期的卫生	1931.10, 8: 10	希望
	如何方能长寿	1931.11, 8: 11	希望
	我所认识的护士	1933.6, 10: 6-7	希望
	正直的姿势（注：正确的站坐卧的姿势。）	1934.8, 11: 8	希望
	一位青光眼病人的故事	1943.6, 15: 6	希望

	关于衣服的几件事	1943.9, 15: 9	希望
	怎样洗洁平常衣服	1943.10, 15: 10	希望
移风易俗	Some Reasons for Lifting the Average Age of Matrimony（提高结婚平均年龄的几点理由）	1918. No.1	新闻
	Chinese Folk-Lore, Relating to Conception, Maternity, and Early Infancy（中国民间信仰中的母婴观念）	1921. No.5	新闻
	成都卫生运动周略记	1933.6, 10: 6-7	希望
	重庆卫生运动周概况	1933.6, 10: 6-7	希望
	华西公共卫生运动之经过	1948.5, 20: 5	希望
	一般错误观念之纠正	1948.7, 20: 7	希望
	卫生运动感言	1949.5, 21: 5	希望
与健康有关的生活常识	Pro Bono Public（生活小常识）	1919. No.3	新闻
	The Waste of Ill-Health（有损健康的行为）	1925. No.8-9	新闻
	How Long will I Live?（我能活多久？）	1933. No.10	新闻
	Science and Health "Health-O-Grams"（科学与健康）	1934. No.2	新闻
	Health-Believe it or. Not（健康——信否？）	1936. No.1	新闻
	健康必须十三则	1930.10, 7: 10	希望
	母亲哺婴法	1931.1, 8: 1	希望
	婴孩保健表	1931.3, 8: 3	希望
	儿童卫生常识	1931.3, 8: 3	希望
	睡眠的效用和方法	1931.3, 8: 3	希望
	孕妇卫生	1931.7, 8: 7	希望
	月经的生理观	1931.9, 8: 9	希望
	护士与病人	1931.10, 8: 10	希望
	洗污衣的方法 转通问	1931.11, 8: 11	希望
	忽乱吐痰	1932.3, 9: 3	希望
	牙的卫生	1932.7-8, 9: 7-8	希望
	性的问题	1932.7-8, 9: 7-8	希望
	养子须知（初生婴儿方面的）	1932.3, 9: 3	希望
	婴儿保育法	1933.5, 10: 5	希望
	产后卫生	1933.6, 10: 6-7	希望

一周年的彭县婴儿保育会	1933.1, 10：1	希望
眼科常识	1933.4, 10：4	希望
口腔卫生	1933.10, 10：10	希望
眼病预防	1933.10, 10：10	希望
乡村妇婴卫生之重要	1933.12, 10：11-12	希望
婴儿夏日卫生	1934.2, 11：2	希望
人工乳儿法	1934.3, 11：3	希望
病的原因（第一章）	1934.7, 试刊号	田家
家庭卫生	1934.8, 11：8	希望
病的原因（第三章）	1934.9, 1：4	田家
怎样防备传染病	1934.10, 1：6	田家
乡下人也可以讲卫生	1934.10, 1：6	田家
小朋友卫生日历	1934.10, 1：6	田家
当留心你的牙齿	1934.12, 11：11-12	希望
病的原因	1934.12, 1：10	田家
病的原因（第五章）	1935.1, 2：2	田家
谨防时令病	1935.3, 2：6	田家
产科卫生	1935.3, 2：6	田家
产科卫生（续）	1935.4, 2：8	田家
母亲当注意的两件事	1935.5, 2：9	田家
为什么我们要喝水	1935.7, 2：13	田家
洗晒衣服及去污的法子	1935.7, 2：13	田家
母亲在夏天当怎样照顾小孩子	1935.7, 2：13	田家
家庭小常识	1935.7, 2：13	田家
产科卫生（续）	1935.7, 2：14	田家
夏季卫生	1935.7, 2：14	田家
鸡和狗对于儿童的危害	1935.8, 2：15	田家
臭虫的生活常识	1935.8, 2：15	田家
"吃"和"病"	1935.8, 2：16	田家
冬天保护身体健康的方法	1937.1, 4：2	田家

	战时民众膳食	1941.6, 13: 6	希望
	怎样选用肥皂	1941.8, 13: 8	希望
	战时民众膳食（续）	1941.8, 13: 8	希望
	健康之意义	1943.1, 15: 1	希望
	谈谈人工呼吸	1943.9, 15: 9	希望
	怎样保护视力	1944.2, 16: 2	希望
	夏令卫生	1944.5, 16: 5	希望
	防病与治病	1944.8, 16: 8	希望
	眼睛的保护	1946.1, 18: 1	希望
	农村小常识	1946.1, 18: 1	希望
	家庭卫生	1947.5, 19: 5	希望
	家庭药箱	1947.10, 19: 10	希望
	保育婴孩的原理	1947.12, 19: 12	希望
	家庭卫生	1949.2, 21: 2	希望
	生病的来源与卫生的必要	1949.7, 21: 7	希望
	孩子们的日光浴	1949.9, 21: 9	希望
血型	Blood Grouping（血型）	1930. No.4	新闻
	Domestic Liver Extract（动物肝浸膏）	1937. No.7-8	新闻

参考文献

中文图书类：

1. 布莱克马著，马明达译：《社会病理学》，上海：商务印书馆，1930 年初版。

2. 蔡元培：《晚清三十年来之教育》，（香港）龙门书店，1969 年版。

3. 曹础基：《庄子浅注》，北京：中华书局出版社，1982 年版。

4. 陈次良：《善堂》，《皇朝经世文编五集》，沈云龙主编《近代中国史料丛刊、三编》第 28 辑，台北：文海出版社有限公司印行。

5. 陈建明：《近代基督教在华西地区文字事工研究》，未刊。

6. 陈凌云：《现代各国社会救济》，上海：商务印书馆，1937 年版。

7. 陈志潜：《中国农村的医学——我的回忆》，成都：四川人民出版社，1998 年版。

8. 池子华：《红十字与近代中国》，合肥：安徽人民出版社，2004 年版。

9. 筹济编：《杨景仁辑》，台北：文海出版社，1990 年版。

10. 杜小安：《基督教与中国文化的融合：咯珈中国哲学》，北京：中华书局，2010 年 11 月版。

11. 费正清：《剑桥中国晚清史（上卷）》，北京：中国社会科学出版社，1993 年版。

12. 顾长生：《传教士与近代中国》，上海：上海人民出版社，1995 年版。

13. 顾长声：《从马礼逊到司徒雷登——来华新教传教士评传》，上海书店出版社，2005 年 1 月版。

14. 江文汉：《基督教青年会在中国》，北京：社会科学文献出版社，2008 年 10 月版。

15. 杰西·格·卢茨：《中国教会大学史》（1850-1950），杭州：浙江教育出版社，1988 年版。

16. 柯象峰：《社会救济》，重庆：重庆正中书局，1944 年出版。

17. 李文海：《纪年续编》，长沙：湖南教育出版社，1993 年版。

18. 李志刚主编：《基督教与社会服务》，香港：基督教文艺出版社，2010 年 6 月版。

19. 刘吉西等编：《四川基督教》，成都：巴蜀出版社，1992 年 11 月版。

20. 刘继同：《生存战略或文化交流：近代中国基督教会慈善福利事业概览》，赵建敏主编：《天主教研究论辑》（第 1 辑），北京：宗教文化出版社，2004 年版。

21. 刘家峰：《中国基督教乡村建设运动研究（1907-1950）》，天津：天津人民出版社，2008 年 6 月版。

22. 刘圣宜：《近代广州社会和文化》，广州：广东高等教育出版社，2004 年版。

23. 陆志轩：《重庆市求精中学校志（1891-1998）》。

24. 罗蜀芳：《成都市私立盲哑小学概况书》，1951 年。

25. 马泰士著，张仕章译：《穆德传》，上海：青年协会书局，1935 年 3 月版。

26. 摩利生：《马萨诸塞州海运史》，顾长声：《传教士与近代中国》，上海：上海人民出版社，2004 年版。

27. 内政部编纂委员会：《内政年槛》，北京：商务印书馆，1936 年 4 月版。

28. 屈永叔：《旧成都中学教育见闻》，《成都掌故》（第 3 集），成都市群众艺术馆主编，川大出版社，2001 年 10 月版。

29. 任继愈主编：《宗教词典》，上海：上海辞书出版社，1981 年 12 月版。

30. 舒新城：《收回教育主权运动》，上海：中华书局，1927 年版。

31. 四川省地方志编撰委员会：《四川省宗教志》，成都：四川人民出版社，1998 年版。

32. 宋家珩：《加拿大传教士在中国》，北京：东方出版社，1995 年版。

33. 汪滔：《中国育婴所现状之一斑》，李文海主编：《民国时期社会调查丛编（社会保障卷）》，福州：福建教育出版社，2004 年 12 月版。

34. 王晖：《林语堂文集》，长春：吉林摄影出版社出版，2000 年 1 月版。

35. 王雪：《基督教与陕西》，北京：中国社会科学出版社，2007 年 5 月版。

36. 王治心：《中国基督教史纲》，上海：上海古籍出版社，2004 年 4 月版。

37. 王忠欣：《基督教与中国近现代教育》，武汉：湖北教育出版社，2000 年版。

38. 吴康零主编：《四川通史》（第六册），成都：四川大学出版社，1994 年 2 月版。

39. 夏明方：《民国时期自然灾害与乡村社会》，北京：中华书局，2000 年 10 月版。

40. 向楚：《巴县志》，转引自：《重庆市求精中学校志（1891 — 1998）》。

41. 徐少锦，温克勤主编：《伦理百科辞典》，北京：中国广播电视出版社，1999 年版。

42. 许牧世：《饶氏社会福音集导论》，[美]饶申布士著，赵真颂译：《饶申布士社会福音集》，香港：基督教文艺出版社，1996 年版。

43. 言心哲：《现代社会事业》，北京：商务印书馆，1946 年 6 月版。

44. 尹文娟编：《基督教与中国近代中等教育》，上海：上海人民出版社，2007 年版。

45. 张西平，卓新平编：《本色之探：20 世纪中国基督教文化学术论集》，中国广播电视出版社，1999 版。

46. 郑尚维、石应康主编：《四川大学华西临床医学院·华西医院史稿》，成都：四川辞书出版社，2007 年版。

47. 中国人民政治协商会议西南地区文史资料协作会编：《迁蓉的金陵女子文理学院》，《抗战时期内迁西南的高等院校》，贵阳：贵州民族出版社，1988 年 8 月版。

48. 周秋光、曾桂林：《中国慈善简史》，北京：人民出版社，2006 年 2 月版。

49. 朱维铮主编：《基督教与近代文化》，上海：上海人民出版社，1994 年版。

50. （美）范约翰：《清心中学滥觞记》，陈学恂主编：《中国近代教育史教学参考资料》下册，北京：人民教育出版社，1988 年版。

51. [美]饶申布士著，赵真颂译：《饶申布士社会福音集》，香港：基督教文艺出版社，1996 年版。

52. [美]邢军著，赵晓阳译：《革命之火的洗礼：美国社会福音和中国基督教青年会，1919-1937》，上海：上海古籍出版社，2006 年 9 月版。

53. [美]约翰·麦奎利著，高师宁、何光沪译：《二十世纪宗教思想》，上海：上海人民出版社，1989 年 7 月版。

54. 《社会如学习实践科学发展观活动领导干部学习文件选编》（一版），北京：中央文献出版社、党建读物出版社，2008 年 9 月。

55. 《华西协和大学医院》,《四川省宗教志》第 92 卷。

56. 《美国与加拿大基督教差会会议记录，1899 年》。

57. 《仁济医院三十年服务情况报告书》。

58. 《新时期宗教工作文献选编》，北京：宗教文化出版社，1995 年。

中文期刊类：

1. 《边疆服务》，中华基督教会边疆服务部。

2. 《成都青年》，成都基督教青年会。

3. 《成都市市政公报》，成都市市政府秘书处第三科（1929-1932）。

4. 《重庆青年》，重庆市中华基督教青年会。

5. 《大自然探索》，四川科技出版社。

6. 《复旦大学社会学系从刊》，复旦大学社会学系。

7. 《弘道》，重庆基督教协进会。

8. 《湖南师范大学社会科学学报》，湖南师范大学。

9. 《金陵神学志》，金陵神学院。

10. 《晋阳学刊》，山西省社会科学院。

11. 《抗日战争研究》，中国抗日战争史学会。

12. 《历史研究》，中国社会科学院。

13. 《商业时代》，中国商业经济学会。

14. 《上海新报》，字林洋行出资，上海发行。

15. 《社会科学研究》，四川省社科院。

16. 《田家半月报》，华北基督教农村事业促进会。

17. 《万国公报》，上海广学会。

18. 《文史资料选辑》，全国政协文史和学习委员会。

19. 《希望月刊》，四川美道会文字部（中华基督教会四川大会文字部）。

20. 《乡村教会》，金陵神学院乡村教会科。

21. 《中华基督教教育季刊》，中华基督教教育协会（1935-1941）。

22. 《中华医史杂志》，中国中医科学院。

英文图书类：

1. Alvyn J. Austin: *Saving China: Canadian Missionaries in The Middle Kingdom* 1888-1959 University of Toronto Press, 1986.

2. *China Missions Year Book*, 1910.

3. Curtis S., *A Consuming Faith, Baltimore*：Johns Hopkins University Press, 1991.7.

4. G. H. Choa, *"Heal the sick" Was Their Moto——The Protestant Medical Missionaries in China*, HongKong: The Chinese University Press, 1990.

5. George E. *Hartwell, Granary of Heaven*, Toronto: United Church of Canada, 1939.

6. Harold. S. Mathews, "Seventy five Years of the North China Mission", *American Board of Commissioners for Foreign Missions*, 1942.

7. Hart, E. I. (Evanston Ives), Evanston Ives Hart, *Virgil C. Hart: Missionary Statesman : Founder of the American and Canadian Missions in Central and West China*, McClelland, Goodchild & Stewart, 1917.

8. Hhlen Nevius, *The Life of John L. Nevius. for 40 Years a Missionary in China*, Sanford Press, 2008.11.

9. Hubert Freyn, *China Education in the War*, Kelly & Walsh Ltd., Shang-hai, 1940.

10. John Stewart Burgess, "Peking as a Field for Social Service," *The Chinese Recorder*, VOL.XLV, No.4, April, 1914.

11. KarenMinden, Bamboo stone, *The Evolution of a Chinese Medical Elite*, Toronto: University of Toronto Press, 1994

12. *Lutz,* 1965.

13. *Mary Lamberton*, St.John's University, Shanghai, 1879-1951.

14. Mrs. Charles Rogers Mills, *School for Chinese Deaf Children*, Chefoo. In: Robert Conventry Forsyth.

15. O. L. Kilborn, *Heal the Sick*, Missionary Society of Methodist Church, Toronto, 1910.

16. "Peking as a Field for Social Service," *The Chinese Recorder*, VOL.XLV, No.4, April, 1914.

17. Ronald C. White and C. Howard Hopkins, *The Social Gospel, Religion and Reform in Changing American,* Philadelphia: Temple University Press, 1976.

18. Timothy Richard, *Forty-five Years in China: Reminiscences*, Cornell University Library, 2009.6.

19. W. W. Cadbury and Mary H. Jones. *At the Point of A Lancet, 100 Years of the Canton Hospital, 1835-1935.*

20. Walter Rauschenbusch, *A Theology for the Social Gospel,* New York: Abingdon Press, 1917.

21. Yuet-Wah Cheung, *Missionary Medicine in China: A Study of two Canadian Protestant Mission in China Before 1937*, University Press of American, 1988.

22. Benjamin Broomhall, *The Truth about Opium Smoking*, 林治平：《近代中国与基督教论文集》，台北：宇宙光出版社。

英文期刊类：

1. *The West China Missionary News*, 1899-1943
2. *The Chinese University Press*

电子文献：

1. 《慈善》[M/CD].http://baike.baidu.com/view/210522.htm，《百度百科》。

2. 《关怀》[M/CD]. http://baike.baidu.com/view/3689999.htm，《百度百科》。

3. 《关怀》[M/CD]. http://www.521yy.com/cihaizaixianchaci/xiaotou1.asp?wd = %B9%D8%BB%B3&f=3，《在线辞海》。

4. 《基督教在川传播的渠道》[DB/OL]. http://www.zh5000.com/ZHJD/ctwh/2008-01-14/2092129526.html，《中华五千年》，2008-01-14。

5. 《基督教在川传播的渠道》[DB/OL].http://www.zh5000.com/ZHJD/ctwh/2008-01-14/2092129526.html，《中华五千年》，2008 年 01 月 14 日。

6. 《救恩》[M/CD].http: //baike.baidu.com/view/602032.html,《百度百科》。

7. 《社会服务》，美国不列颠百科全书公司编著，中国大百科全书出版社不列颠百科全书编辑部编译：《不列颠百科全书》(国际中文版)，北京：中国大百科全书出版社，1994 年 4 月版。

8. 《社会关怀》[M/CD].http://baike.baidu.com/view/3689999.htm,《百度百科》。

9. 《卫斯理》[M/CD]. http: //zh.wikipedia.org/zh-cn/%E7%B4%84%E7%BF%B0%C2%B7%E8%A1%9B%E6%96%AF%E7%90%86，《维基百科》。

10. 潘屹：《西欧社会服务的概念及老人社区照顾服务的发展趋势与特点》[DB/OL]. http://www.mca.gov.cn/article/mxht/llyj/200803/20080300012831.shtml，中华人民共和国民政部全国民政门户，《理论研究》，2008-03-26。

11. 王忠欣：《中国的社会问题与基督教的社会关怀传统》[DB/OL].http: //www.pacilution.com/ShowArticle.asp?ArticleID=1821，普世社会科学研究网。

12. 徐敏雄：《台湾基督长老教会社会服务事工的发展》[DB/OL]. http://www.fhl.net/sms/studyindex.htm。

13. 烟草在线据网络编辑整理：《四川烟草史话》[DB/OL].http://www.tobaccochina.com/culture/history/wu/20114/2011421113843_460056.shtml，2011-04-22。

14. 赵中辉牧师编译，包义森著:《基督教与现代神学思潮》[DB/OL].http://book.edzx.com/Book/B879N2484.aspx。

15. 雷康：中华民国 Republic of China（1911-1949）[DB/OL].http://www.phoer.net/history/minguo/index.htm，巴蜀网 1999-10-12。

16. 《明清时期四川 / 晚清"蜀学"》[DB/OL]. http://www.360doc.com/content/07/0606/02/24133_541173.shtml，360doc 个人图书馆，2007-06-06。

档案、年鉴、年报、工具书：

1. 《辞海》，辞海编辑委员会，上海辞书出版社，2000 年 1 月版。

2. 《教育大辞典》（第 2 卷），教育大辞典编纂委员会，上海：上海教育出版社，1990 年版。

3. 《四川省医药卫生志》，欧阳彬主编，四川科学技术出版社，1991 年 8 月版。

4. 《四川统计月刊》，四川省政府编，1929 年 2 月。

5. 《应用写作大百科》，刘建明，张明根主编，北京：中央民族大学出版社，1994 年版。

6. 《中国大百科全书》，中国大百科全书总编辑委员会，中国大百科全书出版社，2004 年 8 月版。

7. 《中华归主》，中华续行委办会调查特委会编，1985 年 2 月。

8. 《中华基督教会年鉴》，中华续行委办会编印。

9. 成都市档案馆馆藏资料

10. 山东省档案馆藏

11. 上海市档案馆藏档

12. 四川省档案馆藏档

13. 四川省宗教志办公室藏资料

14. 中国第二历史档案馆藏档

后 记

　　本书在我 2013 年完成的博士论文基础上删减调整修改而成。作为撰稿者，虽然尽了最大的努力来完成，书中选用的资料数据和统计数据都是依据《华西教会新闻》等文献，但由于水平所限，疏漏不妥之处在所难免，恳请国内外同行学者和读者惠予批评指正。"我们现在是藉着镜子观看，模糊不清，到那时，就要面对面的观看了。我现在所认识的，只是局部的，那时我就要全认清了，如同我全被人情一样。"（哥林多前书 13:12）

　　回望三年求学时光，场景历历在目：成渝动车、成都 34、27 路公交车、川大北苑八舍，……都早已深深地烙印在我的头脑之中；最让我想念的是宗教所 147 办公室和校外的小酒馆，师友的音容笑貌如在眼前。

　　感谢我的导师陈建明先生。从考博时的耐心答问，经入学后上课的释疑和文章的指导，以及博士毕业论文的选题到最终成文，无不有赖于先生悉心的指导。由于基础薄弱，加之愚笨，每每成文见先生时都是诚惶诚恐，而先生和蔼的笑容，娓娓不倦的讲道方式，不仅让我消除了怯意，更让我理解了耐心与包容之价值。要完成一篇学位论文，存在着众多的难处，如选题、材料搜集、拟定提纲、推敲细节等等，而最要紧的莫过于对选题的深切体会了。感谢先生节日期间都陪我做社会调查，指点我走近基督教，感受社会服务。……有太多的事例让我时刻不忘而铭记于心。"行动中展示态度，行动中表现专业！"先生以这种治学的态度和方式，不仅让我理解了"什么是专业"，更让我窥见了学问之道，明白了生活之道。

　　感谢对我的学业和生活给予帮助的其他老师和同学。川大宗教所的盖建明老师、闵丽老师是我们专业课授课老师，不仅课堂教学中让我获得不小的收益，也让我从他们的研究中获得不少的启迪；从本文开题到预答辩林庆华老师提出了细致的建议，让我感受了做学问需要的细心；田海华老师对我文章的指导，让我走近圣经；以及查常平老师、杨光文老师、李平老师、何江涛老师等对我的关心有加；还有同门师兄弟、两位师姐和 2010 级博士班的同学，对我的帮助颇多……

感谢我的家人和亲友。父母、哥嫂和两位姐姐都非常支持我求学，然而，因为求学，连父亲最后一面都未曾见到，给我留下了永久的遗憾，籍此告慰！母亲默默地祈祷和祝福，促我不断地努力向学。哥嫂力尽所能的帮助，尤其是他们的宽容和包容之精神，让我体会和感悟人生，助我跨越坎坷。两位姐姐不时的问候，让我感受了浓浓的亲情。还有所有的亲戚朋友对我的关心和爱护。最为感谢的是我的妻儿，感谢妻子默默的支持，感谢儿子的天真和快乐让我体悟了知足常乐，这不仅是生活中最重要的方式，也是学问之道最为重要的路径！

最后，特别感谢花木兰出版社各位编辑，是您们的辛劳才得以让本书顺利付梓！

寥寥数语不能尽达谢忱，唯有"感恩"长存于心！

2019 年 6 月

《基督教文化研究丛书》

主编：何光沪、高师宁

（1-6 编书目）

初 编 （2015 年 3 月出版）

ISBN：978-986-404-209-8　　　　　　　定价（台币）$28,000 元

册 次	作 者	书 名	学科别（／表示跨学科）
第 1 册	刘 平	灵殇：基督教与中国现代性危机	社会学／神学
第 2 册	刘 平	道在瓦器：裸露的公共广场上的呼告——书评自选集	综合
第 3 册	吕绍勋	查尔斯　泰勒与世俗化理论	历史／宗教学
第 4 册	陈 果	黑格尔"辩证法"的真正起点和秘密——青年时期黑格尔哲学思想的发展（1785 年至 1800 年）	哲学
第 5 册	冷 欣	启示与历史——潘能伯格系统神学的哲理根基	哲学／神学
第 6 册	徐 凯	信仰下的生活与认知——伊洛地区农村基督教信徒的文化社会心理研究（上）	社会学
第 7 册	徐 凯	信仰下的生活与认知——伊洛地区农村基督教信徒的文化社会心理研究（下）	社会学
第 8 册	孙晨荟	谷中百合——傈僳族与大花苗基督教音乐文化研究（上）	基督教音乐
第 9 册	孙晨荟	谷中百合——傈僳族与大花苗基督教音乐文化研究（下）	基督教音乐
第 10 册	王 媛	附魔、驱魔与皈信——乡村天主教与民间信仰关系研究	社会学
	蔡圣晗	神谕的再造，一个城市天主教群体中的个体信仰和实践	社会学
	孙晓舒 王修晓	基督徒的内群分化：分类主客体的互动	社会学
第 11 册	秦和平	20 世纪 50－90 年代川滇黔民族地区基督教调适与发展研究（上）	历史
第 12 册	秦和平	20 世纪 50－90 年代川滇黔民族地区基督教调适与发展研究（下）	历史
第 13 册	侯朝阳	论陀思妥耶夫斯基小说的罪与救赎思想	基督教文学
第 14 册	余 亮	《传道书》的时间观研究	圣经研究
第 15 册	汪正飞	圣约传统与美国宪政的宗教起源	历史／法学

二 编 （2016 年 3 月出版）

ISBN：978-986-404-521-1　　　　　　　定价（台币）$20,000 元

册 次	作 者	书 名	学科别（／表示跨学科）
第 1 册	方 耀	灵魂与自然——汤玛斯·阿奎那自然法思想新探	神学／法学
第 2 册	刘光顺	趋向至善——汤玛斯·阿奎那的伦理思想初探	神学／伦理学
第 3 册	潘明德	索洛维约夫宗教哲学思想研究	宗教哲学
第 4 册	孙 毅	转向：走在成圣的路上——加尔文《基督教要义》解读	神学
第 5 册	柏斯丁	追随论证：有神信念的知识辩护	宗教哲学
第 6 册	李向平	宗教交往与公共秩序——中国当代耶佛交往关系的社会学研究	社会学
第 7 册	张文举	基督教文化论略	综合
第 8 册	赵文娟	侯活士品格伦理与赵紫宸人格伦理的批判性比较	神学伦理学
第 9 册	孙晨荟	雪域圣咏——滇藏川交界地区天主教仪式与音乐研究（增订版）（上）	基督教音乐
第 10 册	孙晨荟	雪域圣咏——滇藏川交界地区天主教仪式与音乐研究（增订版）（下）	
第 11 册	张 欣	天地之间一出戏——20 世纪英国天主教小说	基督教文学

三 编 （2017 年 9 月出版）

ISBN：978-986-485-132-4　　　　　　　定价（台币）$11,000 元

册 次	作 者	书 名	学科别（／表示跨学科）
第 1 册	赵 琦	回归本真的交往方式——托马斯·阿奎那论友谊	神学／哲学
第 2 册	周兰兰	论维护人性尊严——教宗若望保禄二世的神学人类学研究	神学人类学
第 3 册	熊径知	黑格尔神学思想研究	神学／哲学
第 4 册	邢 梅	《圣经》官话和合本句法研究	圣经研究
第 5 册	肖 超	早期基督教史学探析（西元 1~4 世纪初期）	史学史
第 6 册	段知壮	宗教自由的界定性研究	宗教学／法学

四 编 （2018 年 9 月出版）

ISBN：978-986-485-490-5　　　　　　　定价（台币）$18,000 元

册 次	作 者	书 名	学科别（／表示跨学科）
第 1 册	陈卫真 高 山	基督、圣灵、人——加尔文神学中的思辨与修辞	神学
第 2 册	林庆华	当代西方天主教相称主义伦理学研究	神学／伦理学
第 3 册	田燕妮	同为异国传教人：近代在华新教传教士与天主教传教士关系研究（1807~1941）	历史
第 4 册	张德明	基督教与华北社会研究（1927~1937）（上）	社会学
第 5 册	张德明	基督教与华北社会研究（1927~1937）（下）	
第 6 册	孙晨荟	天音北韵——华北地区天主教音乐研究（上）	基督教音乐
第 7 册	孙晨荟	天音北韵——华北地区天主教音乐研究（下）	
第 8 册	董丽慧	西洋图像的中式转译：十六十七世纪中国基督教图像研究	基督教艺术
第 9 册	张 欣	耶稣作为明镜——20 世纪欧美耶稣小说	基督教文学

五　编 （2019 年 9 月出版）

ISBN：978-986-485-809-5　　　　　　　定价（台币）$20,000 元

册　次	作　者	书　名	学科别（／表示跨学科）
第 1 册	王玉鹏	纽曼的启示理解（上）	神学
第 2 册	王玉鹏	纽曼的启示理解（下）	
第 3 册	原海成	历史、理性与信仰——克尔凯郭尔的绝对悖论思想研究	哲学
第 4 册	郭世聪	儒耶价值教育比较研究——以香港为语境	宗教比较
第 5 册	刘念业	近代在华新教传教士早期的圣经汉译活动研究（1807～1862）	历史
第 6 册	鲁静如 王宜强 编著	溺女、育婴与晚清教案研究资料汇编（上）	资料汇编
第 7 册	鲁静如 王宜强 编著	溺女、育婴与晚清教案研究资料汇编（下）	
第 8 册	翟风俭	中国基督宗教音乐史（1949 年前）（上）	基督教音乐
第 9 册	翟风俭	中国基督宗教音乐史（1949 年前）（下）	

六　编 （2020 年 3 月出版）

ISBN：978-986-518-085-0　　　　　　　定价（台币）$20,000 元

册　次	作　者	书　名	学科别（／表示跨学科）
第 1 册	陈倩	《大乘起信论》与佛耶对话	哲学
第 2 册	陈丰盛	近代温州基督教史（上）	历史
第 3 册	陈丰盛	近代温州基督教史（下）	
第 4 册	赵罗英	创造共同的善：中国城市宗教团体的社会资本研究——以 B 市 J 教会为例	人类学
第 5 册	梁振华	灵验与拯救：乡村基督徒的信仰与生活（上）	人类学
第 6 册	梁振华	灵验与拯救：乡村基督徒的信仰与生活（下）	
第 7 册	唐代虎	四川基督教社会服务研究（1877～1949）	人类学
第 8 册	薛媛元	上帝与缪斯的共舞——中国新诗中的基督性（1917～1949）	基督教文学